从零开始学做酒店经理

容　莉　编著

人民邮电出版社

北　京

图书在版编目（ＣＩＰ）数据

从零开始学做酒店经理 / 容莉编著 . —北京：人
民邮电出版社，2017.1
ISBN 978-7-115-44321-2

Ⅰ. ①从… Ⅱ. ①容… Ⅲ. ①饭店—企业管理 Ⅳ.
① F719.2

中国版本图书馆 CIP 数据核字（2016）第 281999 号

内 容 提 要

酒店经理是酒店服务管理工作中的重要岗位。如何成为一名优秀的酒店经理？如何开展与实施酒店管理工作？如何为入住的客人提供更优质的酒店服务？这是每一名酒店经理都要面对的问题。

本书共8章，分别介绍了酒店经理要做什么、酒店服务人员管理、酒店前厅业务管理、酒店客房服务管理、酒店餐饮娱乐管理、酒店财务运作管理、酒店安全检查管理、酒店网络订单管理等方面的内容，为酒店管理人员开展工作提供了重要的指导。全书着重突出酒店管理工作的方法、流程、技巧和细节，具有很强的实用性和可操作性。

本书适合酒店经理以及一线酒店服务人员阅读，也适合希望从事酒店管理工作的人员以及高等院校相关专业的师生阅读。

◆ 编　著　容　莉

责任编辑　张国才

执行编辑　唐可人

责任印制　焦志炜

◆ 人民邮电出版社出版发行　　　　北京市丰台区成寿寺路11号

邮编　100164　电子邮件　315@ptpress.com.cn

网址　http://www.ptpress.com.cn

北京七彩京通数码快印有限公司印刷

◆ 开本：787×1092　1/16

印张：17　　　　　　　　　　　　2017年1月第1版

字数：230千字　　　　　　　　　2025年1月北京第25次印刷

定　价：49.00元

读者服务热线：(010) 81055656　印装质量热线：(010) 81055316
反盗版热线：(010) 81055315
广告经营许可证：京东市监广登字20170147号

前　言 | preface

常言道"入门容易，做好难"。不论从事什么工作，贵在坚持和持续学习。只有这样，才能实现自己的理想。

我国旅游业的迅猛发展催生了一大批酒店。这些酒店正需要高素质、高技能的职业经理人来经营管理。作为一名合格的酒店经理，一定要加强对各类知识的学习，讲究工作方法和管理艺术，并具有较高的素质修养。酒店经理具备管理者和服务者的双重身份，既要对员工进行管理，又要带领团队成员为客人提供优质的服务。此外，合格的酒店经理还需要具备超强的观察力，能够在第一时间发现并解决工作中存在的问题，把握员工和客人的心态，做好沟通工作。酒店经理要带领员工掌握各项业务知识和专业技能，熟知并理解企业的各项文化和规章制度，具有一定的执行能力和解决问题的方式方法。

那么，如何成为一名优秀的酒店经理?如何开展与实施酒店管理工作?又如何在重要的岗位上尽职尽责，使自己管理的酒店盈利呢?这就是本书要解答的问题。

《从零开始学做酒店经理》是一本为酒店经理打造的工作手册，全书共8章，以酒店管理工作的主要内容为主线，力求全面、实用。第1章首先对酒店经理要做什么进行了阐述，从第2章起，分别讲述了酒店前厅业务、酒店客房服务、酒店餐饮娱乐、酒店财务运作、酒店安全检查、酒店网络订单等方面的管理方法、流程、技巧和细节。

全书实用性强，着重突出可操作性，为刚晋升为酒店经理的人士提供了科学的工作思路和管理模板，也为酒店管理人员开展工作提供了重要的参考。

本书由容莉主编，安建伟、齐小娟、陈超、车转、陈宇娇、成晓霞、程思敏、李建伟、李相田、马晓娟、王丹、王雅兰、王振彪、武晓婷、徐亚楠、冯永华、李景安、吴少佳、陈海川、唐琼、任克勇、梁文敏、樊春元参与了本书的资料收集和编写工作，滕宝红对全书相关内容进行了认真细致的审核。

目 录 |contents

第3章　酒店前厅业务管理 / 49

酒店前厅也称"大堂"，位于酒店的门厅处，负责销售酒店产品，联络和协调酒店各部门对客服务，为客人提供前厅服务。酒店前厅在酒店的经营中有着非常重要的作用。

第4章　酒店客房服务管理 / 91

客房部在酒店中有着极其重要的地位，是酒店经济收入的主要来源。酒店要想越做越好，就要注重客房服务管理，这样才能引导员工做好服务工作，客人才会满意。

第5章　酒店餐饮娱乐管理　/127

餐饮部的主要任务是生产高质量的饮食产品，并通过为客人提供热情、周到、标准、细微的服务，使客人获得物有所值、赏心悦目的就餐享受。与此同时，餐饮部还担负着努力控制运营成本、提高经营利润的工作任务。

第6章　酒店财务运作管理　/157

财务管理是酒店行业管理的核心内容，对酒店的发展起着重要作用。做好酒店的财务管理，可以确保酒店的资金运转，使酒店正常经营，还可以加强成本管理、降低酒店成本等。

第7章　酒店安全检查管理　/181

让客人得到真正的满足感、喜悦感、舒适感已成为酒店业的服务宗旨，而这项服务宗旨的基石就是酒店产品的安全。因此，做好酒店的安全管理是酒店经理工作的重中之重。

第8章　酒店网络订单管理　/215

　　网络已经成为人们生活中必不可少的一部分，酒店应该重视网络订单的管理，通过网络拉近与客人之间的距离，加强与客人的沟通。

第1章

酒店经理要做什么

    酒店经理是指酒店中的中高层管理人员，如总经理、总监和部门经理，他们对酒店或部门的工作负有全部行政和经济责任。我们在了解酒店经理的角色时，应从酒店管理的内容和工作特点谈起。

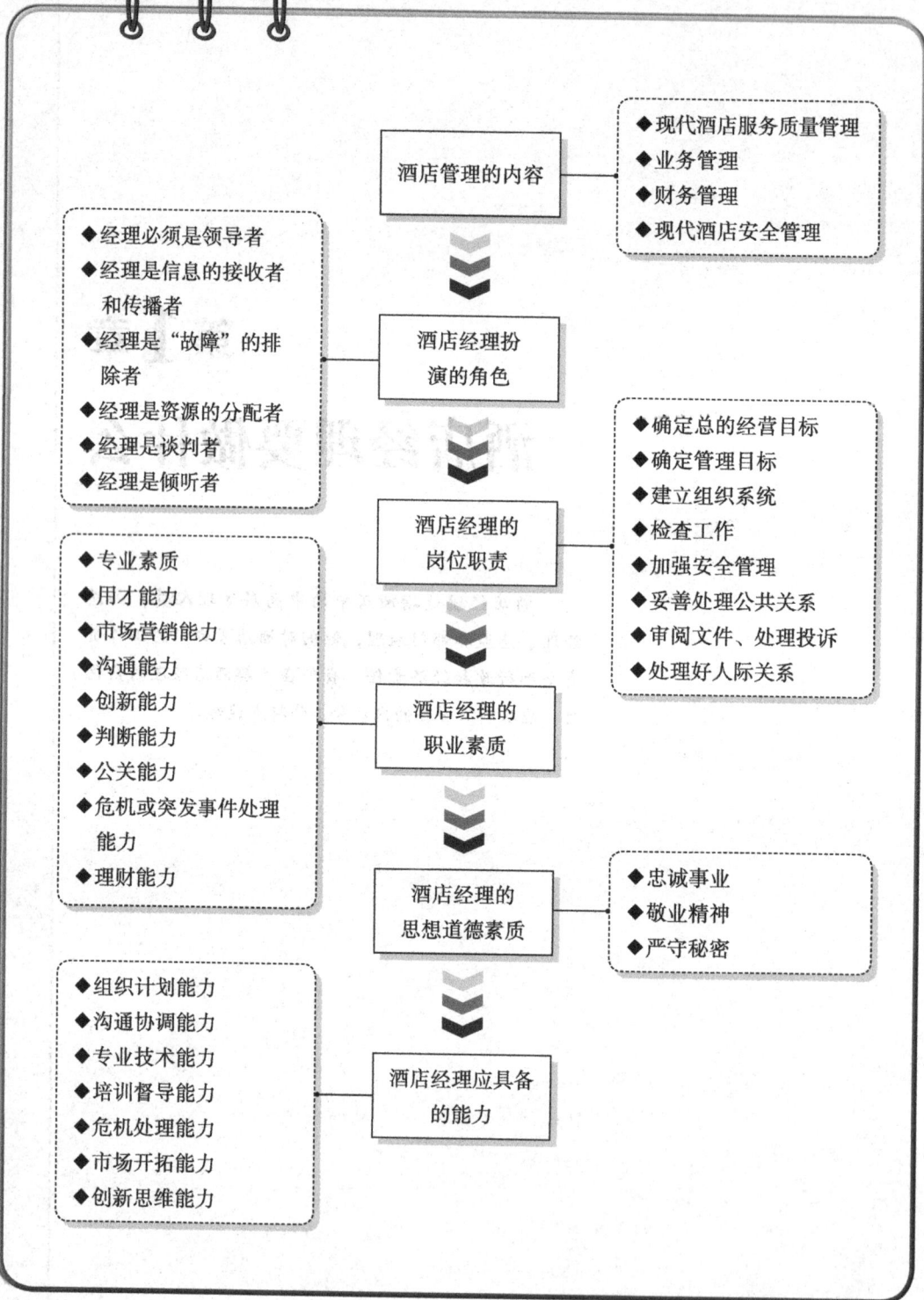

酒店管理的内容
- ◆ 现代酒店服务质量管理
- ◆ 业务管理
- ◆ 财务管理
- ◆ 现代酒店安全管理

- ◆ 经理必须是领导者
- ◆ 经理是信息的接收者和传播者
- ◆ 经理是"故障"的排除者
- ◆ 经理是资源的分配者
- ◆ 经理是谈判者
- ◆ 经理是倾听者

酒店经理扮演的角色

酒店经理的岗位职责
- ◆ 确定总的经营目标
- ◆ 确定管理目标
- ◆ 建立组织系统
- ◆ 检查工作
- ◆ 加强安全管理
- ◆ 妥善处理公共关系
- ◆ 审阅文件、处理投诉
- ◆ 处理好人际关系

- ◆ 专业素质
- ◆ 用才能力
- ◆ 市场营销能力
- ◆ 沟通能力
- ◆ 创新能力
- ◆ 判断能力
- ◆ 公关能力
- ◆ 危机或突发事件处理能力
- ◆ 理财能力

酒店经理的职业素质

酒店经理的思想道德素质
- ◆ 忠诚事业
- ◆ 敬业精神
- ◆ 严守秘密

- ◆ 组织计划能力
- ◆ 沟通协调能力
- ◆ 专业技术能力
- ◆ 培训督导能力
- ◆ 危机处理能力
- ◆ 市场开拓能力
- ◆ 创新思维能力

酒店经理应具备的能力

1.1 酒店管理的内容

酒店是由多种业务、多个部门综合而成的一个整体组织。各部门的接待业务各不相同，这就使酒店有着庞杂的业务和繁琐的事务。在经营管理中，酒店经理必须抓住酒店管理的基本内容，包括以下几点。

1. 现代酒店服务质量管理

酒店服务质量是酒店的生命线，是酒店工作的中心。酒店服务质量管理主要包括以下内容。

（1）服务质量的认知

所谓认知就是对服务质量有一个全面完整的认识。服务质量是指酒店向客人提供的服务在使用价值、精神上和物质上适合和满足客人需要的程度。服务质量的含义应该包括设备设施、服务水平、饮食产品、安全保卫四个大方面，具体如图1-1所示。

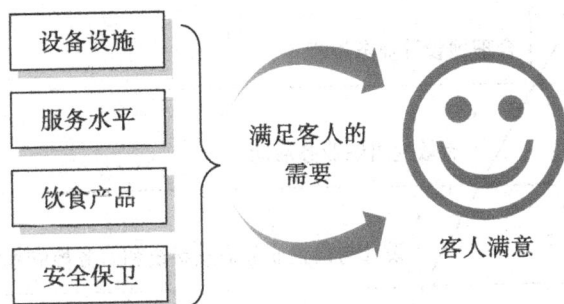

设备设施
服务水平
饮食产品
安全保卫

满足客人的需要

客人满意

图1-1　服务质量的含义

服务质量是综合性的概念，其中每个元素都会对酒店的服务质量产生影响，这就需要酒店经理在总体上认识酒店服务质量的标准、特性，分析每个元素的性质、规律及其对服务质量的影响，研究控制服务质量的方法。

（2）制定衡量服务质量的标准

酒店经理要根据酒店及部门的不同服务质量要求，分别制定出衡量服务质量的标准。这些标准一般可以分成两大类，具体如图1-2所示。

静态标准，如饮食质量标准，卫生标准，水、电、冷、暖设备标准等

服务质量标准的分类

动态标准，如客人投诉率、客房出租率、餐厅上桌率等。各种标准都要详细、具体、明确

图1-2　服务质量标准的分类

3

（3）制定服务规程

为了保证服务过程达到标准，酒店经理需要制定服务规程。服务规程就是以描述性的语言规定服务过程的内容、顺序、规格和标准，它是规范服务的根本保证，是服务工作的准则和法规。管理人员重点要做的工作是：确定服务规程的形式、制定服务规程、执行服务规程、调整和改进服务规程。

（4）控制服务质量

要落实服务质量标准，酒店经理必须对服务质量进行控制。对服务质量的控制主要通过建立服务质量评价体系、建立服务质量承诺与保证体系、推行全面质量管理的方法来实现。

2. 业务管理

业务管理的目的是为了保证酒店业务的正常开展。酒店业务是由每个部门所承担的业务组成的，因此，酒店的每一个部门、每一位管理人员都有所辖的业务管理范围。酒店经理的业务管理就是对所辖的业务进行事前、事中和事后的管理。酒店经理要明确自己的业务范围，对管理范围内的业务性质、业务内容要有全面深刻的认识。具体如图1-3所示。

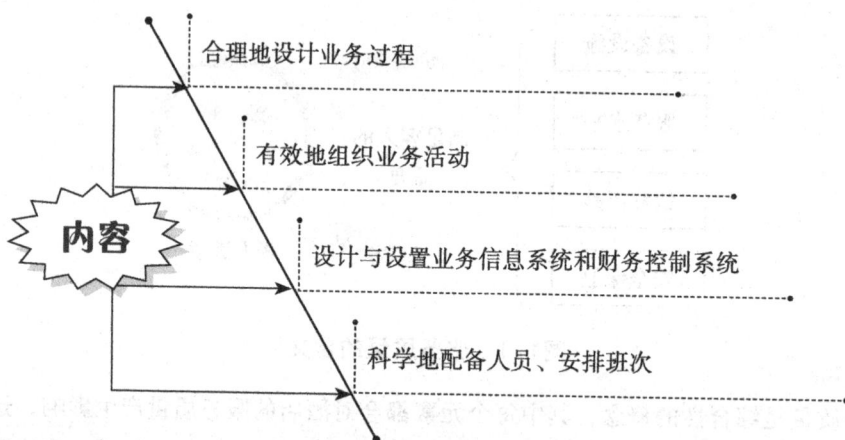

内容

合理地设计业务过程

有效地组织业务活动

设计与设置业务信息系统和财务控制系统

科学地配备人员、安排班次

图1-3　业务管理的内容

3. 财务管理

收入是酒店的基础，效益是酒店的核心，利润是酒店的灵魂。在当今激烈竞争的市场环境下，在客源竞争、价格竞争、特色竞争、人才竞争、营销竞争的大氛围之中，唯有效益的高低才是检验酒店经理业绩的硬道理，也是考核酒店经理工作的重要核心指标之一。酒店经理要在管理中要效益、要利润，并争取更大的利润空间；要能掌控酒店的成本支出，了解酒店每日成本支出的变化情况；在做到自己心中有数、财务数据清晰的同时，也要让部门经理、员工明白每日酒店正常经营需要多少费用，树立全员对成本费用的控制和节约意识。

4. 现代酒店安全管理

酒店的安全包括酒店自身的安全和客人的安全，具体如图1-4所示。

① 酒店自身的安全
· 酒店的财产安全
· 酒店员工的人身安全

② 客人的安全
· 客人的人身安全
· 客人的财产安全
· 客人的隐私安全

图1-4 酒店安全的内容

现代酒店的安全管理主要包括以下几方面的内容。

（1）建立有效的安全组织与安全网络

现代酒店的安全组织和安全网络由酒店的各级管理人员和一线服务人员组成，他们与酒店的安保部共同完成安全管理工作。安全管理工作的内容如图1-5所示。

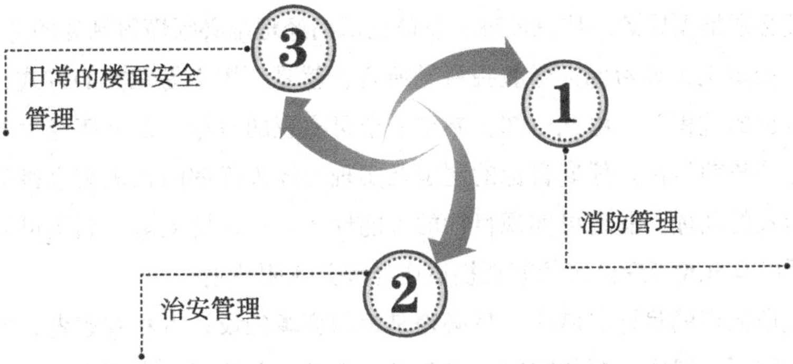

③ 日常的楼面安全管理
① 消防管理
② 治安管理

图1-5 安全管理工作的内容

（2）制订科学的安全管理计划、制度与措施

现代酒店安全管理计划、制度与措施主要包括以下内容。

措施一：犯罪和防盗控制计划与管理措施。

措施二：防火安全计划与消防管理措施。

措施三：常见安全事故的防范计划与管理措施。

措施四：治安管理制度。

措施五：消防管理制度。

（3）紧急情况的应对与管理

这项工作一般指当酒店出现停电事故，客人违法事件，客人伤、病、亡事故，涉外案件以及楼层防爆等紧急情况时的应对与管理。

1.2 酒店经理扮演的角色

作为酒店经理，通常需要扮演以下几种角色，如图1-6所示。

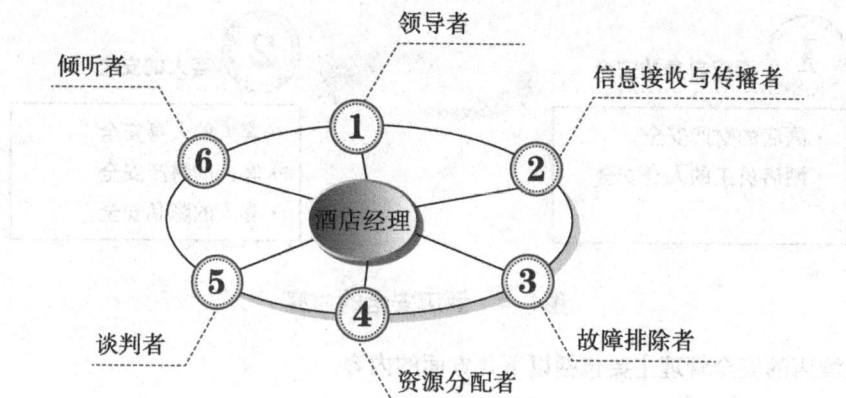

图1-6 酒店经理的角色

1. 经理必须是领导者

酒店经理必须是领导者，从总经理、总监到部门经理都必须懂得领导的艺术。

"领导"的定义正如哈佛大学教授科勒所言，就是"用不易觉察的方式，鼓动一群人去实现某个目标的过程"。由此可知，制定一个可实现的目标，是酒店经理的首要任务。这个目标最好是长期目标。任期目标的制定及实现与经理任期的长短有直接的关系。一般而言，任期稍长的经理，制定可实现目标的可能性较大；任期太短，制定可实现目标的可能性就小，所以股东或管理公司频繁更换酒店经理并非明智之举。

为了实现所制定的目标，酒店经理必须是组织变革的设计者和发起者，他们要按照发现问题—提出问题—解决问题的顺序提出改进性方案，并拥有一支担负着把目标变为现实这一责任的核心队伍和一群热情高涨的核心队员。酒店经理必须在制定目标时考虑到相关当事人的长期合法权益。在实施改进性方案时，要适度掌握好授权（授权下属设计变革方案）、批准（批准与否）和监督（在设计阶段的监督和在实施阶段的监督）的权力。

另外，要实现所制定的目标，酒店经理还须在过程中对下属进行激励和引导，其方式包括雇用、训练、考察、报酬、表扬、奖励、提升或批评、干预、解聘、开除等。

2. 经理是信息的接收者和传播者

酒店经理要制定变革的方案，对服务和管理不断进行创新，必须掌握和了解大量的信息，并对这些信息进行甄别和利用。经理要经常性地与客人、企业、社会团体、政府部门以及同行和各类旅游组织沟通，他们起着联络者的作用。同时，酒店经理也要不断接收和吸纳有用的管理、经营、服务信息，掌握前沿技术，了解酒店业的发展趋势，包括各类优秀的服务和管理案例，向上级、下属和同行传播交流，他们扮演着信息传播者的角色。

3. 经理是"故障"的排除者

酒店经理面对客人和员工的时间很多，他们必须及时、妥善地排除故障。所谓"故障"，是指可能阻碍工作正常进行或发展的因素，酒店经理必须是酒店发展前进路上的"清道夫"。在化解客人与酒店的冲突时，有时必须由经理出场才能让客人感受到更多的尊重，让客人更为信任，"化干戈为玉帛"。服务中出现的问题，包括一些员工的个人的问题和一些员工关系的问题，由酒店经理出面解决，更易创造较为和谐的工作环境。对于同一地区不同酒店之间的利益冲突，或是客源市场，或是价格策略，最有效的方法当然是各家酒店的经理坐在一起平心静气地倾谈协商，以达到双赢或多赢的目的，维护旅游业市场的平稳和良性竞争。在酒店的持续发展方面，酒店经理更是起了重要的作用。如何有效地防止资源的损失以及避免和排除可能产生损失的危险，需要经理有预见地为股东做可持续发展考虑，做好大量扎实的准备工作。

4. 经理是资源的分配者

酒店经理可以安排自己的工作时间和工作内容，让时间和资源更合理有效地贴近酒店的运营实际，如夜间巡视、市场调查、客人联络、同行交流等。同样，他们对下属的工作也要有科学的策划。如对下属和员工的培训，一定要有科学的时间安排，才能达到理想的结果，而不能机械地按指标安排培训。

5. 经理是谈判者

酒店有时会与各类经济组织或客人进行业务谈判。酒店经理的身份特征使他们在谈判时具备了优势。经理作为领导者，可增加谈判双方的可信任度；经理作为资源分配者，有权支配酒店的资源。事实上，谈判就是当场的资源交易，要求参加谈判的人有足够的权限来支配资源并迅速作出反应和决断，经理的资源分配权使他们可以在谈判中立即作决策。

在酒店的经营管理中起着主导作用的经理们，应了解自己工作的特点和周边环境，明白自己在工作中扮演的角色，在各种业务活动中的适当位置上发挥职业经理人的优势，才能担负并完成股东所赋予的使命。

6. 经理是倾听者

管理上有一个著名的"双50%"理论，即经理人50%以上的时间用在了沟通上，如开会、谈判、指示、评估。可是，工作中50%以上的障碍也都是在沟通中产生的。一个无法沟通的经理人，你能寄希望于他能领导好一个团队、做好工作吗？

有人调查了100多家公司在招聘时选人的条件，发现沟通能力是共同点，被拒绝的通常都是难以沟通或缺乏沟通能力的人；而所聘职位越高，这种能力越被看重。美国普林斯顿大学曾对1万份人事档案进行了分析，结果显示：智能、专业技术、经验只占成功因素的25%，其余75%决定于良好的人际沟通能力。由此可见有效沟通在职业经理人工作中的重要性。

管理工作中尤其需要管理者的有效沟通。在管理的实际操作中，无论是计划、组织、指挥、决策、协调、激励、控制，无不要求管理人员具有良好的沟通技巧。

而在实际工作中，员工期望自己的努力得到应有的鼓励与报酬，企业中的士气也受到考核公正与否的极大的影响。运用威胁与利诱只会收到员工短期好的表现，但要想建立持续的绩效，则需要有公正合理的考核办法与激励机制，才能促使员工愿意为未来而努力。而做到这一切的关键就在于领导者能与员工进行顺畅的沟通，交流看法，完善考核机制。因为设计得再完美的考核方案都会在实际应用中表现出其缺陷，与员工交流有利于发现和解决问题，也能增加员工的积极性。

1.3　酒店经理的岗位职责

酒店经理的岗位职责如图1-7所示。

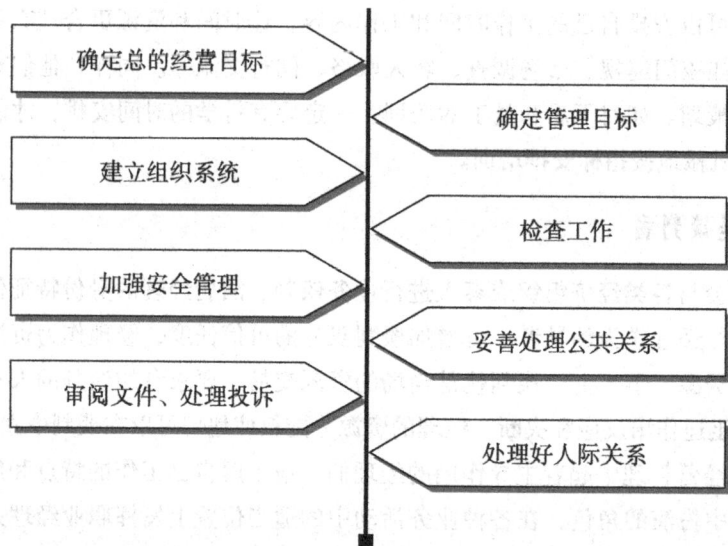

确定总的经营目标

确定管理目标

建立组织系统

检查工作

加强安全管理

妥善处理公共关系

审阅文件、处理投诉

处理好人际关系

图1-7　酒店经理的岗位职责

1. 确定总的经营目标

确定酒店总的经营方向和管理目标，并有实施目标的具体方案和措施。

（1）制订房价。房价可以在国家规定的标准内浮动。

（2）制订餐饮的毛利。根据物价政策掌握毛利率。

（3）了解市场行情，了解物品的进价情况，使本酒店的价格在市场上具有竞争力。

（4）检查应收的账款。及时回收现金，避免差错和跑账（走单），避免酒店的经济损失。

（5）审查每天的财务报表和每月的财务报告，检查营业额是否按计划完成。要不断进行营业分析，找出经营中的薄弱环节，进行改进，使营业额保持完成计划的良好状态。

（6）检查应付款项。酒店所需购进的物品，要及时给有关单位和个人结账付款，以保持良好的信誉。

2. 确定管理目标

（1）制定酒店的店规，即"员工守则"。这本守则从酒店经理到普通员工，必须人人遵守。

（2）按照酒店的管理目标，规定部门经理以下各级领导的职责，并监督和检查他们的执行情况。

（3）制定酒店各部门各岗位的操作规程。这些制度和规程应反映出酒店的水准，使酒店的各项工作在严密的制度下实行，达到标准化、规格化、程序化、科学化。

3. 建立组织系统

（1）酒店经理在管理活动中要对管理人员进行督导和考察，提倡不计较时间地努力工作。不断提高管理人员的素质和业务水平，不断增强他们的管理意识。善于运用奖励和惩罚的手段激发管理人员的积极性，培养部属掌握策划、组织、领导、控制这些最基本的管理方法。最重要的不是自己在时部属会做什么，而是自己不在时部属会做什么。

（2）酒店经理要协调各部门的关系，使各个部门保持良好的合作。要使客人感到酒店整体运作的严谨性，从而增强客人住店的信心。

（3）酒店经理每周必须主持由部门经理参加的例会，总结上周的工作情况和发生的事情，并对下周的工作任务进行沟通和传达。广泛听取经理们的意见，商讨酒店的业务。努力做到任务清楚、目的明确，使酒店工作建立在制度化、程序化的基础上。

（4）经常与部门经理研究如何改进经营管理和进行业务推广。

4. 检查工作

酒店经理必须每天安排一定的时间巡视检查各个部门和酒店内的公共场所。检查的项目具体如下。

（1）检查各级领导在不在位，他们在怎样进行工作和处理事宜。

（2）检查员工是否方法正确、态度良好地为客人服务。

（3）检查公共场所的秩序。

（4）检查环境绿化，即花、草、树木是否布置得当，是否新鲜美丽。

（5）检查指示牌、路牌是否放置得当，旧牌是否及时撤除，文字、说明是否清晰美观。

（6）检查清洁卫生。酒店的清洁卫生是显示酒店管理水平的一个重要方面，因此每处都要做到一尘不染。

（7）检查生意情况，特别是餐厅。要了解餐厅的用餐高峰时间，酒店经理在用餐高峰时间出现在餐厅不仅可以给员工以鼓舞，还可以了解生意情况和员工的工作情况。

（8）检查食品的质量。酒店经理对菜品要经常看看、嗅嗅、试试，了解菜的色、香、味、形是否保持和提高了水平，有没有新的变化。

（9）检查客房的家具安排布置是否得当，各种电器设备是否完好，灯光、空调是否运行正常；玻璃、镜、桌、椅是否干净；地毯、墙面是否干净．床铺整理是否符合规格和要求；装饰品以及送给VIP客人的水果、鲜花是否摆放得当，是否放了酒店总经理的名片，是否放了刀叉、香巾；卫生间有没有异味，冷热水管是否正常通水，有没有漏水现象，抽水马桶是否畅通；面盆、浴盆、浴帘、马桶是否整理干净，是否有污垢，是否干燥；方巾、面巾、浴巾、地巾是否如数摆好，化妆台上的化妆品（洗浴液、洗发液、香皂）、发罩是否摆放好，废纸桶是否清理干净。

（10）检查公共卫生间是否干燥、无异味。

（11）检查酒店的维修保养情况，具体有：维修时是否有噪音，是否影响酒店的正常营业；建立设备的维修保养制度，有计划地进行维修保养工作。

（12）检查客务各部门的工作，注意迎送、开房、行李运送及保管、结账、询问等方面的工作是否细致、有效率，员工态度是否和善等。

小贴士

有时，酒店经理在深夜还要做突击检查，检查的项目有：总台、客房、保安、管家部等夜班工作人员是否在岗位上履行职责；门有没有锁好、灯有没有关闭；有没有危险、不安全的因素存在等。酒店经理要将这些检查的情况，无论好坏都记录下来，并传达到有关部门，给他们明确的指示。

5. 加强安全管理

酒店经理必须定期或不定期地召开安全会议，研究保安问题，指示有关部门和人员进行消防系统和设施的安全检查，进行消防演习；制定严格的保安制度、消防制度；要让每个管理人员和职工都予以重视，并使客人了解和合作，使安全工作在牢固的基础上开展。

6. 妥善处理公共关系

酒店常被人称为"社会中的社会"，每天来酒店的人川流不息，如何处理好这些关系将对酒店的生意和声誉产生重要影响。酒店经理在这方面应努力做到以下两点。

（1）亲自接待。下榻酒店的客人里有时会有一些国内外的重要客人，对于这些客人，酒店经理要亲自参加接待，有时还要向他们介绍酒店的情况。

（2）积极公关。公关工作包含以下几个方面，如图1-8所示。

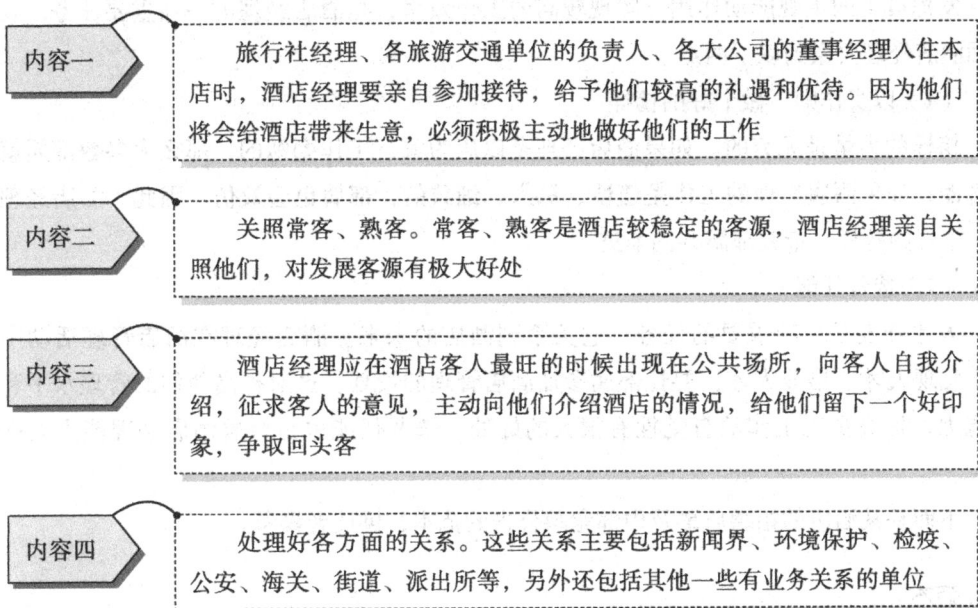

内容一	旅行社经理、各旅游交通单位的负责人、各大公司的董事经理入住本店时，酒店经理要亲自参加接待，给予他们较高的礼遇和优待。因为他们将会给酒店带来生意，必须积极主动地做好他们的工作
内容二	关照常客、熟客。常客、熟客是酒店较稳定的客源，酒店经理亲自关照他们，对发展客源有极大好处
内容三	酒店经理应在酒店客人最旺的时候出现在公共场所，向客人自我介绍，征求客人的意见，主动向他们介绍酒店的情况，给他们留下一个好印象，争取回头客
内容四	处理好各方面的关系。这些关系主要包括新闻界、环境保护、检疫、公安、海关、街道、派出所等，另外还包括其他一些有业务关系的单位

图1-8 公关工作的内容

7. 审阅文件、处理投诉

酒店经理每天须安排一定的时间来阅读文件、审查报告、处理投诉。

（1）对中央、省、市和主管部门及有关部门的文件、报纸等要安排时间阅读，关心和了解国家大事，掌握国家的方针、政策、法律，掌握文件精神，保持与中央和地方政府步调一致。

（2）酒店各部门有许多业务、工作报告和计划会上报酒店经理，酒店经理必须及时审阅、明确指示，批转有关部门落实、执行或处理，不可贻误工作。

（3）酒店经理常会收到许多投诉，对这些投诉酒店经理要做好调查，掌握材料，提出处理意见，批转有关部门处理，将处理结果回复给客人并向客人致谢。

小贴士

酒店经理每天必须有一定的时间让自己静下来思考问题，整理一下思绪，然后进行新的策划。酒店经理不应是一个整天忙于事务者，他对酒店的一切应是敏感的，发布的决策必须带有指导性，使酒店不断取得新的成绩。

8. 处理好人际关系

发挥员工的主观能动作用，实现较高的工作效率，是酒店经理的一项重要任务。在此方面酒店经理要做到以下两点。

（1）以身作则、做个好的榜样

榜样的力量是无穷的。如果酒店经理是以店为家、工作勤勉的，那么大多数部属就不敢偷懒；如果酒店经理的工作是谨慎、深入、细致的，部属也会效仿。因此，酒店经理要做一个好的榜样，带领部属共同前进。

（2）选贤任能

人才开发是一项重要的任务，它关系到酒店的未来。酒店经理在酒店管理活动中要善于发现人才、培养人才，要让部属参加酒店管理的策划，这对提高他们的管理水平和业务能力、提高员工工作的自觉性有很大的好处。选贤任能也是检验酒店经理能力的标准之一。

下面是某酒店的招聘启事及内部竞聘公告的范本，供读者参考。

范本

××酒店招聘启事（一）	
职位名称	酒店销售经理
公司名称	××酒店管理有限公司
岗位职责	
1. 能独立开发酒店的销售渠道、合作机构，完成关于合作的谈判以及后续维护工作； 2. 协助销售部经理完成日常工作，处理营销团队的日常内务； 3. 执行公司的市场推广主题活动，并对执行过程中出现的问题及时反馈意见； 4. 定期跟踪重点渠道与合作机构的入住用户，对服务意见进行收集和反馈； 5. 收集市场信息及行业动态。	
任职要求	
1. 从事酒店销售工作一年以上，熟悉市场布局，与各旅行社、商务公司等已建立良好关系者，优先考虑。 2. 本科以上学历，营销、管理类专业为佳； 3. 思维活跃，有积极进取精神，敢于接受挑战； 4. 为人正直、诚实，性格开朗，责任心强，擅长与人沟通； 5. 有一定的组织协调能力，能承担和突破工作压力，是很好的时间管理者和自我任务驱动者。	

范本

职位名称	酒店业务经理	工作地点	××市
公司名称	××酒店管理公司	工作性质	全职
职位月薪	××～××	最低学历	本科
工作经验	×～×年	职位类别	酒店业务经理

××酒店招聘启事（二）

工作职责

1. 负责区域内酒店产品的洽谈与上线；
2. 分析行业动态及收集相关行业信息；
3. 处理各种投诉和相关业务问题；
4. 维护和促进与其他酒店的合作关系；
5. 处理部门内外相关的沟通协调工作。

任职资格

1. 大学本科及以上学历，英语四级以上，具备一定的听说读写能力；
2. 有酒店营销工作经验；
3. 具备较强的业务谈判能力以及团队管理能力；
4. 熟知酒店行业的相关市场，掌握酒店市场分析、产品营销的方法和策略；
5. 有较强的文字表达能力和组织能力，工作主动性强，协调沟通能力强。

工作地址：
××市××区××路××号

范本

××酒店内部竞聘公告

为促进员工个人事业的发展，激发员工的工作潜力和积极性，体现公司的人才发展战略，公司将在部分重要岗位空缺之时，向公司员工发出内部竞聘通知，以此作为优秀员工晋升的平台。以下为现阶段公司内部竞聘上岗的职位。

一、竞聘上岗的职位
星级酒店管理运营总经理、××连锁直营总经理、××（西/茶餐）执行总经理。

二、竞聘范围
公司全体员工。

（续）

三、任职要求

（1）有能力完整、准确地完成任务；

（2）能够及时完成工作并能坚持到底；

（3）有同他人合作共事的能力；

（4）能进行有效的沟通；

（5）有较强的组织能力和领导能力（如果该职位是管理岗位）；

（6）掌握解决问题的方法；

（7）有积极的工作态度。

四、员工申请程序

1. 填写职位申请表

2. 对于所有的申请人，人力资源部和该空缺职位的上级将根据任职资格要求进行初步筛选。

3. 面试小组将对初选合格的申请人进行面试及必要的考核评定。

4. 内部招聘结果将在复试后一周内公布。

××酒店管理公司人力资源部

××年×月×日

1.4 酒店经理的职业素质

1. 专业素质

酒店经理应能对不同规模、不同风格的酒店进行管理，并制订不同的经营计划；在科学、系统地进行酒店设计的基础上，导入全面经营、运转、管理中所涉及的客情、服务、酒水、餐务等组成要素；具有预算管理知识，能编制预算、执行预算，并对各要素进行组织和管理；了解酒店促销和成本控制；善于指导、激励员工工作和评估员工表现，有效地制订部门员工培训计划。

2. 用才能力

员工是企业最大的一笔财富。作为酒店的管理者，酒店经理要充分重视员工的价值，合理调配酒店的人力资源，做到责权分明；要有科学的人才观，善于发现和培养人才，既要合理使用人才，还要留得住人才。

3. 市场营销能力

市场具有多元化、多变性的特征。而且，我国目前的酒店市场竞争非常激烈。酒店经理要紧跟形势，准确把握酒店市场的发展趋势，具备前瞻性的眼光，在酒店的业务拓展、地区市场开拓方面要准确把握。

4. 沟通能力

酒店经理要处理好与客人、员工等不同人群的关系，有过硬的沟通能力，协调好周围的人际关系。随着酒店市场的现代化发展，酒店经理要注重沟通技巧，正确、及时地处理各种客人的投诉。酒店经理应提高沟通能力，至少要能掌握一至两门外语。

5. 创新能力

酒店经营业态和经营特色复杂多样，酒店经理要具备在企业确定的经营模式中找准目标市场的能力。所采用的经营手段和经营技巧要能切合客人的消费意愿，具体表现在能根据实际情况设计出效率高的经营组织，对现行的组织结构进行正确的分析与评估，并对经营状况进行创新型决策，提出新颖的设想，通过周密的论证保持收入与利润的增长。

6. 判断能力

酒店经理应具备高智商且思维敏捷，能够站在企业改革与发展的高度，对企业领导提出的众多议题有自己的独到想法、建设性的意见或建议；能够保持上下统一、总揽全局，认准方向、把握好方向、坚持方向，齐头并进，协调、健康发展。

7. 公关能力

一位成熟、自信的酒店经理应把集体取得的成绩看得比个人的荣誉和地位更重要。酒店经理作为高层的决策人员，对内要以团结为己任，乐于倾听不同的意见，重视情感沟通，在坚持原则的前提下把"一班人"紧紧地凝聚在一起；对外要以提高企业的知名度和社会影响力为己任，善于搞好"上挂、横联、下辐射"的公关网络建设，协调沟通好与社会各界的关系，才能拓展企业的生存发展空间，为"产品出得去"铺平道路。

8. 危机或突发事件处理能力

在酒店的管理中，不可避免地会出现突发事件，酒店经理应能最大限度地降低负面效应，减少危机对酒店正常经营的冲击。突发事件是指由于火灾、自然灾害、酒店内建筑物和设备设施、公共卫生和伤亡事故、社会治安以及公关危机事件对客人、员工和其他相关人员的人身和财产安全造成危害的意外事件，需要酒店经理采取应急处置措施予以应对。

其核心内容包括：各类突发事件的可能性及其后果的预测、辨识、评价；突发事件应急管理的第一责任人及相关人员的工作职责；应急救援行动的指挥与协调；善后措施；应急培训和演练制度等。

9. 理财能力

酒店经理的重要职责之一就是要做好财务监督，做个"好管家"。因此，酒店经理应具备一定的财务知识，能看懂反映企业财务状况的各种财务报表和其他指标，严格控制支出；但要注意所有的成本控制不能节省到客人身上，在控制成本的前提下要注意对服务质量的保障。

1.5 酒店经理的思想道德素质

这是酒店经理最基本的素质。它包括三个方面，具体如图1-9所示。

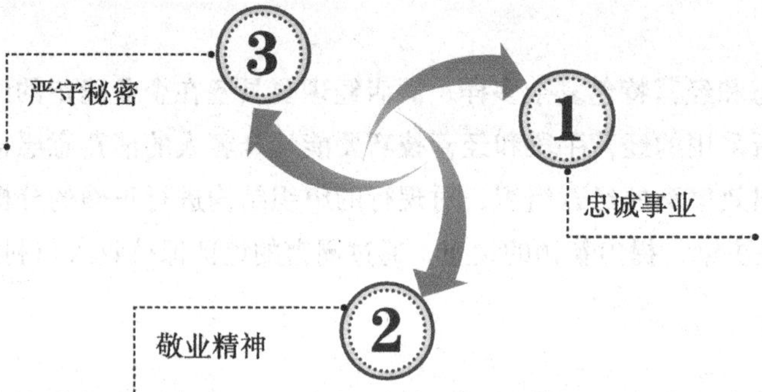

图1-9 酒店经理的思想道德素质

1. 忠诚事业

即把维护酒店利益、实现企业投资价值的最大化作为自己唯一的目标，一切经营决策、管理行为都必须围绕这个目标进行，绝不能为了个人利益、短期利益、局部利益而损害企业利益、长期利益、整体利益。具体应做到忠诚于投资者、忠诚于客人、忠诚于酒店员工。

2. 敬业精神

酒店经理的敬业精神表现在两个方面，具体如图1-10所示。

敬业要先乐业，酒店职业经理人要热爱自己的职业，把酒店作为施展自己才华的舞台，不断去追求事业上的成功和酒店的业绩

表现

敬业必须勤业，经理人要将自己的全部精力投入到酒店的管理中去，在职位上一天就要尽全力履行自己的职责，哪怕是明天就要离开这个职位

图1-10 敬业精神的表现

3. 严守秘密

这包括曾服务过和正在服务的酒店的经理。对于曾服务过的酒店，酒店经理虽已离开，但过去在职时掌握的一些酒店秘密，仍不应泄漏给他人，特别是竞争对手；对于正在服务的酒店，则更有义务保守其秘密。

1.6　酒店经理应具备的能力

一名合格的酒店经理应具备以下七种能力，如图1-11所示。

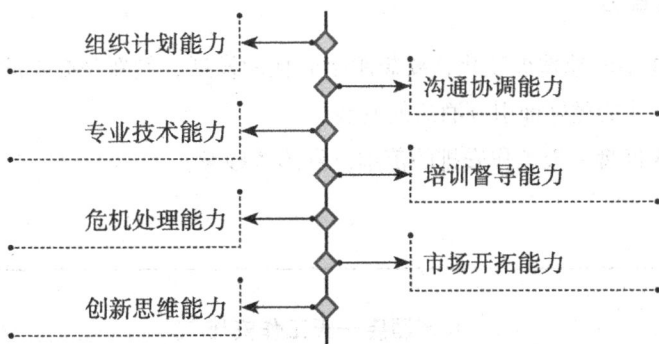

组织计划能力

专业技术能力

危机处理能力

创新思维能力

沟通协调能力

培训督导能力

市场开拓能力

图1-11　酒店经理应具备的能力

1. 组织计划能力

酒店经理要能够根据酒店、市场、客人方面的各种信息和表现，对企业的发展和未来进行系统的思考，制定合理、可行的远景目标，并明确达到目标的步骤和措施，合理有序地组织酒店走上稳健、持续的发展之路。

2. 沟通协调能力

酒店是一个有机的整体，其各项服务工作像链条，一环扣一环，密不可分，因此，沟通、协调、公关是酒店经理最基本和最重要的工作。

3. 专业技术能力

酒店经理要掌握酒店餐饮、客房、康乐、保安等方面的业务知识。

4. 培训督导能力

酒店经理应做到自己就是培训师，能正确地指导下属管理人员和员工进行各项管理和操作，同时还应做好非正式任务的指导。

5. 危机处理能力

企业的发展不可避免地会出现短期或长期的危机及不可预测的突发事件，这就要求酒店经理有在紧急情况和危机中处理问题的能力；在艰难的时候仍然能保持清醒的头脑，要有能力带领员工奋发图强渡过难关。

6. 市场开拓能力

酒店经理应不满足于现有的成绩，要有高远的目标和追求，这样才能让酒店经营朝着更高远的方向前进。

7. 创新思维能力

市场和行业在不断地发展变化，要想跟上时代的发展，创新是必须的。管理者只有不断地创新和改变，才能更好地引导酒店的发展。

下面是某酒店经理一天工作安排的范本，供读者参考。

范本

××酒店一天工作安排

总的来说，酒店经理的工作量很大，且工作内容琐碎。下面是××酒店总经理一日工作安排表。

××酒店总经理每日工作安排

时间	工作事务
6：15	起床
6：45	早餐
7：15	到大堂及其他部门巡视，观察前厅员工为客人办理退房手续，征询客人消费意见，察看餐厅备餐状态，观察员工对客促销和服务的过程，重要的是观察员工工作的自觉性和酒店是否存在其他方面的隐患
7：45	查看前一天的晨报、大堂副理（AM）值班日志、值班经理（MO）值班日志、值班工程师值班日志和安保部值班日志
8：10	查看酒店每日的营业及毛利报表、支出日报表、房间出租报表、营业分析表、各部门营业一览表、各部门营业报表
8：30	晨会（六天）。主要听取汇报，讨论问题，作出回复并布置任务

（续）

（续表）

时间	工作事务
9：30	开始检查总部邮件及其他邮件；可能会出外与销售部拜访客户；可能会处理文件，写备忘录，与其他酒店交换数据，回复总部指令和文件，参看新的客人意见反馈
11：30	午餐及阅读，察看餐厅备餐状态，观察员工对客促销和服务的过程，重要的是观察员工工作的自觉性和是否存在其他方面的隐患，征询客人消费意见，接受并处理客人的投诉
13：00	中午对楼内外巡视；检查两间已打扫好的客房（即主管检查过的房间），察看餐厅收市情况；楼内外巡视；或短暂休息
14：00	培训或会议多在这一段时间进行，包括每周卫生服务等的大检查、每月民意调查、损益会、市场采购价格会、经营会、每月销售会、每月业主汇报会、全面质量管理课题会、员工大会，协调与政府各部门的关系，完成每月向总部提供的报表
17：00	每日销售部汇报
17：30	晚餐，就餐期间与各部门经理就工作事务进行沟通
18：00	检查两间已打扫好的客房、娱乐餐厅包房（即主管检查过的房间），在大堂及一线岗位观察服务情况及巡视，观察员工对客促销和服务的过程，征询客人消费意见，接受并处理客人的投诉；迎接VIP客人，宴请客户
19：00	与客户（包括重要客人、长住客）交谈（在酒吧或行政楼层），察看餐厅收市情况
21：00	视察娱乐和桑拿一线岗位，观察服务情况，观察员工对客促销和服务的过程，征询客人消费意见，接受并处理客人投诉
21：20	回办公室准备第二天的文件备忘录及相关事务
22：00	上网浏览行业信息、阅读报纸；或去其他酒店考察
23：00	回房休息；每周有一至两次夜查（夜间3~5点）

拓展阅读

世界知名酒店企业文化

一、喜来登的"十诫"和理念

喜来登的创建人是欧内斯特·亨德森（1887—1967）。亨德森的"十诫"如下。

1. 不要滥用权势与要求特殊待遇，对此不加抵制就是放纵。

2. 不要收取那些有求于你的人的礼物。

3. 一切装点喜来登饭店的事要听玛丽·肯尼迪的（玛丽·肯尼迪是从8名装潢大师中经过一次装潢比赛脱颖而出的。此后她一直被喜来登旅馆公司聘为饭店客房、餐厅与大堂装潢的总主持人）。

4. 不能反悔已经确定了的客房预定。

5. 在没有让下属完全弄清确切目的之前不得向下属下达命令。

6. 经营小旅店的长处，也许是管理大饭店的忌讳。

7. 不得为做成交易榨尽对方"最后一滴血"。

8. 放凉了的菜不得上桌。

9. 决策要靠事实、计算与知识。

10. 对下属的差错，不要急于指责。

在喜来登公司的实际经营中，亨德森的一些理念也是可取的。

1. 强调职责和勤奋。

2. 强调客人监督以及对饭店服务质量的评定。

3. 饭店的一切服务和食品要"物有所值"。

4. 以浮动价格调节客源市场。

5. 以竞争来推动企业向前发展。

6. 强调目标管理。

二、丽兹-卡尔顿的"黄金标准"和员工满意度

丽兹-卡尔顿的管理理念在其"黄金标准"所表述的公司核心价值中得到了充分体现。丽兹-卡尔顿的员工们在任何时候都随身携带"黄金标准"信条卡，丽兹-卡尔顿要求每一名新员工都能自觉奉行公司的标准。这些标准包括"信条""服务三步骤""座右铭""二十个基本点"以及"员工承诺"。全部内容反复强调的宗旨是，永远把注重每个客人的个性化需要放在第一位，为每一位客人提供真正热情体贴的服务。所有员工每日都要时时提醒自己，他们是"淑女／绅士为淑女／绅士服务"，并且他们必须积极热诚地为客人服务，预见客人的需要。丽兹-卡尔顿在世界各地的每日训言都是一成不变的："超越客人的期望，是公司最重要的使命。"

员工满意度是"黄金标准"中的闪光点。"淑女／绅士为淑女／绅士服务"——这句话可以看作是员工满意度和客人满意度的结合。丽兹-卡尔顿视拥有并保持出色的员工群体为公司的首要任务，公司培训员工的方法是以此为基础的。丽兹-卡尔顿公司

（续）

在饭店业多年来保持远远高出同行业平均值66%的员工保持率，使丽兹-卡尔顿节约了成本，提高了利润。

给员工授权是丽兹-卡尔顿员工满意度的重要体现。员工每年要接受100多个小时的客户服务培训，大约一半的丽兹-卡尔顿员工都属于某个具有授权的自我指导工作团队，这些团队发起了许多服务创新，从而提高了客人的满意度并提高了公司的利润率。

学习笔记

通过学习本章的内容，想必您已经有了不少学习心得，请仔细填写下来，以便继续巩固学习。如果您在学习中遇到了一些难点，也请如实写下来，方便今后重复学习，彻底解决这些难点。

我的学习心得

1. _____
2. _____
3. _____
4. _____
5. _____

我的学习难点

1. _____
2. _____
3. _____
4. _____
5. _____

我的运用计划

1. _____
2. _____
3. _____
4. _____
5. _____

第2章

酒店服务人员管理

酒店的好坏最终取决于其人员队伍和管理。人员不到位，即使有了好的管理也只能是"纸上谈兵"；但反过来说，人员到位了，管理却跟不上，那也只是"徒有虚名"。

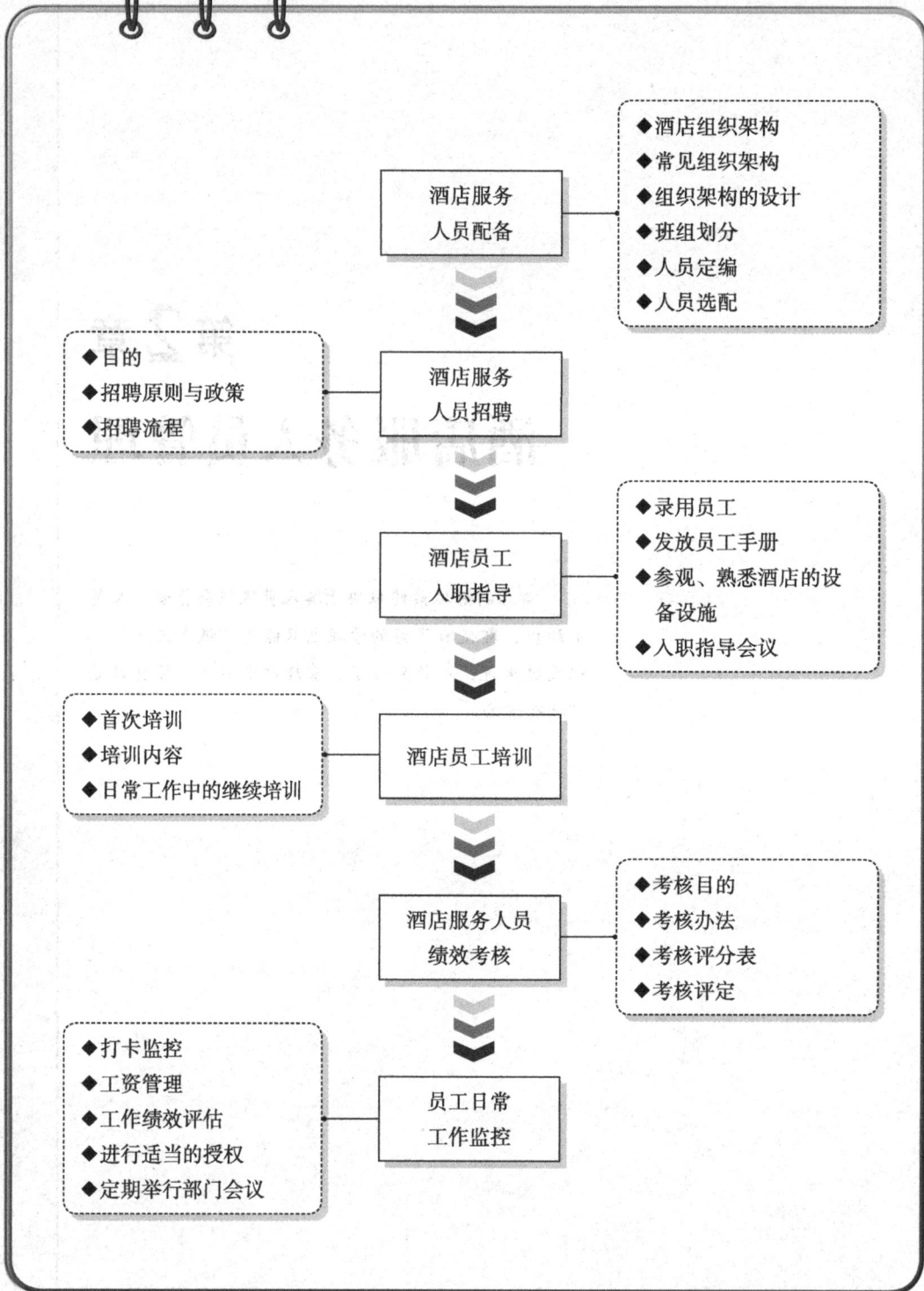

学习指引

酒店服务
人员配备

◆酒店组织架构
◆常见组织架构
◆组织架构的设计
◆班组划分
◆人员定编
◆人员选配

◆目的
◆招聘原则与政策
◆招聘流程

酒店服务
人员招聘

酒店员工
入职指导

◆录用员工
◆发放员工手册
◆参观、熟悉酒店的设备设施
◆入职指导会议

◆首次培训
◆培训内容
◆日常工作中的继续培训

酒店员工培训

酒店服务人员
绩效考核

◆考核目的
◆考核办法
◆考核评分表
◆考核评定

◆打卡监控
◆工资管理
◆工作绩效评估
◆进行适当的授权
◆定期举行部门会议

员工日常
工作监控

2.1 酒店服务人员配备

1. 酒店组织架构

酒店经理要做好人员配置，必须了解酒店的部门配置，尤其是组织架构。酒店业是服务业，就酒店服务的性质而言，酒店可归纳为两大部门：前厅，也就是外务，包括房务、餐饮两大主要营业单位，及其附带的营业项目、电话、商店购物等；后台，也就是内务，包括财务、总务、人事、采购、工程等辅助营业作业的部门，即后勤部门。

2. 常见组织架构

不同规模的酒店，其组织架构也有所不同。

（1）较具规模的酒店

较具规模的酒店的组织结构如图2-1所示。

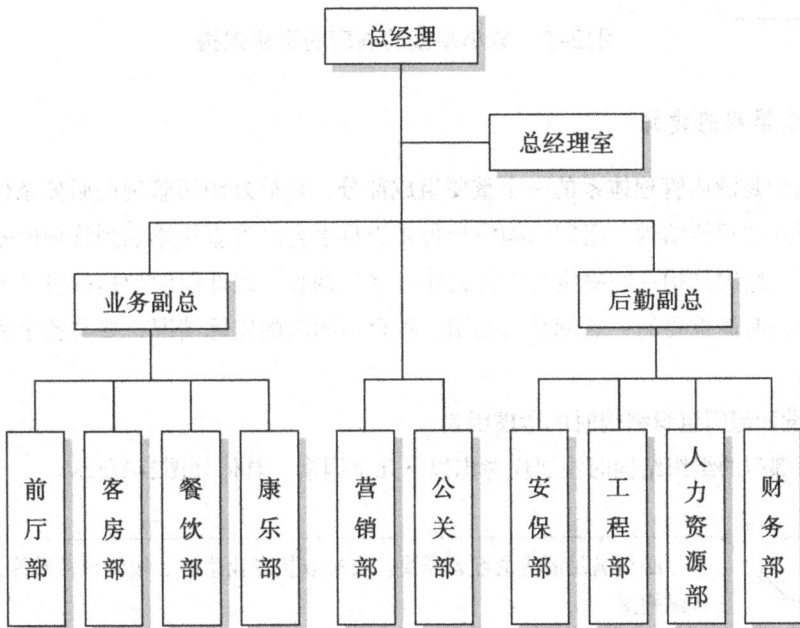

图2-1　较具规模的酒店的组织架构

（2）较小规模的酒店

较小规模的酒店的组织结构如图2-2所示。

```
                        ┌─────────┐
                        │  总经理  │
                        └────┬────┘
                             │
                        ┌────┴────┐
                        │ 总经理助理│
                        └────┬────┘
                             │
                        ┌────┴────┐
                        │ 值班经理 │
                        └────┬────┘
```

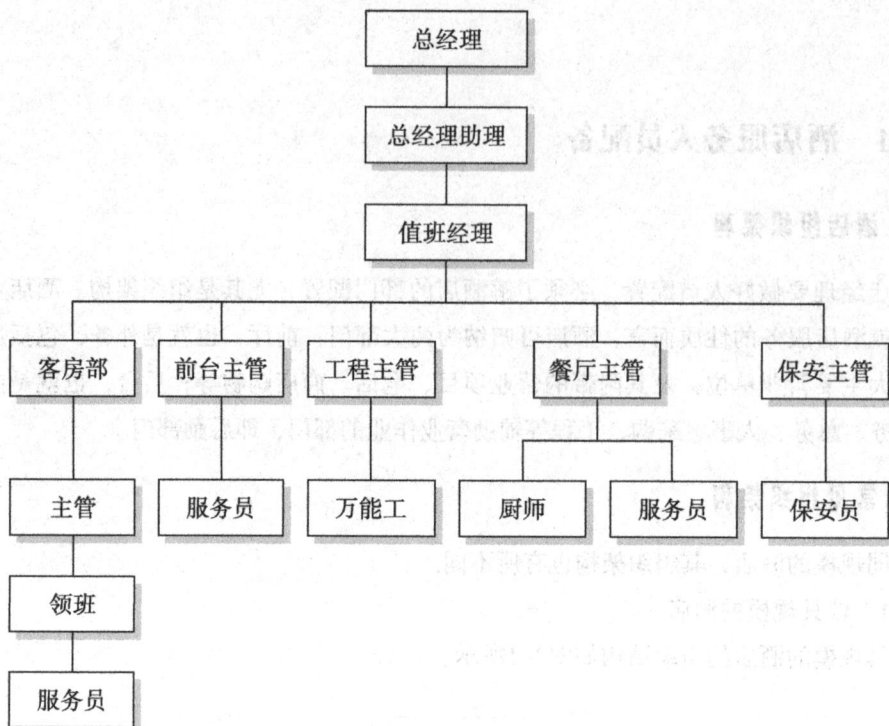

图2-2　较小规模的酒店的组织架构

3. 组织架构的设计

组织结构是酒店管理体系的一个重要组成部分，是搞好酒店管理的必要条件，是确定酒店管理模式的框架结构。组织结构设计得是否科学合理将直接影响到管理的效率和部门运作的好坏。组织结构一经确定就不能再作过多的调整，因此组织架构的设计要慎重。在设计组织架构时最重要的一点就是要实用，符合本酒店的实际情况，要与整个酒店的管理模式相适应。

（1）设计部门组织结构时的考虑因素

设计各部门的组织结构时主要应考虑以下几个因素，具体如图2-3所示。

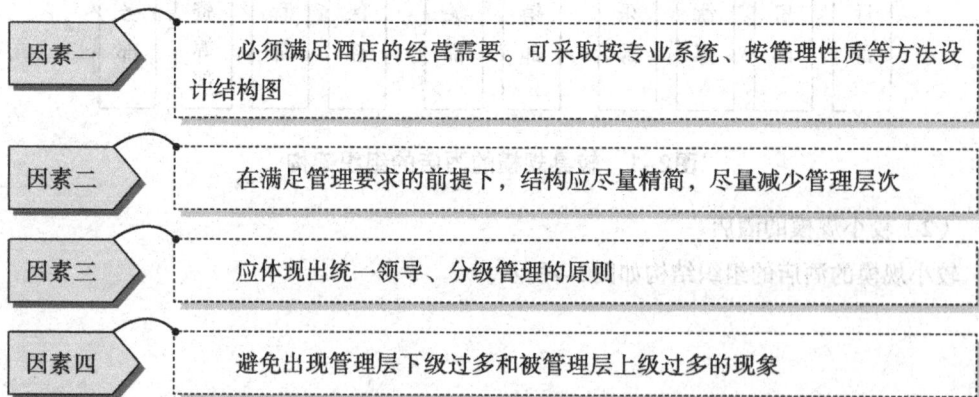

因素一	必须满足酒店的经营需要。可采取按专业系统、按管理性质等方法设计结构图
因素二	在满足管理要求的前提下，结构应尽量精简，尽量减少管理层次
因素三	应体现出统一领导、分级管理的原则
因素四	避免出现管理层下级过多和被管理层上级过多的现象

	因素五	尽量避免横向兼职

	因素六	职位的确定应符合本行业的特点，不要有潜在的重复职位，也不要出现职位的空白

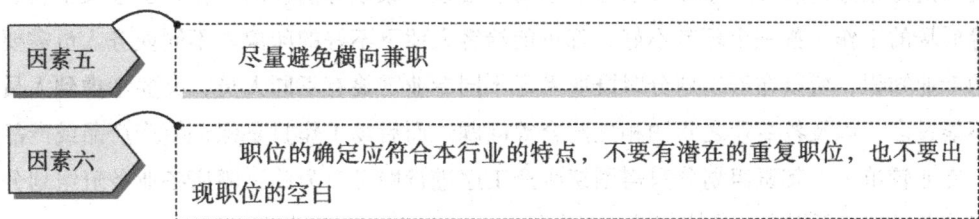

图2-3　设计部门组织结构时应考虑的因素

（2）组织结构的组成要素

组织结构图设计完成后，在图中应包含以下组成要素，具体如图2-4所示。

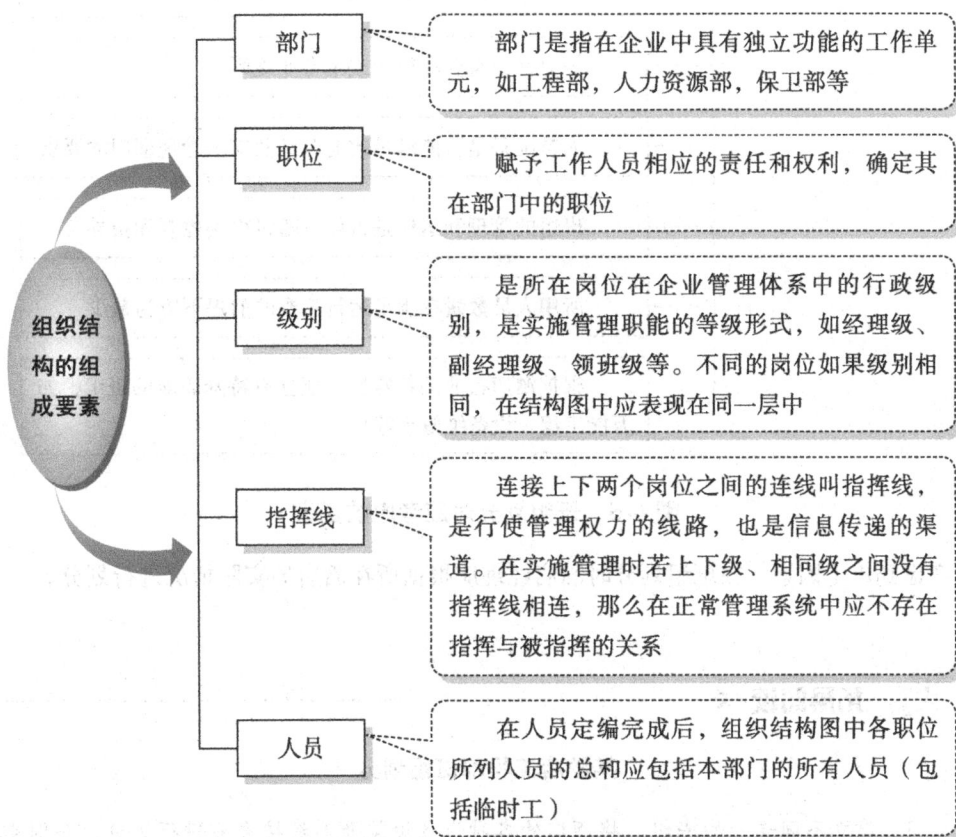

组织结构的组成要素		
	部门	部门是指在企业中具有独立功能的工作单元，如工程部，人力资源部，保卫部等
	职位	赋予工作人员相应的责任和权利，确定其在部门中的职位
	级别	是所在岗位在企业管理体系中的行政级别，是实施管理职能的等级形式，如经理级、副经理级、领班级等。不同的岗位如果级别相同，在结构图中应表现在同一层中
	指挥线	连接上下两个岗位之间的连线叫指挥线，是行使管理权力的线路，也是信息传递的渠道。在实施管理时若上下级、相同级之间没有指挥线相连，那么在正常管理系统中应不存在指挥与被指挥的关系
	人员	在人员定编完成后，组织结构图中各职位所列人员的总和应包括本部门的所有人员（包括临时工）

图2-4　组织结构的组成要素

综上所述，结构图描述的是管理组织结构、职位及人员定编，与之相联系的是岗位职责描述。

4. 班组划分

在酒店管理中，班组的划分与工矿企业中的班组划分有明显的区别。主要原因是酒店提供的是服务，服务工作涉及前厅、客房、餐饮、康乐等前场的工作，也涉及工程、厨房等后场的工作，哪一个环节不好，都可能给客人留下不好的印象。不同业务人员需要不同的专业知识，所以在班组划分时既要考虑不同专业需要有不同人员，又要考虑到人员编制不能过多，以及各专业之间的相互配合等问题。而后场工作只是保证生产产品或产品供应，专业较单一，其班组划分只需围绕生产工序进行即可。为此，酒店各业务班组划分时要充分考虑到以下因素，具体如图2-5所示。

班组划分时应考虑的因素

- 班组的划分是否能满足酒店的运营需要。准确有效的班组划分是确定各部门管理机构的前提
- 各班组之间如何相互配合、相互合作
- 划分是否符合本行业或本专业规则
- 人员配备是否能满足政府劳动及安全管理部门的要求
- 班组的管理和运作是否可以随时得到控制和指导
- 所用人员数量在满足运行需要的前提下应为最少
- 根据酒店行业的特殊性，建立有特殊职能的班组，如万能工组，设备维修组等

图2-5　班组划分时应考虑的因素

考虑到以上因素，在班组划分时酒店经理应根据所在酒店的实际情况进行划分。

> **拓展阅读**

某酒店工程部班组划分

1. 建立不同专业的班组，将酒店的各种设备设施及系统按专业进行划分，分别交由各专业班组维护。

2. 对于综合性较强且设备较集中的场所，如洗衣房、健身房、厨房等地，设立专职维修组。

3. 将设备的维修和保养工作分给维修组和保养组分别完成，即运转班和常日班。运转班负责设备的紧急维修，常日班负责设备的维护保养和定期检修。

4. 成立专职组，客房和公共区的设施由万能工组负责。

（续）

> 5. 成立装修组，客房及公共区的计划大修由装修组和各专业常日班负责。
>
> 6. 工程库房应设专人管理，并由总工或经理直接负责，以便使成本得到有效的控制。

5. 人员定编

人员定编的控制是酒店管理中成本控制的有效手段之一，是完成酒店管理目标的首要条件；人员过多会增加酒店的运行成本，而过少则无法完成管理目标。因此，各部门人员定编的确定应考虑以下几种因素，以达到最佳的人员配置，如图2-6所示。

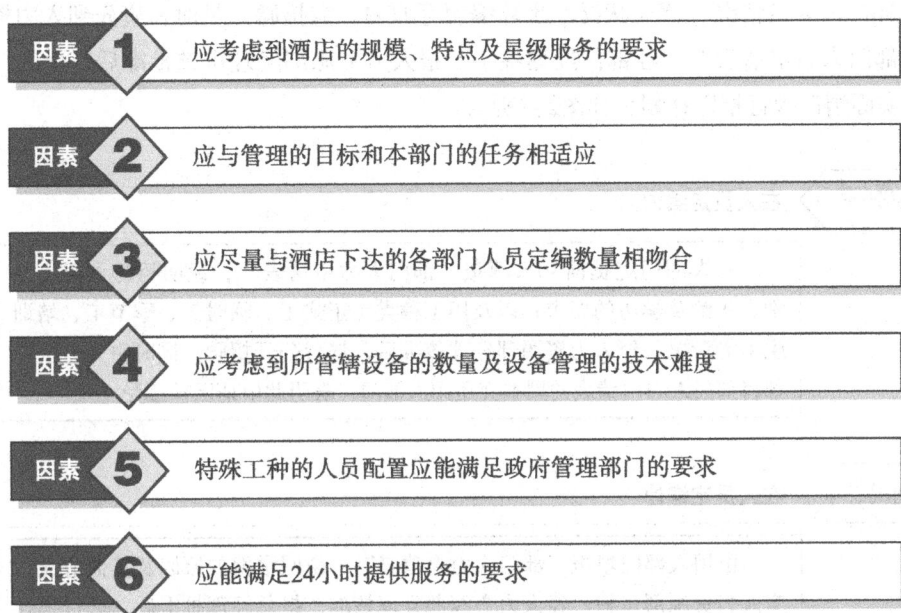

因素 1 应考虑到酒店的规模、特点及星级服务的要求

因素 2 应与管理的目标和本部门的任务相适应

因素 3 应尽量与酒店下达的各部门人员定编数量相吻合

因素 4 应考虑到所管辖设备的数量及设备管理的技术难度

因素 5 特殊工种的人员配置应能满足政府管理部门的要求

因素 6 应能满足24小时提供服务的要求

图2-6　人员定编应考虑的因素

6. 人员选配

酒店管理的主要任务是为客人提供优质的服务，吸引客人住店消费，而达到上述条件的最基本要求是要拥有一批不同专业不同档次的员工。在组织架构和人员定编均确定的前提下，人员的选配和录用是直接关系到服务质量好坏的关键。因此，人员选配要慎之又慎，酒店所用人员不但要求具有一定的专业技能和工作经验，还要求有很好的职业道德和服务意识。

2.2 酒店服务人员招聘

1. 目的

为酒店选用合适的人才，为其安排适当的职位，使其为酒店的发展做出贡献。

2. 招聘原则与政策

（1）原则

酒店的聘用原则是：量才而用，人尽其才。凡酒店出现任何空缺岗位，须聘用适合的人才（不论通过好友介绍或自来求职者），酒店将为其量才安排适当的岗位，并安排该岗位必须熟练的职务知识与技能的相关培训，发挥其最大的工作潜能。同时，在工作环境与员工福利上予以密切关注，使员工能在良好的工作环境下尽快投入工作。

（2）政策

各部门因人员情况、营业状况及预算编制等原因，需招聘人员时，应先到人力资源部填写"部门人力申请表"，经部门经理签字，报人力资源部经理审核批准后，由人力资源部根据实际情况拟订招聘计划，如图2-7所示。

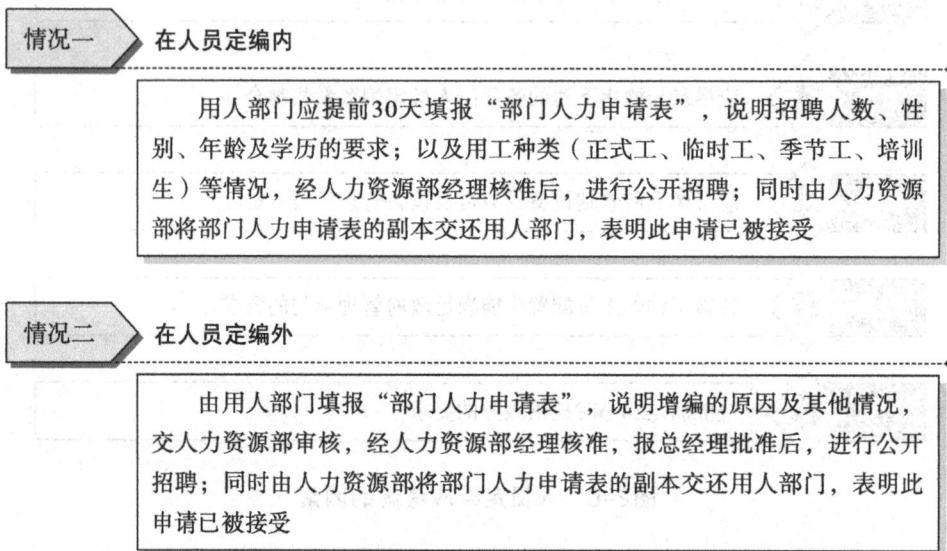

情况一	在人员定编内

> 用人部门应提前30天填报"部门人力申请表"，说明招聘人数、性别、年龄及学历的要求；以及用工种类（正式工、临时工、季节工、培训生）等情况，经人力资源部经理核准后，进行公开招聘；同时由人力资源部将部门人力申请表的副本交还用人部门，表明此申请已被接受

情况二	在人员定编外

> 由用人部门填报"部门人力申请表"，说明增编的原因及其他情况，交人力资源部审核，经人力资源部经理核准，报总经理批准后，进行公开招聘；同时由人力资源部将部门人力申请表的副本交还用人部门，表明此申请已被接受

图2-7 人力资源部根据实际情况拟订招聘计划

3. 招聘流程

酒店服务人员的招聘主要分为以下几个步骤，如图2-8所示。

第一步	需求部门填写"人员需求单",由部门负责人审核
第二步	人力资源部审核,并会同有关部门确定招聘标准
第三步	报总经理审批同意
第四步	人力资源部制订招聘计划、确定招聘渠道和费用预算
第五步	人力资源部在相应渠道发布招聘信息
第六步	人力资源部收集应聘人员的基本资料并进行初次筛选,对初选合格者发面试通知
第七步	人力资源部组织安排初试
第八步	用人部门、人力资源部进行复试
第九步	人力资源部组织体检(办理健康证)
第十步	岗位培训
第十一步	试用
第十二步	转正

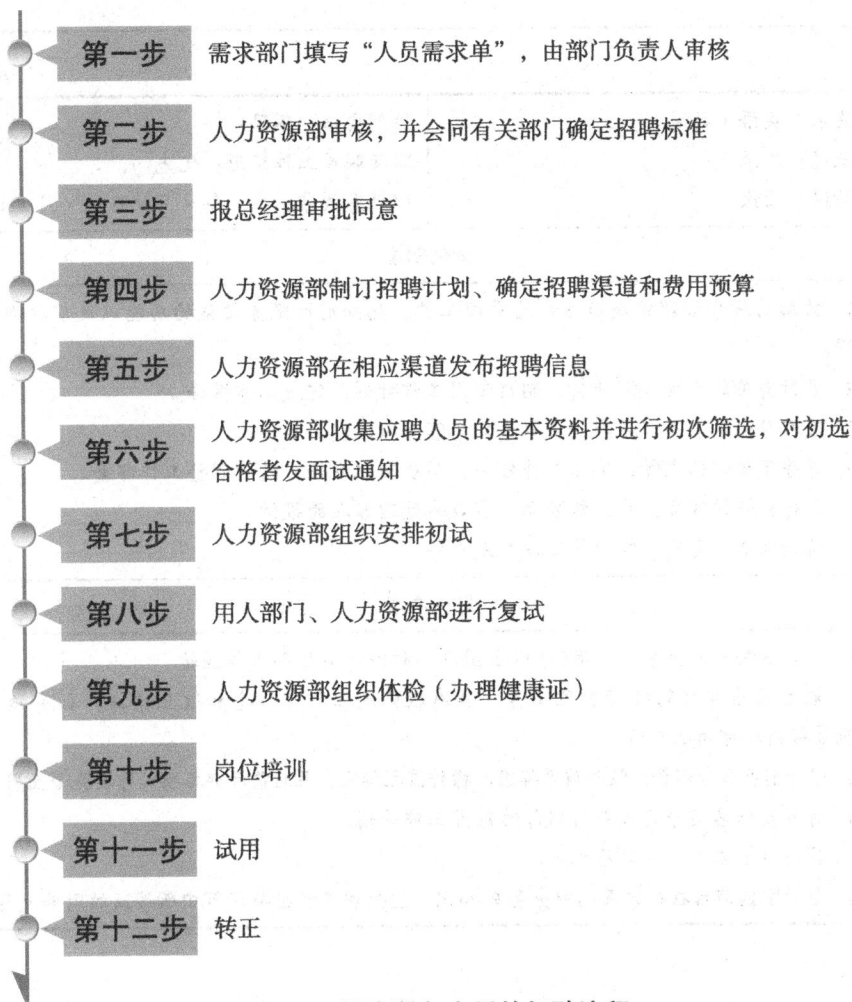

图2-8　酒店服务人员的招聘流程

下面是某酒店前厅部副经理招聘启事和客房部主管面试问题的范本,供读者参考。

范本

××酒店前厅部副经理招聘启事

职位:前厅部副经理

职位性质:全职	工作地区:××省××市
招聘人数:1人	学历:本科
工作经验:5年以上	所在地:××省××市
户籍地:不限	食宿:提供食宿
年龄要求:25～40周岁	计算机能力:不限

（续）

（续表）

语言要求：英语（精通）	性别要求：不限
婚姻状况：不限	国际联号工作经历：优先
薪资待遇：面议	职位有效期：××年×月×日～×月×日

岗位职责
1. 协助前厅部经理完成前厅部的管理工作，熟知前厅服务设施的功能以及前厅部的服务流程。 2. 进行有关的市场计划分析，制订部门工作计划，完成工作报告。 3. 使客房达到最高出租率，获取最佳的客房收入。 4. 督导下属部门主管，委派工作任务，明确岗位责任，随时调整工作部署。 5. 保持良好的客际关系，能独立、有效地处理客人的投诉。 6. 协助酒店与更高一级领导处理突发事件。

岗位要求
1. 大学本科及以上学历，有5年以上国际品牌酒店前厅部工作经验。 2. 熟悉酒店前厅的经营管理工作，具有较强的工作责任感和敬业精神，具有领导能力，能带领前厅部团队工作。 3. 督导前厅各分部员工服务质量标准、操作流程标准，并对前厅部各项工作实施全面监管。 4. 有效贯彻落实并完成部门制订的每月工作计划。 5. 英语对话流利，会日语优先。 6. 全面掌握前台收银方面的财务基础知识，能处理日常服务环节中所涉及的财务问题。

范本

××酒店客房部主管面试问题

1. 客房主管的岗位职责是什么？

2. 客房主管一天的工作程序是什么？

3. 你每天检查客房的类型都有哪些？它们之间有什么不同吗？

4. 你认为每天下班前应做哪些工作？

5. 你认为一个好的客房主管应该是能经常帮助服务员工作还是能指挥服务员工作呢？

6. 当你手下的一名员工经常丢三落四，且工作速度太慢时，你会怎么办？

（续）

7. 当服务员因工作繁忙而向你抱怨并发牢骚时，你会怎么做？

8. 当客人向你抱怨客房的设备太过陈旧时，你该怎么办？

9. 客房要回收哪些物品？你认为怎样才能更有效地让员工做好物品回收工作？

10. 你认为怎样才算全力支持你上司的工作？

11. 当你对上司的工作安排有意见时，你会怎么处理？

12. 当下属对你的工作安排有意见时，你会怎么处理？

13. 你认为你是怎样的一个人？你还需要克服哪些不足？

14. 你认为怎样才能更有效地促使员工发挥自身潜力？

15. 你认为一个好的客房主管应具备哪些品质？

16. 你如何确定客房人员数量？（考查是否能根据劳动量进行计算）。

17. 能否说说酒店客房的成本构成？具体是怎么计算的？

18. 客房的各分部门中，你最擅长的是哪个模块？最不擅长的是哪个模块？

19. 能否说说在你这几年的客房工作中，你认为自己做得最好的是什么？做得最不好的事是什么？为什么？

2.3　酒店员工入职指导

设计周密、内容丰富的入职指导计划，对于新员工对酒店产生的总体印象来说至关重要，酒店经理应该认识到这一点。成功的入职指导计划都由四个阶段组成：录用员工、发放员工手册、参观设备设施、举行一个迎新入职会议。

1. 录用员工

一旦录用一名员工，就应通知他（她）在指定的时间到酒店的人力资源部报到上班。

应该确保应聘者的信息全面，尽可能掌握一些应聘者工作经历以外的信息。这些信息在获得必要的就业许可证和证明文件时必不可少。一般来说，安保部会登记新加入的员工，并会告诉新员工如何使用员工出入口、在何处停车以及将私人包裹拿出酒店的注意事项。人力资源部要求的所有文件均应完整，并且要叮嘱员工一旦有事故，不管多微小都一定要立即向经理汇报。各业务部门经理应该向员工全面讲解工作情况记录表、业绩评估系统和账号。酒店还应该告诉员工付薪方式、付薪日，告诉员工何时可以拿到第一笔工资。

2. 发放员工手册

应该给新员工发放酒店员工手册，并要求员工仔细阅读。阅读员工手册是确保新员工知悉酒店规章制度的重要手段。员工手册的内容应当能激励新员工全身心地加入到酒店组织中来，成为组织的一员。

3. 参观、熟悉酒店的设备设施

员工录用阶段结束后，就可以为新员工安排一次熟悉酒店设备设施的参观活动。

对于新开业的酒店，应在开业前一周内让员工有机会接触酒店的设备。全面地参观活动会使新员工产生一种集体荣誉感，有助于他们更早地融入到酒店组织中来。

对正在营业的酒店来说，员工录用工作结束后，人力资源部就会将新员工分派到各部门，各部门经理会派人带领新员工四处参观。不要忽略这种类型的参观活动，如果有必要，可以将参观推迟到集体入职指导会议之后。但是，只有当参观完酒店的设备设施之后，员工的入职指导过程才算结束。

4. 入职指导会议

入职指导会议至少应该在员工有机会部分地熟悉周围环境后才举行。大约要到两周之后，员工才会对新工作、培训以及列在酒店手册和部门手册上的规章制度产生疑问。如果过早地安排入职指导会议的话，新员工可能提不出想问的问题。

入职指导会议应该强调每个工作岗位的重要性，告诉新员工每一个职位都是不可或缺的，这些职位是酒店整体功能的重要组成部分。会议应事先计划好，并留出时间让新员工提问。与会人员中应该有人能回答新员工提出的所有问题。

入职指导结束、工作真正开始之后，虽然新员工在岗位上获得了信心和安全感，但非正式的培训仍应继续。正式的入职指导应在开完入职指导会议之后结束（虽然参观酒店的设备设施可能是在会后进行）。

2.4 酒店员工培训

1. 首次培训

新员工首次培训开始时，部门的入职指导实际上仍在进行。比如，当一名新员工进入客房部，客房部经理通常通过让员工熟悉部门的规章制度将入职指导过程继续下去。许多部门都有自己的部门员工手册；如果没有，作为经理，你可以制定一份。

2. 培训内容

培训是指那些旨在帮助员工开始适应其新工作或帮助员工提高某项特定工作能力的活动。培训的目的是为了使员工能够从事新的工作或提高工作能力。在酒店员工培训中，培训活动包括三个方面的基本内容：技能、态度和知识。不同的部门要针对自己的业务性质和特点来确定培训内容。下面以客房部为例来说明员工培训的内容。

（1）技能培训

客房部员工必须进行培训的技能包括以下几个方面，如表2-1所示。

表2-1　客房部员工技能培训内容

技能点	具体内容
做床	做床的具体操作方法及公司的规定
吸尘	吸尘技术，吸尘设备的使用和维护要点
除尘	除尘技术，除尘用品的使用要领
清洁窗户和镜子	清洁技术和清洁用品的使用要领
客房结构意识	客房摆设，客房摆设要恰当
清扫卫生间	浴室和厕所卫生，外观、清扫方法和清扫标准
日常工作	日常工作程序与沟通技巧
设备的维护和使用	客房部布草车的装货方法
安全事项	各项产品的安全使用要领，客人安全、消防安全防护以及其他紧急情况的应对措施

（2）态度指导

对员工必须完成的工作的应对态度进行指导。如在清扫时遇到特殊问题该怎么办？面对客人投诉时应持怎样的态度？

（3）知识培训

员工在培训中需要掌握的知识，如图2-8所示。

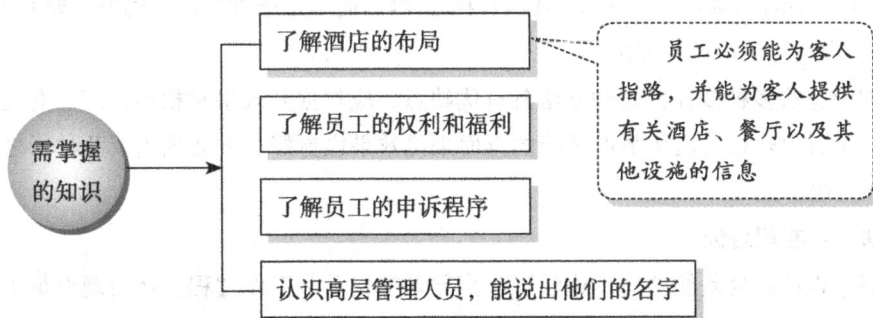

图2-8　员工在培训中需要掌握的知识

3. 日常工作中的继续培训

所有的员工，不管他们在本部门工作的时间有多长，都有必要继续接受培训。经理必须为员工提供日常工作中的培训。

（1）培训的时机

出现下面两种情况时，经理需要考虑对员工进行额外培训。

①购买新设备：当购买了新设备时，员工需要知道新设备与现有设备之间的区别，需要知道使用新设备须掌握的知识、谁将去掌握这些知识，以及该在什么时候掌握。有时，新设备可能会要求员工改变以前的工作习惯，树立新的工作态度。

②员工自身需要培训的两种情况：一是经理发现了员工需要培训的情况，如经常缺勤、浪费资源、工作漫不经心、事故率高或拒绝服从经理的指示等；二是他人向经理反映了员工需要培训的有关情况，如工作中存在危险以及工作效率低等。

（2）分析员工需要进行多少培训

培训对任何组织的高效运转都极为重要，但在培训上要花费大量的金钱和时间，培训员工必须带来高回报。确定培训需求的一个简单办法就是衡量员工的工作表现，然后确定要达到工作目标员工应该有怎样的工作表现。两者之间的差距就是员工缺少的培训。

小贴士

如果要进行工作表现分析，应该考虑下面的问题：在员工对分析结果十分看重的情况下，是否能干好该项工作？如果答案是否定的，说明员工存在知识欠缺；如果本来能够做好工作而事实上却没有，就说明员工存在工作欠缺。引起工作欠缺的原因包括干扰、缺少信息反馈（员工对正确与否一无所知）等。

只要员工存在知识欠缺或工作欠缺，就必须进行培训，但培训的方法有所不同。通过工作培训、观察和改正（直到员工熟练掌握为止）可以解决员工知识欠缺的问题，但解决工作欠缺往往要求经理找出员工工作不佳的内在原因，而不是通过培训告诉员工如何工作。

（3）灵活运用培训的方法

培训的方法多种多样，每种方法各有优缺点，应根据其效果来权衡使用。有些方法费用较高，费时也较长，但从掌握技能的方面来说效果也更好。下面列出了几种行之有效的员工培训方法。

方法一：在职培训

在职培训的好处是能"边干边学"，指导老师先示范工作过程，然后观看员工怎样操作。采用这种方法，一个指导老师可以同时带几名员工。在各部门的经营中，指导老师通常就是在当日当值的领班或资深服务员。在职培训只有在员工吸收并掌握培训内容、提高工作效率后才能显出培训效果。

方法二：模拟培训

模拟培训就是通过模拟工作现场、情景来培训员工。如客房部，可布置一间（未租用的）样板房，用它来培训员工该如何清扫，让其掌握清扫程序和清洁标准。模拟培训的优点是允许随时中断培训的过程，员工可以马上对出现的问题进行讨论，必要时还可以重复。

方法三：一带一学

"一带一学"与在职培训类似，但每个指导者只带一名学员（一对一的关系）。如果有足够的指导者，而且培训过程可以分成几个单元时，这种培训方法比较理想。

方法四：课堂讲解

课堂讲解使每个指导者可以带很多学员。实际上所有的培训项目在某些培训阶段都可以采用这种方法。但是，课堂讲解是一种枯燥无味的方法，它要求讲解者有良好的口头表达能力，而且上课的场地不易找到，有时还可能需要特殊的设备。

方法五：开会讨论

开会讨论的方法也称"现场培训"。它要求一组学员提出观点、解决问题、写出报告。开会讨论的方法是培训领班人员的好方法。

方法六：现场演示

在购置了新的产品和设备时，现场演示的方法是最为有效的方法。很多销售方或供货方一般都会进行产品设备的现场演示。应确保安排在合理的时间内传授适量的知识，不要超量，否则容易出现误解，员工也难以消化所学的知识。

方法七：培训辅助工具

很多酒店在会议室使用培训辅助工具，或在员工消息栏发布信息。除了黑板、消息栏、表、图等辅助工具外，照片也能提供清楚和准确的信息，它可以指导员工如何进行客房的摆设，如何装放布草车内的物品，如何开展日常工作。大多数酒店存有介绍如何与客人交流和为客人提供服务的影碟，可以在培训时播放。影碟能使很多书本上不易弄懂的东西直观化、形象化。经理可以将多种培训技巧有机地结合在一起，从而形成一个效果良好的培训计划。

（4）做好培训记录和汇报

当进行培训和开发计划时，培训者和学员双方都应该对取得的进步进行记录。培训计划一旦顺利完成，经理就应对员工的进步予以肯定。对成绩的公开认可会激励刚接受培训的员工取得上佳表现，并更加努力地完善自己。

一旦员工完成培训或开发，其成绩就应得到正式认可并记录在案。将来在评估业绩的时候应以培训后的工作表现为基础。如果员工表现欠佳，没有达到预期标准，那就是非技能方面的原因了。这时应该分析员工表现不尽如人意的原因，并加以改正。但进行这种类型的跟踪分析，前提条件是必须保存培训记录和员工开发记录，并认真比较这些记录。

2.5 酒店服务人员绩效考核

1. 考核目的

为了充分调动员工的积极性和主动性，酒店经理必须公平、公正地对员工的当月工作绩效进行评估，肯定成绩，奖优罚劣，从而不断提高员工的服务意识和业务技能，以提高酒店的工作效率和服务质量。

2. 考核办法

（1）考核周期

各部门每月对员工进行一次考核，并于当月×日～×日将各部门的考核结果汇总提报至人力资源部。

（2）考核方式及绩效工资标准

每月参照考核评分表对员工进行相关项目的考核，按工资标准从工资中提取相应额度作为绩效考核的浮动工资，将员工月考核分值作为系数乘以浮动工资，作为考核结果的实际绩效工资。

（3）考核关系

第一：经理（含）以上职位由总经理室考核。

第二：各部门领班和主管级人员由各部门第一负责人考核。

第三：普通员工由其直接领导考核。

（4）考核范围

酒店全体员工。

3. 考核评分表

以下提供××酒店员工考核评分表的范本，供读者参考。

范本

<table>
<tr><td colspan="8" align="center">××酒店考核评分表</td></tr>
<tr><td colspan="3">姓名：</td><td colspan="2">职务：</td><td>日期：</td><td colspan="2">总分：</td></tr>
<tr><td>序号</td><td>项目</td><td>标准</td><td>分值</td><td>自评
（25%）</td><td>上级测评
（50%）</td><td colspan="2">间接上级
（25%）</td></tr>
<tr><td>1</td><td rowspan="4">工作
纪律</td><td>上班无迟到、早退情况</td><td>3</td><td></td><td></td><td></td><td></td></tr>
<tr><td>2</td><td>请假经过领导批准，无擅自离岗现象</td><td>3</td><td></td><td></td><td></td><td></td></tr>
<tr><td>3</td><td>上班时间不打瞌睡、不聊天或做与工作无关的事情</td><td>3</td><td></td><td></td><td></td><td></td></tr>
<tr><td>4</td><td>服从上级领导的分配，认真、积极地处理好领导交办的事情</td><td>3</td><td></td><td></td><td></td><td></td></tr>
</table>

（续）

（续表）

序号	项目	标准	分值	自评（25%）	上级测评（50%）	间接上级（25%）
5	工作纪律	有违纪行为，情节轻微	2			
6		因自身行为影响公司声誉，情节轻微的	3			
7	仪表仪容	工装清洁整齐，自然，大方得体，精神奕奕，充满活力	3			
8		头发整齐、清洁，不可染色，不得披头散发；使用公司的统一发夹，用发网网住，夹于脑后，不得使用夸张耀眼的发夹	3			
9		精神饱满，表情自然，不带个人情绪	3			
10		不留长指甲，指甲长度以不超过手指头为标准，不准涂有色指甲油，要经常保持清洁	3			
11	行为规范	礼貌待客，不骂人、不讲脏话，文明礼貌	3			
12		遇到客人进入酒店，早晚时道："欢迎光临，早（晚）上好。"正午时道："欢迎光临。"说话时要求面带微笑，身体稍向前倾	3			
13		客人离店时道："谢谢光临，欢迎下次光临。"面带微笑，目送客人离店	3			
14		在酒店内的任何地方碰到客人都须面带微笑，并礼貌地问好	3			
15		要用热情、友好、礼貌的语气与客人说话	3			
16		在酒店内不许和客人抢道，如确实需要客人让道时，说："对不起，请您让一下。"让道后，对客人说"谢谢。"	3			
17		给客人带来不方便时，如服务员扫地、拖地或给客人挪位时，应说："对不起，麻烦您……"	3			
18		遇到酒店和集团及各分公司的领导时，必须主动、热情地打招呼	3			

（续）

（续表）

序号	项目	标准	分值	自评（25%）	上级测评（50%）	间接上级（25%）
19	行为规范	同客人谈话不急不躁、不卑不亢，语气适中，言谈适度，讲话不过火	3			
20		客人的问询在自己职权或能力范围以外时，是否主动替客人做出有关联系，并为之提供"一站式"服务。禁止随便以"不知道"回答，甚至置之不理	3			
21		能积极地配合相关部门的工作，并及时完成与之相应的工作	3			
22	业务技能	床铺铺法正确，床单及枕套无污点、床顶无垃圾、床垫定期翻转	5			
23		房间内的所有卫生是否每天打扫，保持干净、明亮，无杂物、保持整洁	5			
24		客用品数量是否齐全，是否正确摆放、干净无尘	5			
25		卫生间卫生是否达标，厕所门的前后两面干净，关启灵活。	5			
26		洗手盆、马桶干净无积水，不锈钢无水印，毛巾、浴巾干净、摆放整齐	5			
27		公共区的卫生符合标准，每天保持干净，物品摆放整齐、使用正常，走廊地面无杂物、无污迹，每天清洁一次	5			
28	团体协作能力	尊重领导，与同事关系融洽，同事之间互帮互助	3			
29		积极参加集体活动，为集体活动献计献策	3			
30		能按时参加酒店及部门组织的会议、培训	2			
			得分			
出勤奖惩		全勤+1分　迟到-1分/次　早退-1分/次　旷工-1分/次　事假-1分/次　病假-1分/次　未打卡-1分/次			应增减分数	

（续）

（续表）

功过奖惩	警告-1分/次　小过-3分/次　大过-5分/次　通报表扬+3分/次	应增减	
	嘉奖+5分/次　小功+3分/次　大功+5分/次	分数	
考核人签名：		上级领导签名：	

4. 考核评定

（1）总分在91分及以上，可得绩效工资的120%；

（2）总分在81分～90分，可得绩效工资的100%；

（3）总分在71分～80分，可得绩效工资的90%；

（4）总分在61～70分，可得绩效工资的80%；

（5）总分在60分及以下，可得绩效工资的60%；

（6）如员工考核连续三个月总分均低于60分，将予以工作岗位调整。

下面是某酒店员工绩效考核细则的范本，供读者参考。

范本

酒店员工绩效考核细则

1. 目的

为了激励员工履行岗位职责，实现精细化管理，规范员工的日常工作行为，通过对绩效的严格考核增强岗位责任人的责任意识，促进责任岗位各环节工作效率、工作业绩、工作质量的提高，优质服务于公司，特制定本绩效考核细则。

2. 适用范围

公司正式员工、试用期员工。

3. 考核内容

3.1 公司对员工的绩效考核主要从"工作态度、工作能力、工作效率、工作质量"等方面进行。

3.1.1 工作态度：主要指遵守公司内部的各项规章制度，工作的服从性、协作性、积极性和责任性。

3.1.2 工作能力：主要指业务知识能力、分析和解决问题的能力等。

3.1.3 工作效率：主要指完成工作任务的速度及数量。

（续）

3.1.4　工作质量：主要指完成工作任务的质量和效益。

4. 考核办法

4.1　实行分值考核制，每岗位年度绩效考核满分值为120分（其中：标准分为108分、奖项分为12分）。

4.1.1　员工月度绩效分值的汇总分即是该岗位员工的年度绩效成绩。

年度绩效考核分≥110为优秀、90≤年度绩效考核分＜110为合格、75≤年度绩效考核分＜90为基本合格、年度绩效考核分＜75为不合格。

4.2　根据各岗位的要求，制定岗位标准和考核扣分项及奖项的分值标准。

4.2.1　月度岗位考核标准分值为9分，奖项分值为1分，以月度岗位绩效考核的实际得分为准。

4.2.2　凡在控制成本、安全管理、工作（提前或超额完成任务）、服务（克服困难，积极想办法为他人服务，受到公司领导表扬）等方面表现突出的员工设奖项分。

4.3　凡月度绩效考核分值连续三次为6分以下（含6分）的员工，将停止该员工的岗位工作，由公司人事部门（办公室）进行转岗培训或解除劳动合同。转岗培训期间只发放基本生活费。

5. 考核程序

5.1　每周五下午下班前由各班长将本班扣项或奖项报部门负责人。

5.2　部门负责人将各班扣项或奖项在次周（周一）提交至公司办公室讨论批准，将讨论结果通知被考核者。如被考核者对考核结果有异议，可在接到考核结果通知的当周内向公司提出申诉。

5.3　实行月度考核管理责任连带制。如班长或部门负责人对本部门员工日常工作中出现的问题没有及时发现，经公司检查发现后，班长和部门负责人将一并扣分。

5.4　部门负责人的月度及年度绩效考核，由部门负责人自评并报公司领导审核记分。

5.5　每月最后一天，部门将员工月度绩效考核结果送办公室汇总，上报公司总经理审核并签署意见。并由办公室负责填写《员工月度绩效考核结果记录表》。

6. 附则

6.1　本考核细则由总经理办公室负责解释。

6.2　本考核细则自××年×月×日起施行。

2.6　员工日常工作监控

为了使各项工作有效地进行，酒店经理有责任对员工的工作进行监控和评估。

1. 打卡监控

酒店经理每天需要注意的一个日常工作程序就是打卡监控。在招聘员工时，就应该告诉他们是几小时工作制。有些酒店规定8小时为一个班，包括工间休息和午餐时间。有些酒店要求员工在午饭前打一次卡，用自己的时间进午餐。上班时间还可以这样安排：员工在酒店停留的时间为8.5小时，包括两次工间休息，每次15分钟；这30分钟算在上班时间之内，但员工必须在打卡之后再进午餐，用自己的时间进午餐，这样就凑成了8小时的净工作时间。尽管这种时间安排已经非常明确，但还是要求员工在上下班时和午餐前后打卡。

有些员工虽然也明白上午8：00开始上班。但他们可能在7：45就提前打卡上班，并希望按照工卡上的实际工作时间付给他们工资。因此，经理有必要制定出有关超时工作、提早上班和推迟下班的规定。除非需要员工提前上班（这时应通知员工提前打卡上班），否则在上午7：55—8：05之间打卡将被认为是上午8：00打卡上班。下班打卡时也是同理。

2. 工资管理

员工有正当的权益，他们也期望得到他们应得的劳动报酬。因此，部门经理要在出勤表上准确地记录员工在每月的工作时数，实际的工资数目就是依据出勤表计算出来的。酒店每月出勤表如表2-2所示。

表2-2　每月出勤表

月份										
姓名	1日	2日	3日	…	31日	总工时	正常	超时	专项	小计
总计										
备注：										

通常在每个月的月末，人力资源部将出勤表发给各部门经理。出勤表上按顺序列出了工资册上所有员工的名字；如果在发出勤表以后招聘了新员工，则要把名字加上去。部门经理必须核对员工的工卡，在每个月结束时要计算出工时总数，并填入出勤表，然后把出勤表交给人力资源部的出勤记录员或工资出纳员。

每月出勤表标明了将发给员工工资的工时总数，休息日也应标出来，不能有某一天留下空白。工资的类别要填在合适的地方，病假工资、度假工资、正班工资总数、加班工资、工资标准等，都要填在出勤表里，并根据不同的工资类别分别给员工发放工资。

把所有的工时总数都记录下来之后，经理要把汇总以后的情况填入每月的工资分析表里。

出勤表上所列员工的名字中，有两类人员不计工资：那些通过正常手续请假并获准的人员和那些合同到期但人力资源部暂未收到有关合同到期文件的人员。对后一种情况，经理应特别注意，出勤表里不要把不再属于酒店的员工的名字列进去。

小贴士

填写出勤表是一件烦琐耗时的事情，需要十分注意细节。但是，经过适当的培训，这一任务可由部门的各领班轮流承担。部门经理或代理人员应该在所有出勤表上亲笔签名确认。

3. 工作绩效评估

作为酒店经理，对本部门所有员工进行工作绩效评估是日常工作中的一大重点。每个员工都有权力知道管理人员对其的期望，而且每位员工履行职责的情况、任务完成情况都必须接受评估考核。经理必须每隔一段时间或在适当的时候对员工进行绩效评估。

（1）常规评估

第一次常规评估一般安排在试用期结束时。在招聘新员工时会安排试用期，一般为3～6个月。如果对员工的表现满意，就应该在试用期结束时通知其将会被录用为正式员工；如果对员工的表现不满意，就应在试用期还未结束的时候向员工提出来，指出其工作中的欠缺。

酒店经理应该每隔一段时间就对员工的工作表现进行一次绩效考核。试用期合格以后，要将下一次评估的时间告诉员工（通常是1年以后）。一般认为员工能度过试用期，即说明该员工在试用期间能够很好地履行其工作职责，完成好交给他的工作任务。如果员工试用期过后不能很好地履行职责，这说明他的工作表现不能令人满意，必须对他进行特别考核。如果某个员工的工作表现极其出色，也要把这个事例当作典型来评估。

根据酒店的政策，应该考虑对表现突出的员工加薪。如果某员工在试用期合格，给他加工资是合适的。1年后，如果员工的表现令人满意，还可能再加一次工资。许多酒店对各种工种的工资有档次之分，分为起薪数、基本工资、头年工资和最高工资。例如，客房服务员的工资档次可分为：起薪数9.5元/小时，基本工资10元/小时，头年工资10.5元/小时，最高工资12.5元/小时。

刚开始正式上班的员工按起薪数领取工资。如果3个月的试用期合格，他（她）的工资档次将升到基本工资。如果全年工作表现不错，社会上也没有出现通货膨胀之类的问题，年底员工又可能升一个工资档次。如果再在这个工资档次上工作3年，在达到最高工资档次以后，就可能没有什么加薪的机会了。但是因生活费用增加或升职而进行的加薪不受此限制。

小贴士

对工作表现确实好的员工来说，他们的工资可以根据工作业绩提升至该工种的最高工资水平，而不是靠工龄长短计算。当然，每年员工的工资都可能有所增加，但这是因为生活费用上升所致，而不是因为员工的工龄增加。要得到破例加薪的机会，员工必须工作表现出色或是升职。

（2）工作绩效评估办法

工作绩效评估是经理对员工进行的个人评估。经理可征求领班的意见，但是真正的评估结果应该由部门经理做出。

人力资源部往往会提醒经理该什么时候进行工作绩效评估。他们将抽出员工最近的工作情况记录表，送到各部门。根据工作绩效评估程序的要求，评估结果要送到人力资源部（通常在1周之内）。部门经理每周要安排一个固定的时间来写评估材料，并需将这些材料交予员工确认。评估材料的要求如图2-10所示。

要求一	对观察到的情况进行说明
要求二	表明工作目标是否已经达成
要求三	指出观察到的缺点（如果某个员工的工作表现十全十美的话，那是非常值得怀疑的。应该指出员工的缺点，以便使员工明白该从何处着手改进。没有指出缺点的工作绩效评估意味着没有什么可以改进之处）
要求四	提出建议（员工应该如何改进，经理应该如何提供帮助）
要求五	估计什么时候可以考虑让该员工升职（但不保证一定能升职）

图2-10 评估材料的要求

评估材料写好之后，要安排员工开会。书面的评估材料是用来讨论员工工作绩效的。讨论以后，员工应在评估材料上签名，以表明他明白了评估材料的内容，并且同意经理的评估。签名并不意味着承认评估材料的准确性，只是意味着收到了评估材料，明白了评估者的观点。材料上应该留有空白，以便让员工与上自己的看法。

（3）特别评估

特别评估一般采用与常规评估类似的办法进行，所不同的是特别评估针对的是表现突出或表现欠缺的员工。不要等到员工的工作表现发展到令人很不满意时才对他（她）进行评估，及时评估可以让员工有机会采取改进措施，不至于发展到终止合同的地步。当员工评估结果较差或工作表现有问题时，可以参照以下方式处理。

方式一："一对一"地谈话

当有第三者在场的时候，被评估的员工一般不会承认评估者观察到的情况。"一对一"的谈话方式更加开诚布公，有利于评估者和被评估者达成一致意见，并使被评估者对今后的工作表现做出承诺。

方式二：尽快处理问题

立即采取行动比拖拖拉拉要好得多，督促员工及时改正问题是提升评估的最佳方案。

方式三：交谈时评估者和员工之间不要有隔断

评估者应该与员工并排坐着。不要采取一人站着、另一人坐着的方式。

方式四：多讲"我"

这样可以显出经理对员工的关心。不要事先就把员工设想成"一定是坏人"。如果评估者说"我有点担心，因为你干工作有点拖沓"或"我感到有点麻烦，因为你跟你的同事比较难相处"之类的话，会消除员工的防备心理，从而使他（她）畅所欲言。

小贴士

在需要的时候，对员工给予坦诚的、正面的鼓励，但绝不要以恩人自居。

如果过去的错误跟现在的事情无关，就不要提及过去的事（过去的错误应该在过去就处理好，重要的是现在的问题）。

方式五：多听对方说

要把交谈时间的一半交给对方，倾听对方的陈述，明白他要表达的意思。

方式六：提供一份书面材料

提供一份谈话内容记录和建议双方今后采取什么行动的书面材料，以便让员工重新确认一次；将这份材料存档，把另一份交给员工（可能是一份书面警告）。

方式七：谈话轻松，不带个人情绪

要使整个谈话过程轻松一些。经理作为评估者，不要带有个人情绪；如果员工情绪激动，要让员工平静下来以后再继续谈话。

小贴士

员工的工作表现评估是人事管理最重要的方面，也是经理管理工作中的一个重要内容。经理只有通过下属员工才能办好事情，这就要求经理一定要了解员工的心态，要有完成好管理任务的愿望。

4. 进行适当的授权

一个深谙管理之道的酒店经理要懂得适当地授权，明白授权后员工应承担的义务，了解如何让员工参与管理；不要把那些员工为了做好工作必须了解的事情或他们想知道的事情神秘化，否则授权给员工去完成的工作是无法干好的。员工的工作表现直接影响到酒店经营的成功与否，要使员工承担义务并积极参与管理，经理就必须提供详尽的指导、个别的培训和定期的会议，使员工通过这些方式得到指令。

5. 定期举行部门会议

（1）部门会议的频次

经理应保证部门会议定期举行（至少每个月1次）。

（2）部门会议的要求

部门会议应该生动有趣、信息量大、富有成效。在部门会议上一定要表彰工作干得出色的员工（即当众表扬优秀、出色的员工）。

（3）部门会议的内容

在部门会议上，你可以当众宣布将要发生的事情和过去的成绩（或失误），还可以公布你对所发生的事情的观察结果。同时，作为经理，你还有必要召开专门会议来介绍和讨论酒店的新政策和新规定，并对现有政策进行阶段性回顾。

在部门会议中要对客人提出的意见（包括好的和坏的）进行讨论，但如果所提意见是针对某个工作表现差的员工，就要在私下告诉其本人。会议上要留出时间让员工提出问题，这样做的话，管理人员可以了解到一些与员工有关的事情。

经理可以让主管或领班主持会议，但自己要出席会议，以行使自己对会议的控制职能。主管、领班应该与组员一起开一些简短的会议，做好会议记录，并与经理讨论会议结果。

学习笔记

通过学习本章的内容，想必您已经有了不少学习心得，请仔细填写下来，以便继续巩固学习。如果您在学习中遇到了一些难点，也请如实写下来，方便今后重复学习，彻底解决这些难点。

我的学习心得

1. _____
2. _____
3. _____
4. _____
5. _____

我的学习难点

1. _____
2. _____
3. _____
4. _____
5. _____

我的运用计划

1. _____
2. _____
3. _____
4. _____
5. _____

第3章

酒店前厅业务管理

酒店前厅也称"大堂",位于酒店的门厅处,负责销售酒店产品,联络和协调酒店各部门对客服务,为客人提供前厅服务。酒店前厅在酒店的经营中有着非常重要的作用。

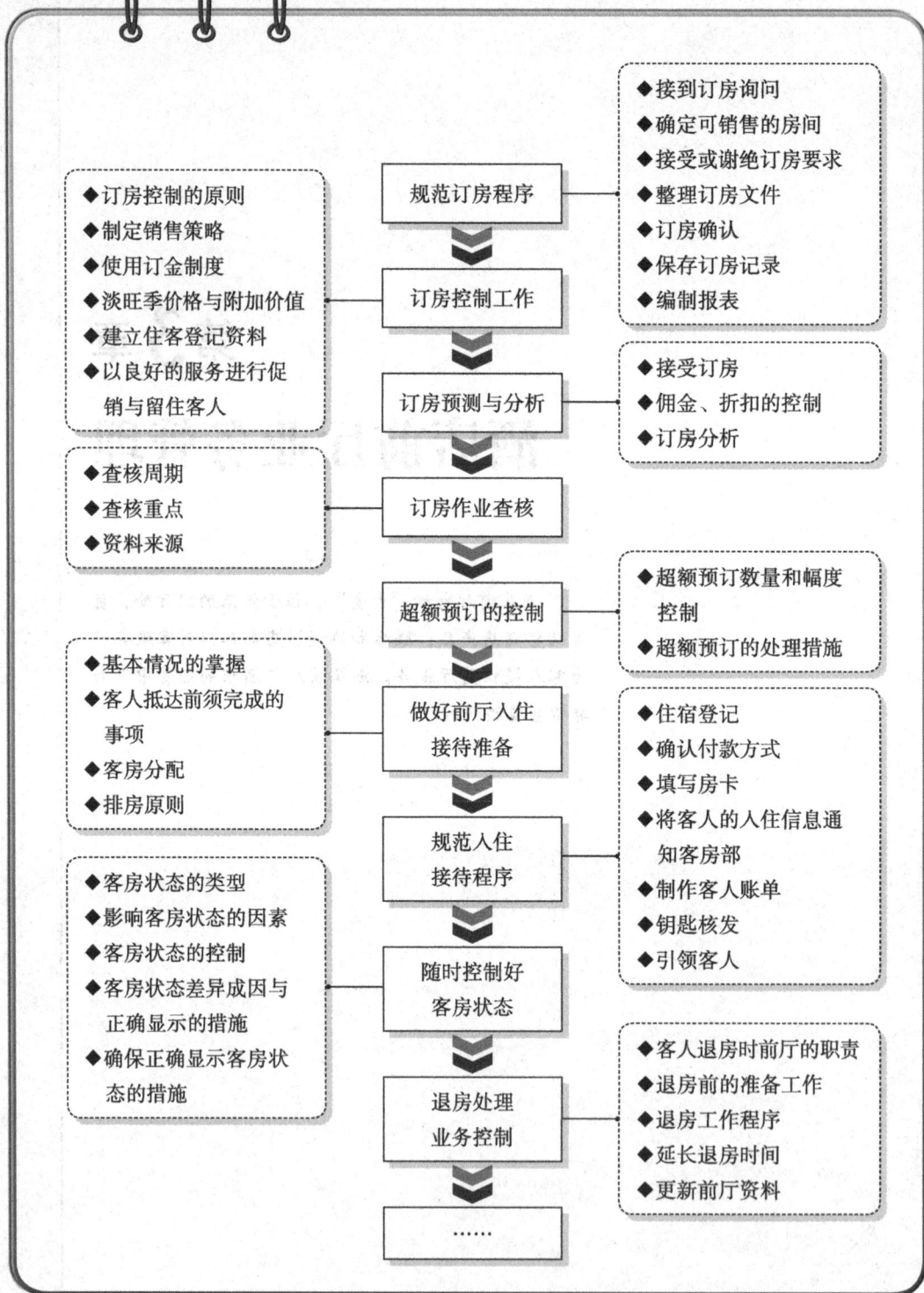

学习指引

	◆接到订房询问 ◆确定可销售的房间 ◆接受或谢绝订房要求 ◆整理订房文件 ◆订房确认 ◆保存订房记录 ◆编制报表

规范订房程序

◆订房控制的原则
◆制定销售策略
◆使用订金制度
◆淡旺季价格与附加价值
◆建立住客登记资料
◆以良好的服务进行促销与留住客人

订房控制工作

订房预测与分析

◆接受订房
◆佣金、折扣的控制
◆订房分析

◆查核周期
◆查核重点
◆资料来源

订房作业查核

超额预订的控制

◆超额预订数量和幅度控制
◆超额预订的处理措施

◆基本情况的掌握
◆客人抵达前须完成的事项
◆客房分配
◆排房原则

做好前厅入住接待准备

规范入住接待程序

◆住宿登记
◆确认付款方式
◆填写房卡
◆将客人的入住信息通知客房部
◆制作客人账单
◆钥匙核发
◆引领客人

◆客房状态的类型
◆影响客房状态的因素
◆客房状态的控制
◆客房状态差异成因与正确显示的措施
◆确保正确显示客房状态的措施

随时控制好客房状态

退房处理业务控制

◆客人退房时前厅的职责
◆退房前的准备工作
◆退房工作程序
◆延长退房时间
◆更新前厅资料

······

3.1 规范订房程序

不同的酒店可能采取不同系统和文件来接受预约订房。然而，涉及预约订房程序中的基本步骤，所有酒店都是大同小异，具体如图3-1所示。

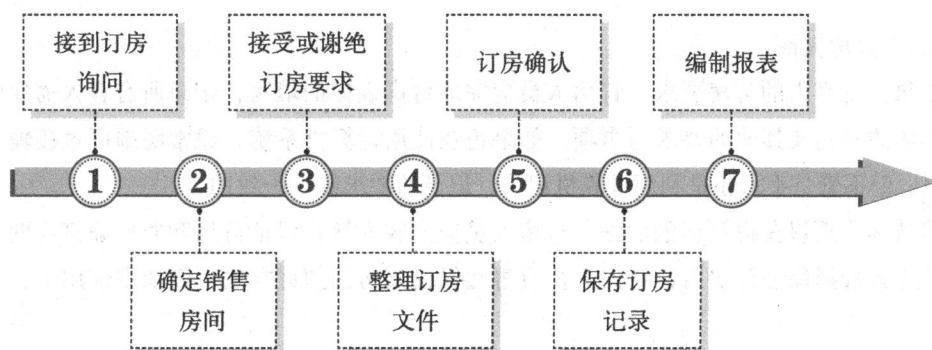

图3-1　订房活动程序图

1. 接到订房询问

接受订房可以有多种方式。订房程序中的第一步骤是要取得关于客人住宿登记的资料，确认是否有空房。

2. 确定可销售的房间

取得关于客人住宿登记的资料后，要检查客人所要求的房间状态在订房日期是否为可供使用的空房。在任何订房系统中，应密切地保持和核对订房数，以避免超额订房。

3. 接受或谢绝订房要求

确定可供销售房间的使用状况，以便订房员判断接受或谢绝客人的订房要求。如果房间可供销售，客人订房的要求酒店通常都会接受，订房员需即时将详细资料记载在订房记录表或计算机资料库中。而在表3-1所列情况下必须谢绝订房。

表3-1　须拒绝订房的情形及处理方法

拒绝订房的情形	处理时的礼貌及方法
无法在订房日期满足客人特殊的住宿要求	应对客人表示歉意并说明其要求无法满足，试着帮他改变要求或变更日期。假如客人不接受，可再提供其他相关酒店作为另一种选择
酒店已经客满	道歉并说明酒店已经客满，建议客人改变要求、日期或提供本集团的其他酒店。整理因为客满而被谢绝订房的客人的历史资料并建档保存

（续表）

拒绝订房的情形	处理时的礼貌及方法
客人上了黑名单	查看客人先前的表现是否有不良记录，如果有，则将相关信息提供给接待人员参考

4. 整理订房文件

（1）订房表格

如果接受客人的订房要求，订房人员应完成订房表格的填写，记录所有客人需要的服务、停留的时间及其他的要求与事项。如果正在使用计算机系统，通常明细可直接输入计算机里。但不管是手写还是利用计算机记录，记录的要求都是一致的。

当从客人那里获得订房的明细，订房人员应向客人解释保证订房和非保证订房两者的区别。客人选择保证订房后，订房人员应告知保证订房的预订方法，例如刷信用卡、交纳押金。

一旦已经接受了订房要求，记录了预订的细节，订房人员必须立即更新可使用房间图表，避免超额订房或遗漏订房。

（2）酒店日志

酒店订房组在更新房间可用图表之后，订房人员必须将所有订房细节录入酒店日志。由于酒店需要随时更新客人的最新资料，所以订房员必须注意所有的订房细节。日志记录了客人到达的日期，这将有助于为即将到达本酒店的客人做一些事前迎接准备，让客人感受到更体贴的服务。酒店日志应包含表3-2所列内容。

表3-2　酒店日志

到达日期：

房号	客人姓名	客房形态	停留时间	等级和价格	如何预订及何时预订	预约者签名	注意事项

5. 订房确认

订房确认是酒店给客人的一个承诺，也是酒店与客人之间的契约证明。

在确认的过程中，订房人员或者订房组可以为客人分配订房确认号码，并将订房资料输入计算机系统里。这将保证客人已经预订成功，而订房确认号码如被取消，或修改原始订房资料，则可在系统中留下凭证，因为在大型的酒店常常有较多的短期客人，他们订房的时间距来店日较短，一般不会再进行确认。

6. 保存订房记录

保存订房记录有两个主要步骤，即最初订房的文件归档和修改订房的细节。

（1）文件归档

在预约表格上或计算机里记录订房及更正房间可用表后，应对之进行归档。订房表格或订房卡通常依时间先后顺序排列，如依照客人到达酒店的日期排列。

> **文件归档方法**
> ·今日到达。
> ·方案A——暂时订房或询问。此类订房不可能去确认或保证。这些订房可能会被取消，或者可能出现已订房但未入住的情况。
> ·方案B——确认订房。此类订房是客人已得到实际上的订房承诺，直到客人抵达酒店。
> ·完成订房。将此类客人停留和离开的资料保留，有助于未来的客房销售。

这些归档的文件资料为订房组提供了一个取得重要资讯的渠道，它更是酒店经营不可缺少的资料。

（2）修改订房

换房或取消订房是常有的事，在这种情况下，改正或取消的表格、最初预订的表格以及信件等全部资料都在订房人员那里。同一时间，房间可使用的显示图也应该要实时改正过来。如果有取消订房的状况，则需将各种不同的细节记录下来，以保证已确定取消订房，并且要通知负责人处理已取消的订房。如果有任何不一致的状况发生，订房人员要及时查出并改正错误。取消订房的记录内容如图3-2所示。

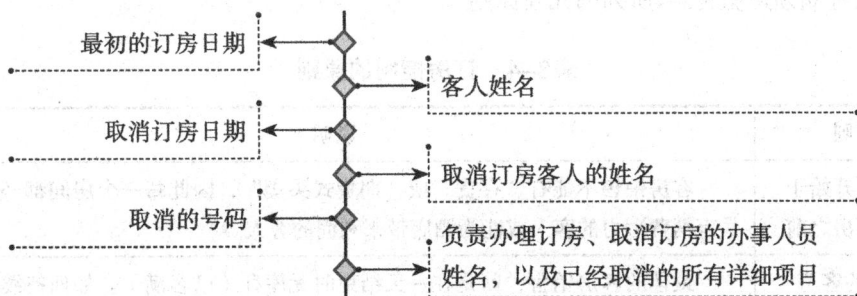

图3-2　取消订房的记录内容

信件、备忘录、订房表或值班人员名单（含订房资料）必须确切、快速地归档。如果订房内容有变，订房人员必须能够正确、快速地修改记录。

7. 编制报表

最后，应把订房的过程记录下来，编成报表，并能从这些报表中的资讯，精确地了解和预知房间的出售状况，其他部门也可以利用这些资讯来协助规划准确的费用预算。

有效的管理报表，可以了解酒店的需求和潜在性。表3-3所列是常见订房报表的种类。

表3-3　常见订房报表

种类	报表作用
预期到达和离开报表	在指定的日子，此报表会显示出到达和离开的客人名单
空房报表	显示出出售的客房数量和空房总数量
团体状态报表	显示团体到达日期和离开酒店的日期，并附团体数量和有无保证人
特殊要求报表	此报表显示出贵宾的一些特别要求
拒绝订房报表	显示订房被拒绝的数目
收入预测报表	此报表可从未来的房间销售中，估算出收入的状况

以上这些报表提供了管理资料和信息，对酒店未来的收入预测及市场销售有很大帮助。

3.2　订房控制工作

由于酒店客房与一般商品特性不同，其商品总数是固定的，没有存货问题，如果当天不销售，即损失一天的利润。为寻求最大利润，酒店主管必须做好客房的销售与控制工作。

1. 订房控制的原则

订房控制须遵循表3-4所列的几项原则。

表3-4　订房控制的原则

原则	说明
控制应开始于接受订房之前	客房销售不能有"存货"或"期货式买卖"，因此每一个房间必须卖给最有消费潜力的客人或能为酒店带来利润的客人
最佳的客房销售方式	最佳的客房销售，就是在一天结束时无库存（已客满）。如何持续维持高住房率，是酒店营销应努力的重点

（续表）

原则	说明
调节性预留	为了方便控制，预先在可销售房间中保留（或容许超收）一部分，用以在接近客满时平衡订房的自然消长，或满足特殊（突然）的需要。这必须在计算机中及订房控制表上标示，以提醒有关人员注意
预留/预排	在接受特殊订房后，或在特殊状况会发生时，须在各种记录中作预记载，预先排定房间，以免重复出售或发生错误
超额订房与客满	酒店为求客满，在接受订房时酌量超收是必要的，也并非不可计算与控制。通常每天可容许的超收比率尚无法确定，而是依订房客人的"不出现率"，再参考客人的平均住宿天数来决定的。如控制得当，可为酒店争取更多的利润

2. 制定销售策略

制定客房销售策略时，必须先了解市场现况，分析同业间营业的成长或衰退情况，考虑产品的差异、定位，以及业务推广的方式与预算，适度检讨并加强产品包装与宣传（如适时利用节日、假期，或设计特殊活动等），以吸引更多客人光临。

3. 使用订金制度

使用订金制度时应注意以下事项，如图3-3所示。

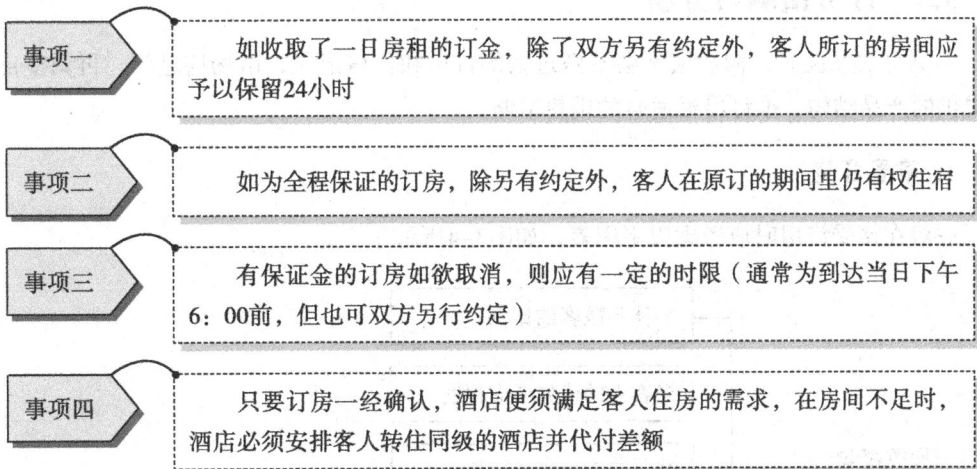

事项一	如收取了一日房租的订金，除了双方另有约定外，客人所订的房间应予以保留24小时
事项二	如为全程保证的订房，除另有约定外，客人在原订的期间里仍有权住宿
事项三	有保证金的订房如欲取消，则应有一定的时限（通常为到达当日下午6:00前，但也可双方另行约定）
事项四	只要订房一经确认，酒店便须满足客人住房的需求，在房间不足时，酒店必须安排客人转住同级的酒店并代付差额

图3-3　使用订金制度时的注意事项

4. 淡旺季价格与附加值

客房价格可依淡、旺季或假日、平时等提供不同的报价，这么做也可以增加酒店的附加价值。

5. 建立住客登记资料

客人住宿登记就是和客人签订客房租约，它具有极重要的法律、服务及作业意义。而客人登记卡除作为合约外，也可作为客人流动户口的申报表的依据及历史资料卡，所以填写必须翔实。尤其个人资料可作为流动户口申报的依据，因而必须依照身份证件（本国客人）、护照（外籍客人）上的内容填写。本国客人资料应报管区派出所，外籍客人资料则须呈报该管区警方的外事单位。但客人留宿期间，其身份证件不应"留置"，登记卡在客人退房后仍应视同一般商业合约保存，并可作为客人的历史资料，以供日后销售、服务时的参考。

6. 以良好的服务进行促销与留住客人

由于前厅的员工无法到外面去促销，大部分的生意都是已经上门的，所以如果要增加客房的销售量，前厅人员要想办法留住客人，或是想办法让客人多消费。为了要达到这个目的，每位前厅人员必须了解自己酒店房间的特色，如大小、色调、设备、景观等，才能有效说服客人。但须切记，绝不可强迫客人接受，尤其是客人面有难色，或有其他友人在场，不好意思拒绝时，否则很容易造成事后抱怨或拒付差额的情形。

另外，前厅人员要记住，酒店的每位员工都是业务员，所以前厅人员不只是负责客房的销售，同时也要促销酒店中的其他设施及服务。例如，提醒客人可以在酒店内用餐，并提供订位等相关服务。酒店的每位员工都应了解酒店餐厅的特色，才能有效地促销。

3.3 订房预测与分析

预测订房状况时，酒店通常会参考过去的订房和住宿记录、市场信息等，再调整自身所提供的产品结构，拟订出最适合的销售策略。

1. 接受订房

一般在接受订房时应考虑以下因素，如图3-4所示。

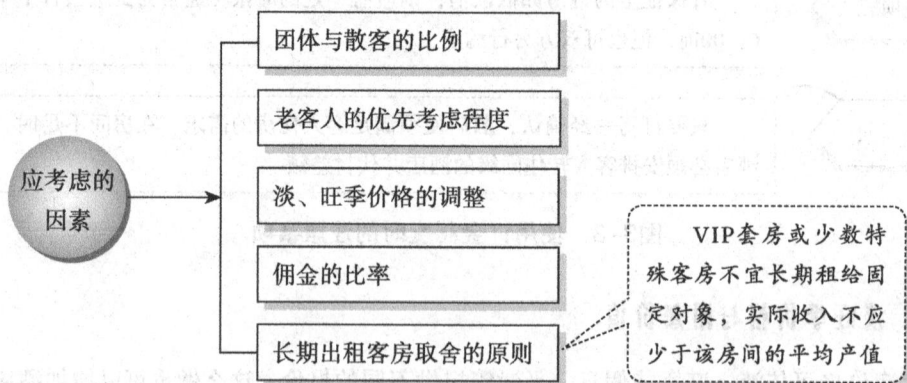

图3-4 接受订房应考虑的因素

2. 佣金、折扣的控制

（1）佣金

佣金是指在交易中用以酬谢中间商的费用，旅游业除了另有约定之外，通常为10%。

（2）折扣

折扣是指在淡季或非假日时，为提高住宿率而给予客人的部分优惠。

3. 订房分析

为了利于客房充分销售，并拟订完善的销售策略，作出正确的客房销售分析，订房组应定期制作各种分析报告，供各相关单位参考，以争取更多客源。报告一般应有以下几种。

（1）客人国籍分析报告

从客人的国籍分类，确定酒店在各地区的受支持度、各国籍客人平均住宿日数长短及消费习性等。

（2）市场分析报告

借此分析报告，可以了解酒店的不同订房来源及受支持的程度。

（3）客房接受度分析报告

为了解何种客房最受客人欢迎，可借客人意见调查表或口头询问方式掌握客人需求，以做适度的设备、客房调整，迎合市场需求。

（4）业务分析统计

为求确实控制客房销售，每日夜班值班人员将负责进行当日作业复查、账目核对及分析统计。核对邮电、通信收发及入账记录，核对、更正每日客人订房及抵达状况，制作每日客房销售分析报告，预估次日客房销售及完成其他相关报表。

3.4 订房作业查核

为了确保订房作业无误，应制定一套查核作业方法，具体内容应包括以下几点。

1. 查核周期

订房作业查核应定期办理，通常为每月一次。

2. 查核重点

查核的重点如图3-5所示。

重点一　　接受订房时，是否将客人名称、联络电话、住宿日期、住宿天数、客房种类、间数、代订者、付款人等各项资料填写齐全

重点二	旅行社订房的订房单是否盖有旅行社印章,是否有经办人签字,折扣优待是否均按授权范围核准办理
重点三	预收订金是否按照酒店规定
重点四	订房员是否每日将预订次日入住的客人资料取出,重新电询以确定其是否依约前来,并注意查看是否有客人姓名重复的情形
重点五	当日到达的客人是否经总台接待人员填入预配房号
重点六	总台接待人员完成排房工作后,有否将订房单、住客登记表、入住单交给前厅人员录入计算机,并依客人入住日期存档
重点七	订房如有更改,是否由原订人或受托代理人行使变更
重点八	旺季时,订房人员是否向违约客人或旅行社收取违约金

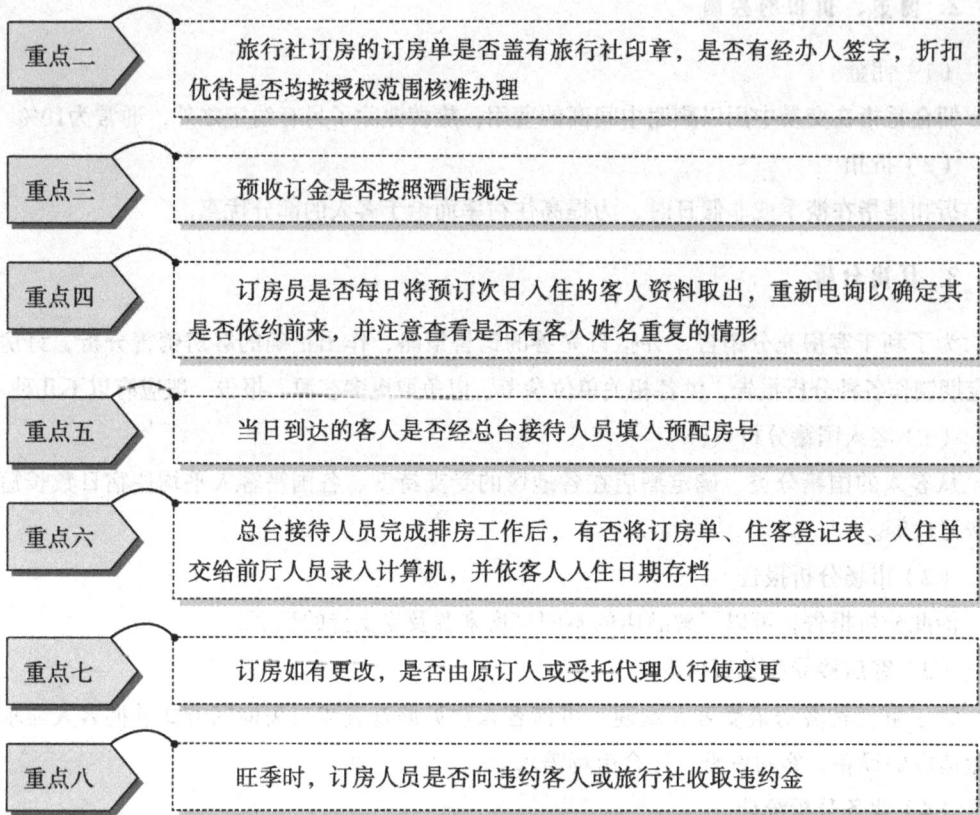

图3-5 订房作业查核重点

3. 资料来源

查核的资料来源包括订房记录计算机文档、客人历史资料计算机文档、客房使用记录、订房记录单、住客登记表等。

3.5 超额预订的控制

超额预订是指酒店在订房已满的情况下,再适当增加订房的数量,以弥补因少数客人临时取消预订而出现的订房闲置。目的在于充分利用酒店客房,提高出租率。

1. 超额预订数量和幅度控制

超额预订控制的关键,在于掌握超额预订的数量和幅度。

（1）计算公式

为合理掌握超额预订的数量和幅度,可运用计算公式进行核准。其公式如下:

$$X = Q \times r - D \times f$$

其中，X为超额预订量，Q为客房预订量，r为临时取消百分比，D为预计离店后空房数，f为延期住宿率。

实例

　　某酒店有客房900间，其中长住房150间，根据资料统计分析，10月2日预计客人离店后空房320间，因进入旅游旺季，申请预订用房数780间。另外，据总台预订历史资料分析，酒店旺季延期住宿率为6%，临时取消率为7%，计算10月2日可超额预订多少间？超额预订率是多少？

　　解：超额预订量$X=Q\times r-D\times f$

$$=780\times 7\%-320\times 6\%\approx 35.4（间）$$

　　超额预订率＝超订数÷可订数量×100%

$$=35.4\div（900-150）\times 100\%\approx 4.7\%$$

　　则当日可超额预订35间客房，超额预订率约为4.7%。

（2）控制适当的超额订房比例

一般情况下，酒店将超额预订率控制在5%～15%为宜。但是，客房超额预订操作得不好，也会给酒店带来较大的麻烦，甚至影响酒店的品牌，如一旦预订客人全部到店，会使酒店客房供不应求，形成违约，引起客人投诉和不满。因此，怎样把握好超额预订的比例及实施相关的防范措施是采用客房超额预订策略的关键。控制适当的超额订房比例的主要方法如表3-5所示。

表3-5　控制适当超额订房比例的主要方法

方法	详细说明
加强统计分析	（1）统计分析历年同期订房不到的平均百分比、临时取消的平均百分比、平均提前抵离店和延期抵离店的客房数，据此估计现在的超额订房比例
	（2）统计分析各主要订房单位历年同期实到人数占订房人数的比例（即到达率，用来估计现在该订房单位实际的到达率）
了解附近同级酒店的住房情况	附近同级酒店如已客满或接近客满，就应该减少超额订房比例或不进行超额订房；反之则可提高超额订房比例
调查分析本酒店在市场上的信誉度	信誉度高的酒店，因为到达率高，所以超额订房比例应该小一些；反之则应多些
掌握好团体订房和散客订房的比例	通常情况下，在现有订房中，如果团体订房较多，超额订房比例就应小些；散客订房较多，超额订房比例就可大些

方法	详细说明
掌握好淡、平、旺季的差别	旺季客房供不应求，客人订房后取消的可能性较小，故超额订房比例应小一些
	平季客人订房后取消或更改的可能性相对比旺季大一些（因为其他酒店尚未客满，客人很容易改住其他酒店），故比例应大些
	淡季一般不会客满，不会存在超额订房问题
掌握好预订提前量的多少	如果酒店客房在明天订满，超额订房就要慎重，因为离客人抵店只有一天时间，客人取消或变更预订的可能性相对较小
	如果酒店客房在一个月后订满，超额订房比例就可以高些，因为一个月中客人取消或变更预订的可能性相对较大
考虑现有订房中各种订房所占的比例	如果现有订房都是保证类的，通常不能实行超额订房。保证类的订房较多，超额订房比例应小些；确认类的订房比例较高，超额订房比例应大一些；临时性订房的比例较高，超额订房比例应更大些
谨慎接受预订	详细了解每一天退房的精确数字，特别是今后三天之内的数字，根据退房数量计算出可用房数，并以此作为基数来接受预订
	在接受预订时，应充分了解客人的信息。如问清客人入住酒店的具体时间、到达的航班号、火车车次及最晚保留时间，并请客人提供一个随时能联系上的通信方法，以控制预订的到达率

超额预订不仅仅是可用房数的超出，还有一个房型的匹配问题，所以，总台人员在操作超额预订的当天，首先要做的是房型的匹配，然后才是房数的匹配。如当天的标准房已经超订了很多，但单人房和大床房却无人问津，这就需要总台人员在为客人办理入住时根据实际情况作适当的调整。当入住客人是一位时，就可以为其安排大床房或建议客人改用单人房。当然，这需要对总台员工的素质、能力、沟通技巧等加以培训。

2. 超额预订的处理措施

如果超额预订过度，已订房客人在规定时间到达酒店后，酒店却因客满而无法为订房客人提供所预订的房间，必然会引起客人的极大不满，酒店对此应负有全部责任。因而酒店必须积极采取各种补救措施，妥善安排好客人住宿，以消除客人的不满，挽回不良影响，维护酒店的声誉。

在出现超额预订时，酒店应该做到以下几点，如图3-6所示。

措施一 ▷ 客人到店时，由主管人员诚恳地向其解释原因，并赔礼道歉

措施二	与本地区酒店同行加强协作,建立业务联系。一旦超订,可安排客人到有业务协作关系的同档次、同类型酒店暂住
措施三	派车免费将客人送到联系好的酒店暂住一夜。如房价超过本酒店,差额部分由本酒店承担
措施四	免费提供一次长途电话或传真,以便客人将临时改变地址的情况通知有关方面
措施五	将客人的姓名及有关情况记录在问讯卡条上,以便向客人提供邮件及查询服务
措施六	对属连住又愿回本店的客人先留下其大件行李。转天排房时,优先考虑此类客人的用房安排。次日一早将客人接回,大堂副理在大堂迎候并致歉意,陪同客人办理入住手续
措施七	以重要客人的礼遇安排接待入住,客人在店期间享受贵宾待遇
措施八	事后由前厅部的主管人员向提供援助的酒店致谢

图3-6 超额预订的处理措施

3.6 做好前厅入住接待准备

1. 基本情况的掌握

酒店经理必须掌握的基本情况如图3-7所示。

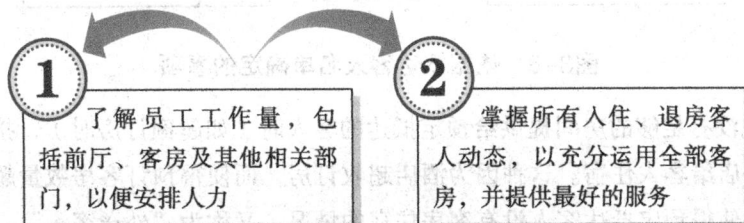

① 了解员工工作量,包括前厅、客房及其他相关部门,以便安排人力

② 掌握所有入住、退房客人动态,以充分运用全部客房,并提供最好的服务

图3-7 酒店经理必须掌握的基本情况

2. 客人抵达前须完成的事项

（1）资料准备

在客人真正登记或分配房间时，接待人员必须取得他们所需的正确资料。如房间状态及可用房间数，预期抵达名单及离店客人名单，有特殊要求的客人、贵宾及常客名单。

接待部门与客房部必须有良好的关系。当住房率高时，客房部可以快速整理好房间再提供给前厅销售。

①客房状态报表

在客人抵达前，接待人员必须拥有客房状态报表，这些资料通常可显示出房间的状况是使用中、故障、未整理或已经可以销售。

根据客房状态报告书，接待人员可以知道哪些房间已经整理好可以销售，哪些房间无法销售。这类资料对接待人员在分配房间时非常重要，因为必须保证客人不会被安排到使用中、未整理或故障的房间。

②预定抵达客人名单

预定抵达客人名单主要是提供特定日期到达酒店的客人基本资料。这种资料通常是计算机打印出来或由人工所做的一种报表，其明细如表3-6所示。

表3-6　预定抵达客人名单

日期：

姓名	需求	房价	离开日期	备注

接待主管依据预定抵达客人名单与客房状态报表，必须确定下列事项，如图3-8所示。

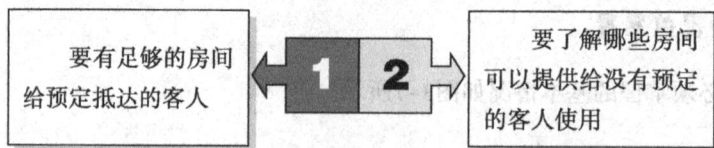

图3-8　依据抵达客人名单确定的事项

假如发现没有足够的房间提供给预定抵达的客人时（如超额订房时），接待主管必须寻找附近的酒店给客人住宿。这种因为酒店超收订房，而使得预订客房数量超过酒店可提供的房间数，使得预定抵达客人没有客房住宿的情况，又称为"外送客人"。在这种情况下，原先的酒店要支付交通费用及超额的房价。

③客人历史资料

星级酒店会保留所有光顾过本店的客人资料。

当预定抵达客人名单出来之后，接待人员可以查询客人历史资料（见表3-7），看看这些客人之前是否曾入住过本酒店。如果是曾经入住过，接待人员可以留意客人喜欢的房间，并安排客人居住在该房间内，让客人在住宿期间更为满意。例如，如果这位常客前次住宿时，曾抱怨该房间太吵，接待人员应该将为这位常客的住宿房间进行调整。如果酒店没有空房可以调整时，就应该提供额外的补偿，如送水果篮等。贵宾或常客在抵达时，前厅经理或相关单位的主管应该亲自欢迎，有些客人则需要总经理亲自迎接。

表3-7　客人历史资料

旅客姓名			第一次住宿日期			
团体/公司			迄今的来店次数			
住址			迄今的住房天数			
信用卡			迄今的收入总额			
护照号码			迄今的平均消费额			
房价			注释			
抵达	离开	天数	房号	房价	付款方式	收益	特殊要求

④预定抵达客人的特殊要求

有些客人在预定时会有特殊的要求或希望有特殊的服务。这时相关部门必须依照客人的要求，在客人抵达前，将这些要求准备好。例如，有些客人带小婴儿投宿，要求有一张婴儿床时，接待主管就要安排一间适当的房间给这位客人，并通知客房部在客人抵达前放置一张婴儿床及准备其他婴儿用品在此房间内。

⑤重要客人名单

很多酒店对于重要客人都会给予特殊的服务，所以应对重要客人名单有记录。重要客人包括图3-9所示的几类。

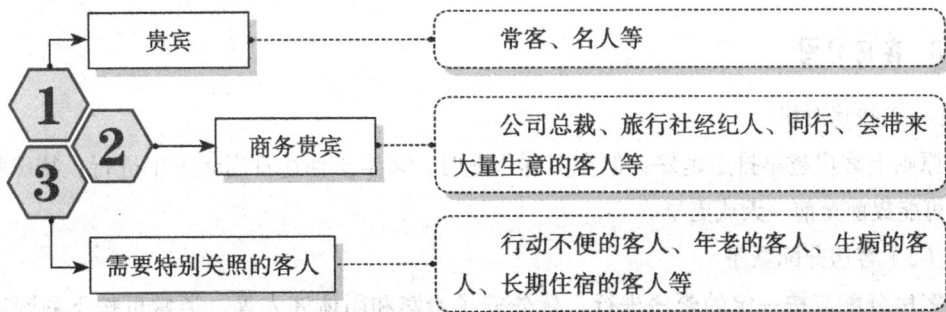

图3-9　酒店的重要客人种类

为了提醒工作人员注意这些重要客人，前厅要事先将预定抵达的重要客人名单提供给其他相关部门，如表3-8所示。

表3-8 预期抵达重要客人及需要特别关照客人

日期：

客人姓名	客人资料	房价	房间型态	住宿期	附注

（2）检查房间

如客人有特别的要求，必须安排前厅工作人员在客人未到达前，检查其他单位是否依指示提供了客人所需的设备或服务，绝不可等到客人入住再逐项补上。

（3）迎客前的心理准备

预知客人抵达的时间，充分掌握哪些客人在哪些时段会入住，并在客人到达时给予热忱的欢迎，让客人感觉到酒店期待他的到来。

（4）文件的安排

预先将客人的资料记载在登记卡上，除了方便客人外，也使其有被欢迎的感觉。为表示尊重，对于常客或VIP人士，可事先为其印妥私人笺函、名片、信封等，更能增进家外之家的气氛。

（5）确认工作

在客人抵达前一日或数日（大型团体则数周前），必须再确认客人是否会按时抵达，以掌握最高的住房率。

（6）其他准备

除了在入住时收集客人的资料外，接待人员也要在客人抵达酒店前进行其他的准备工作。例如，要先准备好登记卡及可使用的房间钥匙，甚至要检查有无即将抵达客人的信件。

3. 客房分配

（1）排房时机

原则上客房越早排定越好，但在实际作业时，多半于到达日当天上午进行；特殊状况时，可能提前至前一天或更早。

（2）客房分配顺序

客房分配应按一定的顺序进行，优先安排贵宾和团体客人等，通常可按下列顺序进行，如图3-10所示。

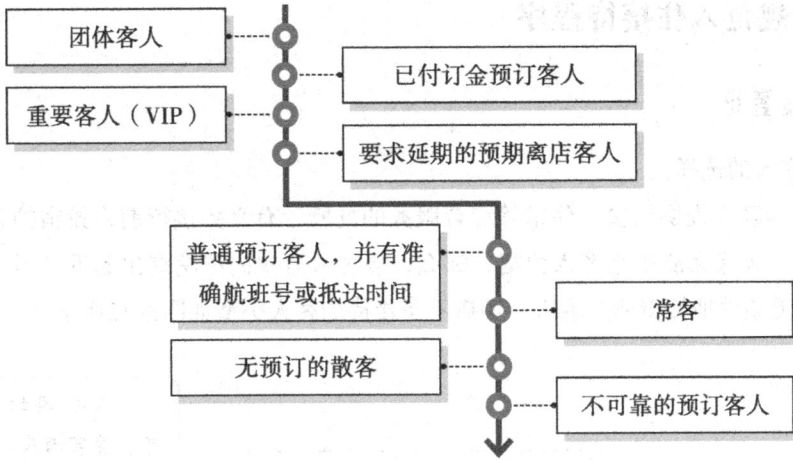

图3-10　客房分配顺序

4. 排房原则

各酒店因其内部格局不同而对排房原则各有考虑的重点，但一般应遵循以下原则，如图3-11所示。

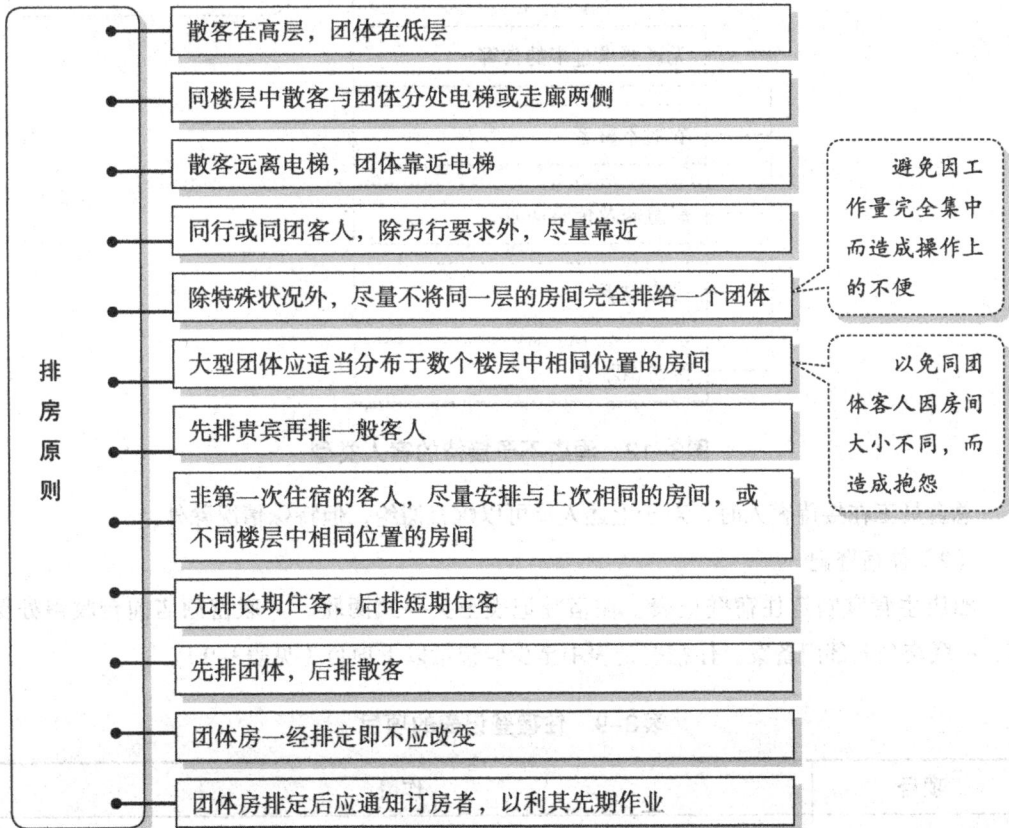

图3-11　排房原则

3.7 规范入住接待程序

1. 住宿登记

（1）客人的选择

酒店是为客人提供饮食、住宿等综合服务的场所，有义务接待前来投宿的客人。在国外，如果酒店无缘无故拒绝客人留宿，那么，该客人有权向法院提出起诉。但这并不意味着酒店必须无条件地接待所有客人，酒店不予接待的客人类型如图3-12所示。

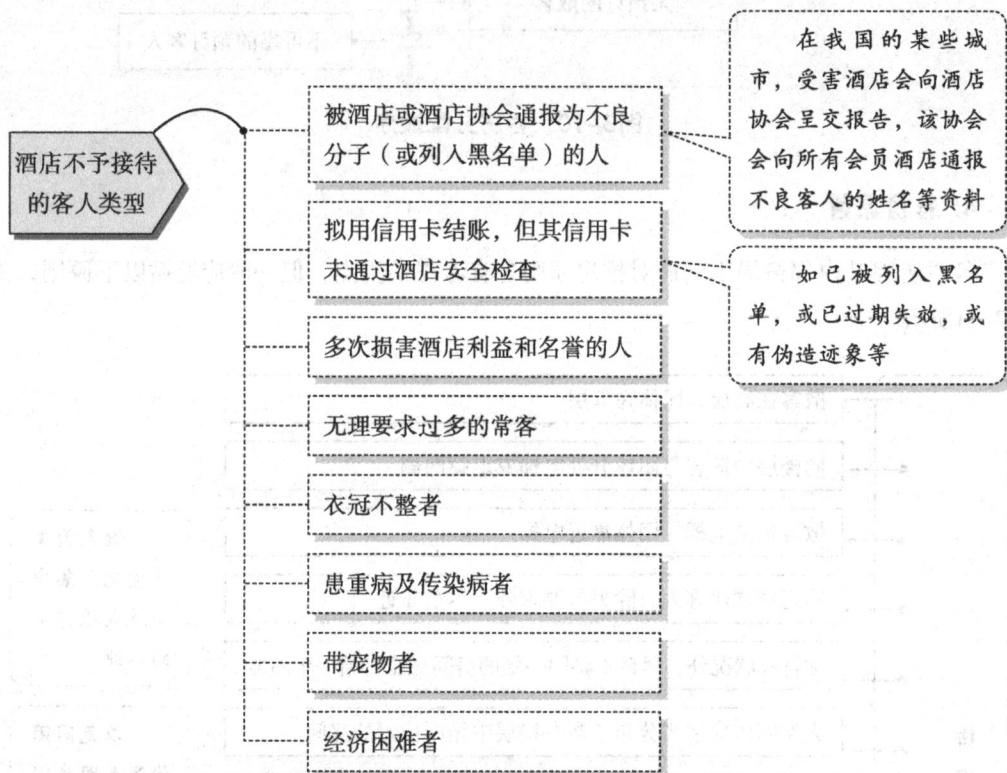

图3-12 酒店不予接待的客人类型

总台员工在接待客人时，对于上述人员可以婉言谢绝，但特殊情况除外。

（2）住宿登记

酒店主管宜制定住宿登记表。住宿登记表至少一式两联，一联留酒店前台收银处保存，一联交公安部门备案。住宿登记表中至少应包括以下项目（见表3-9）。

表3-9 住宿登记表的项目

项目	作用
房号	便于查找、识别住店客人及建立客账，保障客人安全

（续表）

项目	作用
房价	是结账、预测客房收入的重要依据
抵离店日期、时间	正确记录客人抵离店日期、时间，对结账及提供邮件查询服务是非常必要的，因此，客人办理完入住手续后，接待员应按规定在登记表的一端，用时间戳打上客人的入住时间
通信地址	掌握客人准确的通信地址，有助于客人离店后账务及遗留物品的处理，还有助于向客人提供离店后的邮件服务及便于向客人邮寄促销品等
接待员签名	可以加强员工的工作责任心，是酒店质量控制的措施之一

2. 确认付款方式

确认客人付款方式主要是让酒店可事先知道客人的付款方式以及客人对于账单有无特殊处理。例如，利用支票清账、使用非通用外币付款等。这种预防方式是为了防止客人跑账（客人没有清账就离开）。客人的付款方式通常有以下几种。

（1）预付保证金

有些客人会预付保证金来保证订房，接待员必须在客人入住时，跟客人确认保证金已经收到。

（2）利用信用卡付款

如果客人利用信用卡付账，不论是付清账户所有金额或一部分金额，在入住时都要先刷信用卡以确保信用额度，也让酒店了解客人的信用卡有效期限为何时。假设客人想利用信用卡清账而酒店却无法接受时，客人就必须利用其他方式清账。

3. 填写房卡

房卡也称为"酒店护照"，其主要作用如图3-13所示。

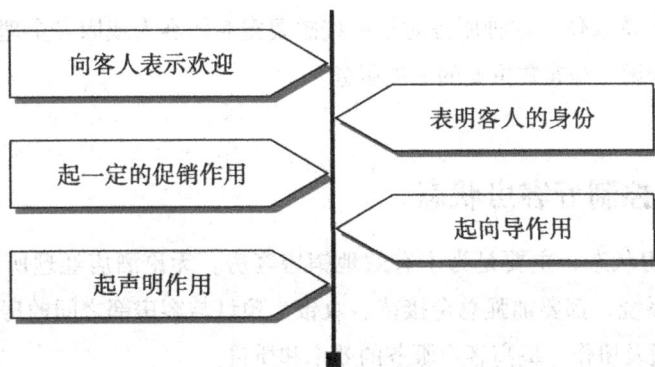

向客人表示欢迎

表明客人的身份

起一定的促销作用

起向导作用

起声明作用

图3-13 房卡的作用

4. 将客人的入住信息通知客房部

客人入住手续登记完成并拿到房卡后，前厅文员要立即将客人入住信息通知客房部，并告知其楼层、房间号，以便提供相应服务。

5. 制作客人账单

在印制好的账单上打印了客人姓名、抵达日期、结账日期、房号、房间类型及房费后，将账单（一式两联）连同一份住宿登记表和客人信用卡签购单一起交前台收款员保存。

对于使用转账方法结账的客人，一般需制作两份账单：一份（A单）记录应由签约单位支付的款项（如房费和餐费等），以作为向签约单位收款的凭证；另一份（B单）记录客人需自付的款项。

6. 钥匙核发

当登记并分配房间后，应核发客人房间的钥匙及钥匙卡。钥匙卡上有房间价格、房号及酒店内的注意事项等。这个钥匙卡除了可以让酒店人员识别客人外，客人也可利用该钥匙卡作为签账的依据。

7. 引领客人

一般来说，中型酒店都不会引领客人到房间，而是由客人自己提行李到房间。另外，有些酒店会有行李员，行李员除了负责引领客人到房间之外，还会帮客人提行李。

大部分星级酒店则会安排接应员在接待处，等待客人入住后，引领客人到房间，而行李员会在短时间内将行李送到客人的房间。通常这类的服务是为了显示客人的重要性。引领人员通常会花时间向客人解释有关酒店内的各项设施、各种客房服务及回答客人的问题，让客人感受到酒店的热情服务。

如果是星级酒店，则应派客服专员欢迎非常重要的客人及常客，在客人抵达后立刻亲自引领客人到房间休息。在这种情况下，房间分派、钥匙卡、钥匙会在客人抵达前就准备好，客人抵达酒店后会直接进入房间，登记手续由客服专员代为办理。如此一来，客人不用在繁忙的前厅等待入住。这种服务对于一些想要匿名的客人或因安全理由，不能久处于公共场所的客人来说，是非常重要的一项服务。

3.8 随时控制好客房状态

正确控制客房状态，主要是为了有效地销售客房。无论酒店经理所在的酒店采用何种客房状况控制系统，都要加强总台接待、收银、预订与客房部之间的房态变更、转换控制，保持信息沟通及协作，提高客户服务的效率和质量。

1. 客房状态的类型

常见的客房状态种类如表3-10所示。

表3-10 客房状态种类

房态种类	说明
住客房（Occupied Room，简写OCC）	客房已被客人租用
空房（Vacantand Available for Sale Room，简写VAC）	已完成清扫、整理工作，可供出租的客房
走客房（On-Charge Room，简写C / O）	住客已退房，客房正处于清扫、整理过程中
待修房（Out-of-Order Room，简写OOO）	客房有问题，需要维修
保留房（Blocked Room）	这是一种酒店内部掌握的客房。酒店会为一些大型的团队预留他们所需的客房；同时还有一些客人在预订客房时常常会指明要某个房间进行预订；对于一些回头客的预订，订房部往往会为该客人预留其曾经住过的房间
携带少量行李的住客房（Occupied with Light，简写O / L）	为了防止发生客人逃账等意外情况，应在计算机中做相应标记
请勿打扰房（DND）	有些住店客人为了不受干扰，会开启"请勿打扰"灯或挂"请勿打扰"牌
双锁房（Double Locked Room）	双锁客房的原因较多。有时，住客为了免受干扰，在房内将门双锁，服务员无法用普通钥匙开启房门；有时，由于客人操作失误，无意将门双锁；有时，客人外出一段时间但不退房，为保证客房的安全，客房部会在客人离店时将客人房间双锁，客人返回时再解锁；有时，当酒店发现房内设备严重受损或客人消费行为不轨时，酒店管理部门也会作出双锁客房的决定
其他	非卖房、团体房、会议房、散客房、免费房、长包房、内用房、预离房、预到、保密房、矛盾房、留言房、VIP房、团队 / 会议房、外宾房、生日用房等

2. 影响客房状态的因素

客房状态因排房、客人入住、换房、退房、关闭楼层、维修等因素（见表3-11）不断地变化，前厅销售人员应随时、准确地掌握这些变动信息，及时传递、变更客房状态变化信息。

表3-11　影响客房状态的因素

影响因素	处理对策
排房	为了减少客人办理入住登记的时间，开房员为已订房的客人提前做好了排房工作，已预排好的客房应将客房状态转换到保留房的状态。有必要时应提前一天完成排房工作并把接待要求以书面形式通知有关部门
入住	客人入住后，前台接待员应及时将保留房或空房状态转换到住客房状态，并及时通知客房部
换房	换房可能是客人的愿望，也可能是酒店的要求。不论是哪一种，换房一旦发生，应及时将调换出的客房由住客房状态转换成走客房状态，调换进的客房由空房状态转换成住客房状态。接待员还应开具客房变更通知单并下发有关部门，以作为换房、转换房态的凭证
退房	前台接待员在接到客人退房离店信息后，应及时将住客房状态转换成走客房状态，并通知客房部
待修房	客房因设施、设备损坏需要维修而暂时不能销售时，客房部应及时通知前台将此房转换到待修房状态，等得到客房部的恢复通知后再及时取消
关闭楼层	在淡季，由于出租率下降，酒店为节约能源，减少成本或利用淡季改造、维修、保养客房，常采用相对集中排房，关闭一些楼层的措施。此时，前厅根据酒店规定，将关闭楼层的客房转换到保留房或关闭楼层的状态

3. 客房状态的控制

对客房状态进行有效的控制，能极大地提高排房、定价的效率和受理预订的决策力，同时为酒店管理部门提供了分析客房销售状况的依据。对于已经使用计算机系统管理的酒店，控制客房状态比较容易，其客房状态变更和转换过程是实时和自动的，屏幕显示一目了然；而未使用计算机系统、通过手工控制客房状态的酒店则难得多，须加强表3-12所提措施的控制。

表3-12　房态控制的措施

措施		具体操作步骤
制作客房控制表格	客房状况表	（1）酒店可根据自身的管理特点，制作适合自己酒店管理需要的客房状况表

措施		具体操作步骤
制作客房控制表格	客房状况表	（2）接待员可依据客房状况架上所显示的客房状态、客人的预订资料、客房部的客房自然状况报告，每日定时填写客房状况表，来确定酒店的客房现状和预订状况 （3）使用计算机的酒店可直接由计算机打印出相关的统计资料
	客房状况差异表	（1）客房状况差异表是用来记录前厅的客房状态与客房部的自然状态不一致之处的表格。此表由接待员在核对客房部的客房自然状态报告后填写 （2）客房部服务员每天至少两次（早、晚各一次）将客房部的客房状态报告送至总台 （3）接待员应仔细将楼层报告上的每一间客房状态与总台的客房现状核对，将出现差异的客房填写在客房状况差异表上 （4）客房部和前厅部的管理人员亲自检查差异的原因，及时采取相应的措施加以纠正，确保客房状态准确
保证良好的房态信息沟通	做好营销部、预订处、接待处之间的信息沟通	（1）营销部应将团队／会议、长住客人等订房情况及时通知前厅预订处 （2）预订处、前台接待处应将零星散客的订房情况和住房情况及时通知营销部 （3）接待处应每天将实际到店客房数、实际离店客房数、提前离店客房数、近期离店客房数、临时取消客房数、预订但未抵店客人用房数及时通知预订处，预订处根据所报信息及时更新预订状况显示表
	做好客房部、接待处、收银处之间的信息沟通	（1）接待处应将客人入住、换房、离店等信息及时通知客房部，客房部则应将客房的实际状况通知接待处，以便核对和控制客房状态 （2）客人入住后，接待员应及时建立客账，以便收银记账 （3）客人入住期间，如换房，接待员应及时将换房通知单递交收银 （4）客人离店后，收银处应及时将离店信息再通知接待处，以便及时调整客房状态

4. 客房状态差异成因与正确显示的措施

前厅部记录、显示的客房状况与客房部查房结果不相符的状况叫做客房状况差异。客房状况差异可归纳为两种：一种叫"Skippers"，是指前厅部客房状态显示为住客房，而客房部客房状态显示为空房；另一种叫"Sleeper"，是指前厅部客房状态显示为走客房或空房，而客房部客房状态显示为住客房。产生客房状况差异的原因如图3-14所示。

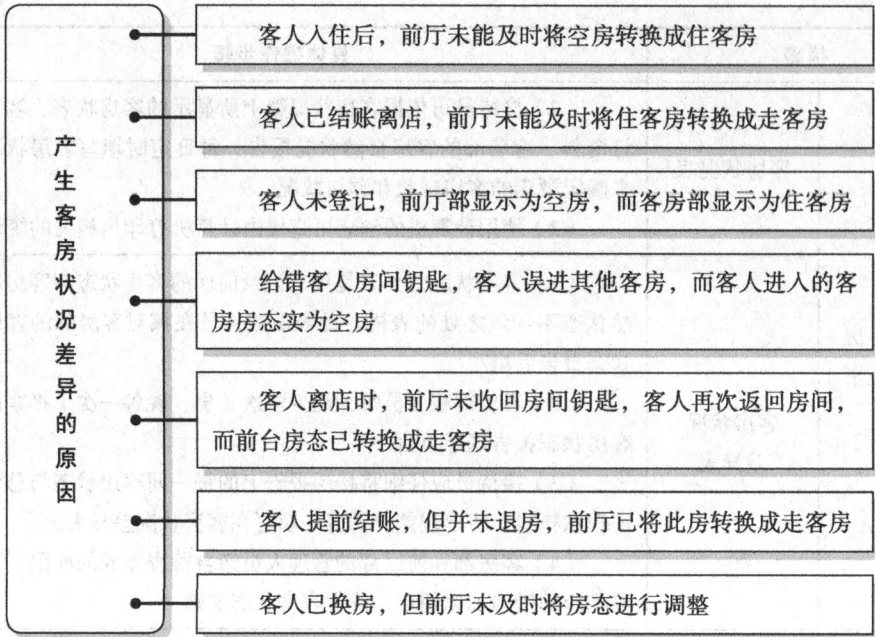

图3-14　产生客房状况差异的原因

5. 确保正确显示客房状态的措施

确保正确显示客房状态的措施如表3-13所示。

表3-13　确保正确显示房态的措施

措施	具体实施要领
完善客房状态转换检查程序	前厅部接待人员必须在客人登记或结账、换房后迅速、及时地变更客房状况；健全客房状况多级检查、核对、确认程序；管理人员每天至少两次定时核对前厅和客房部的客房状况报告
加强员工业务技能培训	对员工进行有关客房状态显示业务的知识和技能培训，确保每位员工了解各种客房状态的含义、客房状态转换方法及产生客房状况差异对服务与管理的影响，避免出现差错
加强检查督导	管理人员要加强对员工工作的检查、督导，及时发现和预防员工的工作失误给客房状态显示带来问题，以保证客房状况的正确显示

3.9　退房处理业务控制

客人退房时，各部门尤其是前厅部工作的好坏，直接影响客人对酒店的印象，就如入住时一样，前厅各部门都要协调、配合好，努力让客人留下好印象，争取回头客。

1. 客人退房时前厅的职责

客人离店后，房间会在整理后出售，这时，房间的状态也要立即在前厅的档案中更新。大体来说，退房的程序包括客人结账、更新前厅资料等。前厅在客人退房时主要的任务如下。

（1）为客人办理结账手续。

（2）客人离开后，更新前厅资料。

（3）给客人留下好印象。

2. 退房前的准备工作

客人离店时总是希望手续简便、高效快捷，这也是酒店高质量的服务内容之一。为了达到这一目标，在客人离店前，有关人员应该做好以下准备工作。

（1）开房员的准备

开房员每天必须根据"入住登记表"逐一核查次日预期离店客人的情况，制作"次日预期离店客人名单"（见表3-14）并交收银处。名单按房号顺序排列，并清楚列明客人房号、姓名、入住日期等，同时还应该送交客房部、总机、问讯预订、行李组等有关部门。

表3-14　次日预期离店客人名单

预期离店日期			
姓名	房号	入住日期	备注

制表人：　　　　　　　　　　　　　　日期：

（2）收银员的准备

客人入住后，收银员每日累计账款。在接到"次日预期离店客人名单"后，收银员应该将这些客人的账单结算好待用。

（3）问讯员的准备

问讯员在客人离店前需要详细检查客人的信件及留言，并及时递送到客人手中；如果客人外出，则应该将信件、留言放入该客人的房间钥匙存放架中，以便及时交给客人。

（4）行李员的准备

行李组接到客人离店并要求搬运行李的通知时，行李组领班必须核对清楚客人姓名、房号、行李件数以及要求搬运行李的时间，安排行李员准时上楼帮助客人。行李员应该提前通知行李专梯做好准备，备好行李车，填好"散客离店行李登记表"（见表3-15）。

表3-15 散客离店行李登记表

房号	客人姓名	收取行李的行李员	收到行李时间	行李件数	客人离店时间	是否结账	送客行李员	备注

如果是团队（会议）客人离店，则必须安排多名行李员，并按楼层依次收验行李。收验时，要逐一查看每件行李上的行李标签，核对团体名称、客人姓名、行李件数，并填写"团体离店行李登记表"（见表3-16）。装车运送时，应该"同楼同车、同团同车"，切勿混装。一次拿不完的行李，要派专人看管，并用网绳盖好或绑好。

表3-16 团体离店行李登记表

团体名称		人数		入店时间		离店时间	
	时间	总件数	酒店行李员		领队	行李押送员	车号
入店							
离店							
序号	入店件数			离店件数			备注
	行李箱	行李包	其他	行李箱	行李包	其他	

（5）总机人员的准备

总机人员接到"次日预期离店客人名单"时，应该完成以下两件准备工作。

①查看名单中有无电话费未交或未记账的，如果有，应立即通知收银台。

②查看名单中客人有无预订叫醒服务，如果客人无预订，应该主动打电话询问客人什么时候离开，是否需要提供叫醒服务，以示关心；如果客人预订了叫醒服务，则应该交接给下一班遵照执行。

3. 退房工作程序

退房工作程序如图3-15所示。

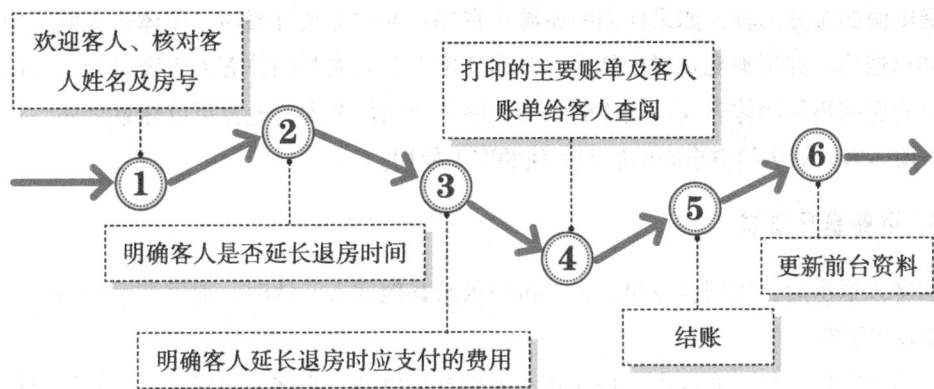

图3-15　基本的退房工作流程

退房的工作要求如下。

（1）欢迎客人。面带微笑，向客人问好，并试着记住客人的名字以显示客人的重要性。

（2）根据客人账单核对客人明细（如姓名、房号等）。

（3）确认客人离店日期。如果客人比预期日期早离开，要通知其他相关部门。

（4）确认客人是否延长退房时间。当不是常客的客人要超过退房时间（即中午12：00以后）离开时，要将延长退房时间应支付的费用记录在客人账单中。

（5）确认延长退房时间应支付的费用。这部分的费用包括延长退房时间的房价、电话费、餐点费、房间冰箱内的饮料费等。

（6）提供主要账单给客人查阅。对于客人的要求要耐心，要以良好的态度给客人留下好印象。

（7）客人结账。

（8）客人离开时所提供的服务包括回收客人的钥匙、提醒客人是否将保险箱里的东西提领出来。

（9）行李员帮客人整理行李。

（10）询问客人在近期内有无订房的计划。

（11）更新前厅资料。最需要立即更新的是客房状态表和住宿表，以供其他相关部门了解目前的房间状态及客人情况。

4. 延长退房时间

当前厅接到客人延长退房时间的要求时，必须马上将延长退房时间所需要收取的费用纳入客人的账单中。大部分酒店都会要求客人在10：00—12：00退房，酒店也会将这类信息放在客房的简介中：如超过退房时间，客人还没有退房，就要支付延长退房时间应付的费用。为了避免酒店与客人之间产生误会，接待员应事先询问客人预期退房的时间，并知会客人：如果延长退房时间，必须额外加收房费。

有时酒店规定的退房时间对团体客人来说会有点困难，因为以旅游为主的客人大多会享受度假的每分每秒，如果他们的旅游车在16：00才会离开酒店，团体客人就不希望在12：00时退房。如果遇到这样的情况，酒店通常会派人先帮团体客人看守行李，并提供一间免费的房间招待团体客人。这样的安排，除了让团体客人有地方可以休息之外，其实是为了将团体客人的房间空出来给后面入住的客人使用。

5. 更新前厅资料

当客人退房后，房间会空出，可以再提供给其他客人，这时，前厅档案中的住房状态表也要及时更新。

在酒店前厅计算机系统中，房间状态表会自动更新，当客人退房后，计算机会自动将房间转成未清理空房，客人的姓名也会自动由住宿名单转到退房名单中，且客人的账单也会转到计算机里面的历史资料中。客人的登记表要依规定保留12个月。

3.10　前厅内部的沟通协调

前厅部班组较多，如图3-16所示，各班组的职能任务各不相同，要做好接待工作，必须要求各班组在各司其职的过程中，听从前厅主管的统一指挥，并按有关工作制度、流程的要求做好班组间的协调工作。

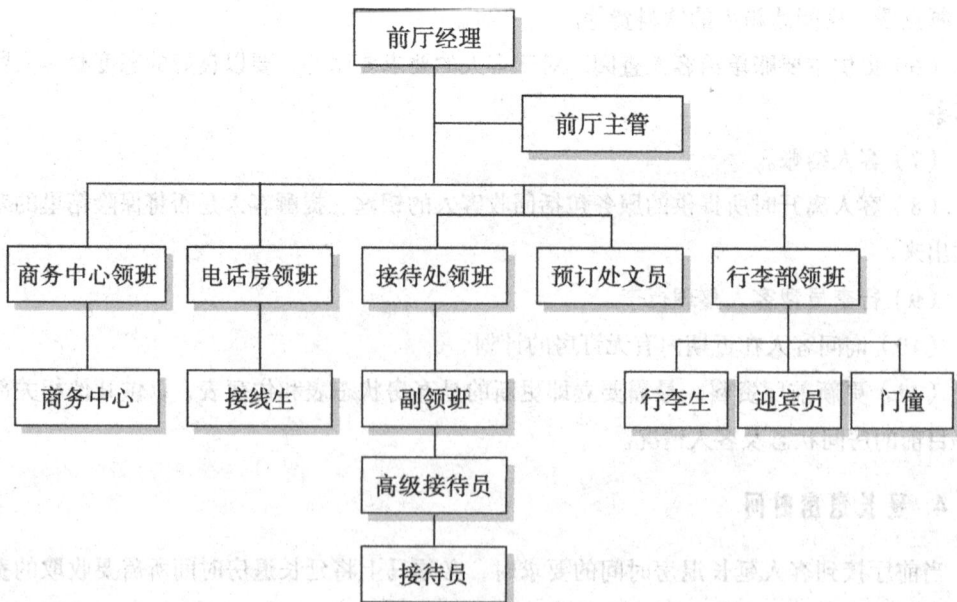

图3-16　前厅组织架构图

为了使前厅各班组之间能够做沟通、协调工作，酒店有必要将沟通协调的事项、责任班组、时间、要求以制度的形式表现出来，并对员工加以培训。

以下是某酒店前厅部内部信息传递作业规程，供读者参考。

> **拓展阅读**
>
> #### 前厅内部信息传递作业规程
>
> 前厅要达到服务质量标准，除了制定相应的规章制度外，还需要做好内部的有机结合和外部（酒店各部门）的团结协作。
>
> **一、预订—接待**
>
> （1）预订处中班每日下班前将第二天的贵宾通知单和预计到店者及第二天预订单的第二联交于接待处。
>
> （2）预订处下班后，接待处代接预订，填写预订单，第二天早上交至预订处，由预订处输入计算机。
>
> （3）预订处接收接待处早班送来的客人未到通知单、未预订报告、房态表、取消通知单并存档。
>
> （4）如果有客人直接到接待处预订，接待员应代接，填好预订单后交至预订处。
>
> （5）预订处应向接待处提供有关客人预订的信息情况。
>
> （6）预订处将团体的预订单、传真或电传、名单在团体到达前一天交于接待处。
>
> （7）如果是 VIP 客人预订，预订处填写礼品单，礼品单的第一联交接待处。
>
> （8）如果客人有餐饮要求，预订处将餐饮部提供的用餐地点写在预订单上并交接待处。
>
> **二、预订—行李**
>
> （1）预订处中班将第二天需接机的客人名单、客人到店通知单、贵宾通知单在下班前送至行李处。
>
> （2）预订处如接到当天飞机航班的任何信息，应打电话立即通知行李处。
>
> （3）预订处应将下星期团体客人数量报表交于行李处。
>
> **三、商务中心—行李**
>
> 商务中心所需报纸、杂志每日定时、每月定期由行李员送至商务中心，由商务中心人员签收。
>
> **四、商务中心—接待**
>
> 商务中心收到客人传真或电传，在记录本上登记后，由商务中心人员送至前厅，请前厅人员签收。
>
> **五、电话房—商务中心**
>
> 客人要求商务中心代打长途电话时，无论是直拨电话或人工长途电话，商务中心都需电告电话房，由话务员代拨电话，接通后转到商务中心，等客人通话结束后，商

（续）

务中心向话务员要账单，话务员做好账单后送交商务中心。

六、电话房—接待

（1）客人办理登记手续时，由前厅通知总机为客人入住的客房开通国际电话和国内电话的直线。

（2）客人向前厅提出叫醒服务时，由前厅通知电话房，话务员记录下客人的房号、叫醒时间，并互报工号；团队叫醒也由前厅交于电话房办理。

（3）前厅收到留言时，立即输入计算机，并通知电话房开留言灯。前厅发送留言后，将留言从计算机中删去，同时通知电话房关灯。

（4）在话务员叫醒服务无效的情况下，通知大堂经理，请其迅速叫醒客人。

七、大堂经理—接待

（1）如果客人要寄存或委托交付贵重物品，如飞机票、照相机、护照等，接待员及时通知大堂经理代为保管。

（2）每天夜班接待员将第二天的贵宾通知单、在店客人名单打印好交给夜班的大堂经理。

（3）每天10：30和20：00，前厅接待员将打印或复印好的客房状态交给大堂经理。

（4）前厅接待员将每天新增的VIP客人名单交给当班的大堂经理。

（5）大堂经理要随时督查员工的工作和纪律。

八、大堂经理—行李

（1）在VIP客人抵店时，由行李督导或领班负责专门指定一辆专用电梯等候。

（2）在VIP客人离店时，由大堂经理和行李员一起上楼，行李员负责运行李，大堂经理问候客人、征求意见和建议。

（3）行李员负责有关表式、表格的发送工作。

3.11　前厅与外部的沟通协调

前厅是酒店与客户的沟通桥梁，其根据客人的要求，保持与酒店各部门之间的有效联系，与其密切配合，及时传输有关客务信息，协调多个部门的客人事务，保证客户服务的准确、高效，为酒店树立良好形象。

1. 沟通协调的内容

前厅与其他部门的关系及互相协调的工作如表3-17所示。

表3-17　前厅与其他部门的协调工作

其他部门协助前厅的工作	
客房部	（1）提供酒店的营业预测，便于人力的编排 （2）了解客房情况，得以编排和租出房间 （3）协助行李员开门收取行李或存放包裹入房间内 （4）互相联系、编排时间、进行房间的维修、提高客房入住率 （5）提供团队入住房号及到达时间和离开时间与房号，使客房服务员能有效地控制清理房间的先后次序 （6）满足客人的额外要求，如加床、婴儿床及婴儿看护服务等 （7）为客人提供询问有关遗失物品的资料
餐饮部	（1）提供酒店的营业预测资料，便于人力的编排 （2）提供团队的订餐资料，配合安排用餐的时间及地点
安保部	（1）协助处理客人已投诉的失窃及意外事件 （2）与夜班经理巡视酒店所有场所 （3）前厅部经理使用酒店总匙时，须保安人员陪同在场以作见证 （4）仓库值班时间以外，紧急情况下前厅部经理开仓提货时，须保安员在场以作见证
其他部门协助前厅的工作	
工程部	（1）提供有关保养、维修的资料给当班人员进行维修处理事宜 （2）协助更换客房门锁
会计部	（1）员工的薪金支付 （2）提供住客的挂账资料 （3）核对房租收入
采购部	（1）定期到仓库提取应用物品 （2）提供司机及车辆，协助外出购物
人力资源部	（1）协助寻求适当的人力资源 （2）提供完善的员工福利 （3）协助培训员工
市场推广部 （营销部）	（1）提供其他酒店的业绩及政策，以便酒店的营业方针处于有利地位，并可参考调查 （2）密切关注有关团队及零散客人的预订记录，了解营业状况，以取得最高占住率 （3）提供各旅行社实际占住房数记录，使营业部能够在增加客源方面起到有力的参考作用

（续表）

前厅协助平行部门的工作	
向高层	提供各种信息与建议
向其他部门	（1）及时将预定、出租、财务收支信息，客人需求、意见及市场变化等大量信息加工整理，通过事先设计好的程序，以报表和工作报告等形式迅速传递到总经理、客房部、餐饮部、财务部、工程部等有关部门 （2）前厅部在开展预定、接待、分配或调换房间，团队预定、处理投诉等各项业务活动中，必须随时和客房部、餐饮部、财务部、工程部、营业部协调并保持联络，共同完成接待服务

2. 与外部沟通协调的方法

前厅可以利用以下方法来与外部各部门进行沟通协调。

（1）计算机系统

计算机系统能迅速、精确地收集、统计、分析、储存、传输与显示各类数据，已成为酒店沟通与协调的一个重要手段。

（2）报表、工作报告与内容行文

报表包括各种营业统计报表、管理报告、出租率分析等；工作报告包括按管理层次逐级呈交的工作报告；内容行文指酒店内部上下级之间，部门与部门之间沟通信息的内部通知，包括工作指示、请示、汇报、要求等。

（3）会议

会议（包括基层部门的班前、班后短小的例会）是通过联络及时传递信息的有效手段。会前要做好充分准备，以便议而有决；开短会，并做好会议记录。

（4）工作日记

前厅部各分部、各班次都要建立工作日志制度，主管每天必须完成工作日志，把当班工作中发生的重大问题、事项记录下来，尚未处理完的事情和需要下一班继续做的事情等也在写在工作日志上，下一班要负责跟办，直到处理完毕。工作日记是记录客人活动情况、留言等的备忘录，也是工作人员之间的联系本。

（5）聚会或举办团体活动

不定期举办各种形式的聚会、团体活动能够创造自由轻松和互相接触了解的机会。

3. 沟通协调的安排

为使沟通协调工作顺畅，有必要对沟通协调的内容、责任部门、时间及要求进行规定，并对员工加以培训。

以下是某酒店的前厅外部信息传递作业规程，供读者参考。

拓展阅读

前厅外部信息传递作业规程

一、前厅——餐饮部

（1）前厅预订处在获得团队预订单后，应立即填写餐饮预订通知单并送餐饮部。如有变更，预订处应立即通知餐饮部。

（2）团队到达后，前厅接待处向陪同询问人员第二天的早餐时间，并把就餐地点告诉陪同的同时，迅速通知餐饮部预订处，并填写团队名单，内容包括用餐人数、用餐时间，复印一份后送餐饮部。如人数有变，接待处应填写膳食变更通知单再送餐饮预订处。

（3）当有未预订的房费包早餐的散客登记时，接待处要发膳食通知单到餐饮预订处，并向餐饮预订处询问客人用餐地点。随后，餐饮预订处应以备忘录的形式作书面通知。如其延长住宿，接待处填写膳食变更通知单送餐饮预订处，餐饮预订处以备忘录形式通知接待处用餐地点。

（4）如预订客人为VIP，由前厅预订处填礼品单送餐饮预订处。

（5）前厅接待处每日夜班复印一份贵宾来访通知单给餐饮部，通知餐饮部第二天到达的VIP客人的情况，内容包括VIP级别、特殊要求等。

（6）当天新增的VIP客人，前厅接待处先电话通知餐饮部，再填礼品单送餐饮部。

（7）前厅每天要向餐饮部通报免费就餐、免费饮料的客人姓名、房号、优惠日期、时间、指定餐厅、签发人，并填写相应单据。

（8）贵宾未到，前厅接待处应立即通知餐饮预订处。

二、前厅——安保部

（1）如有接待VIP客人的任务，前厅须事先向安保部发出通知。安保部在整个接待期间针对楼层、公共区域、车道等做好安全保卫工作。

（2）总机二次叫醒无效后，由大堂经理前往客房叫醒，如无反应，房门反锁，大堂经理须通知值班保安/领班一同开锁进房。

（3）23：00以后滞留在客房内的访客，先由前厅接待员用电话请其离开。如无效，再由大堂经理与安保部人员一同上楼劝其离开客房。

（4）在大堂巡逻的安保部员工须与前厅员工一起努力保持大堂的宁静气氛，并做好事故防范工作。

（5）酒店区域内的交通指挥工作以安保部为主，前厅行李员做好配合工作。

（6）发现易燃易爆物品及客人逾期行李，由前厅行李处上交于安保部处理。

三、前厅——客房部

1. 楼层与行李处

（1）团体客人行李进房。

如客人在房，行李员可直接把行李送进客人房间；如客人不在房，前厅接待处通

（续）

知客房部，客房部再通知楼层服务员陪同行李员送行李至客人房间。

（2）团体客人行李出房。

退房时，团体客人的行李放在房门口，由行李员把行李搬出楼层；如客人不在房，需楼层服务员陪同进房搬取行李。

（3）散客行李进房、出房。

散客行李进房、出房时，如客人在房，不需要楼层服务员陪同进房；如客人不在房，需楼层服务员陪同进房。

（4）行李员给客人送报纸应从客房门底缝下塞入。

（5）客人换房时，变更单的一联由行李员交楼层值台，由楼层值台通知楼层领班。

（6）客人换房时的行李进房：如客人在房，由行李员带上新房号的钥匙换下原房号的钥匙，并替客人开门，送行李至客人房间；如客人不在房，则由楼层服务员开门后，行李员在楼层服务员陪同下送客人行李至客人房间。

2. 楼层与接待处

（1）客人办理入店登记手续，无论是团体客人还是散客，前厅都要立即电话通知楼层值台。

（2）客人离店。

①如果客人在12：00前退房，但12：00后还没离店，楼层应通知客房部，客房部电话通知前厅，前厅接待处在与客人确定何时离店后，用电话通知楼层值台。

②散客客人正常退房时，客账应立即通知楼层值台，由楼层值台查实客人是否用过小冰箱或小吧内的饮料，领班再将信息反馈给客账。

③住店一天客人在18：00前退房，由前厅通知楼层值台。

（3）关于VIP客人的接待。

①前厅接待处一旦接到VIP客人到来的通知，要立即通知客房部，并说明VIP客人到店的确切时间。前厅要把每天接到的VIP客人报告送楼层值台，VIP客人到来前的查房由客房部负责。鲜花应事先送到客房，水果则由送餐服务处负责送。VIP客人进客房后，楼层服务员要送欢迎茶。

②如果在送鲜花、水果到房后VIP客人未到，接待处应立即通知楼层值台和送餐服务处。

3. 前厅递交客房部表单

（1）团体客人通知单。

要求写清进房、退房时间、团名、团队编号、房号、领队、陪同房号、姓名及对服务的特殊要求。

（2）散客到店通知单。

进房、退房时间、客人姓名、国籍、证件号码、房号。

（3）当天离店报告。

（续）

要求写清客人房号、楼层即可。

（4）VIP报告。

要求写清VIP客人的人数、国籍、客人等级、进房时间、退房时间、房号。

（5）房态差异表。

（6）换房变更表。

四、前厅——销售公关部

（1）经主管副总经理或销售公关部经理签字给予特殊客人房价折扣或免收房租的委托书，前厅预订处收到后要根据要求予以安排执行。

（2）前厅预订处须在每月月末向销售公关部递交一份下个月的住房情况，内容包括世界各国分列人数、各旅行社散客次数及人数、各旅行社团体次数及人数、各外企公司散客人数、其他外协作单位输送的团体次数、散客次数及分列人数、上门散客次数及人数、办公用房间/天数及人数、长包房间/天数及人数。

（3）前厅预订处应在每月第一天向销售公关部递交一份上个月的住房情况，内容包括世界各国分列人数、各旅行社散客次数及人数、各旅行社团体次数及人数、各外企公司散客人数、其他外协作单位输送的团体次数、散客次数及分列人数、上门散客次数及人数、办公用房间/天数及人数、长包房间/天数及人数、上月的出租率、营业额总数及平均房价。

（4）当订房饱和时，前厅预订处务必将信息及时传递至销售公关部，由销售公关部和前厅预订处共同负责向本市其他酒店推荐团体或散客。

（5）前厅预订处接受的散客预订，如没同本酒店签过合同的，应填写销售合同并交于销售公关部。

（6）前厅商务中心所接到的有关订房的传真务必及时递交销售公关部。

（7）前厅预订处在开展订房业务过程中，如遇到问题，可随时向销售公关部询问。

（8）因带团而提前一天住店的或推迟一天离店的外地全程陪同，前厅按陪同房价予以接待。

（9）关于旅行团体续宿的房价，前厅应与销售公关部协商后，按销售公关部制定的价格向领队作出答复。

（10）旅行团体中，如有人要求续宿，前厅按散客市价接待。

五、前厅——财务部

1. 前厅接待处

（1）有预订客登记后，前厅接待员应将该客人的登记卡第三联交前厅收银处。

（2）如果向客人预收房金，前厅接待员应在登记卡上填明预收的天数，同时将该客人的钥匙和房卡一起交前厅收银员。

（3）如果客人登记时使用信用卡，则由前厅接待员验核（查阅黑名单）和压印信用卡，但要将"信用卡签购单"共四联交前厅收银处。钥匙与房卡也由前厅接待员交给客人。前厅接待员还对信用卡的检查承担责任。

（4）如客人登记时给予折扣的，由前厅接待员填制"折扣单"，按不同权限，经确认签字后，交前厅收银处。

（5）团队登记后，前厅接待员应将团队的"团队名单"表、团队签证和团队订房的传真一起交给前厅收银处。

（6）客人住店期间，如发生换房现象，前厅接待员应填写换房单，并将第二联交给前厅收银处。

（7）客人住店期间，如房价发生变化，需给予信用回扣的，由前厅接待员填写房价变更单，收银员核对后双方签字，再由前厅经理或副经理签字后交前台收银处。

（8）客人结账时，由前厅收银员通知前厅接待员，请其检查有无给客人的信件、留言、包裹，如有则送至前厅收银处。

（9）客人退房后，由前厅收银员负责收回客人的钥匙。团队客人钥匙未交名单由前厅收银处及时通知行李处，由行李处负责收回。

（10）如客人退房，前厅收银员与前厅接待员不论谁得到此信息，应互相通知。

（11）前厅收银员在每天12：15和15：00将该结账离店而未结账离店的客人名单交前厅接待处。

（12）客人不结账而离店，在确认下列条件后作为逃账处理：退房时间已过，房内无行李（由楼层领班查），无寄存行李，无贵重物品寄存，无下次预约。确定以上条件后，由收银领班和前厅管理员共同签字证明。前厅收银员须每天复印一份逃账名单交前厅接待处。

（13）邮票由商务中心负责出售，收银员也可以出售。

（14）在00：00以前，将"客人住宿登记日报表"与"离店客人日报表"送夜班主管。

（15）前厅接待员要在夜审员关闭计算机前，将当天预计离店，但实际并未离店的客人进行处理（或请前台客账给客人结账）。

（16）前厅预订处要在每日中班下班前，将当日预订应该到店但实际并未到店的客人进行处理，以协助夜班主管的工作。

（17）前厅收银员负责向计算机输入团体客人的情况和房价。夜间制作"每月营业报表"时，夜审员须向前厅接待处提供有关收入方面的信息。

（18）"信用回扣单"由前厅接待处填写，经前厅接待员和前厅收银员双方签名，交前厅经理签字后，再由前厅收银员在计算机中修改。

2. 电话房

（1）日常情况下，电话总机自计算机切断后，在手工情况下，最长每隔4小时，由行李员将住店客人的长途电话账单送至前厅收银处，由前厅收银员填写"账单签收记录"，并将第二联给电话房。

（续）

（2）当客人退房后，由前厅收银员作锁键处理，关掉该房间的国际与国内长途电话线。

（3）夜班话务员每天将长途电话收入控制表在00：00前交至夜班主管处。

（4）电话房每日应将内部用的电话数量按部门统计交财务部。

3. 行李处

（1）团队结账时，前厅收银员发现缺少该团队的房间钥匙，但该团队已离开柜台还未离店的，由前厅收银员通知行李员，告诉其房号与客人姓名，请其收回钥匙。

（2）客人住店期间，因各种原因需客人来前厅结账，而客人不在房间的，由前厅收银员通知行李员，由行李员将"付款通知单"放入该客人的房间。

（3）团队结账时，团队成员中有个人赊欠消费，但还未前来结账，此时团队也未离店的，由前厅收银员通知行李员，告诉其客人的房号、姓名，请行李员通知客人来结账。

4. 大堂经理

（1）当工程部准备在"贵重物品保管室"内维修设备时，前厅收银员应通知大堂经理。

（2）客人住店期间，因各种原因需客人前来付款，而由行李员送上第一张"付款通知单"后，过了一定时间，客人还未前来付款的，由前厅收银员通知大堂经理，请其协助催收，并将第二张"付款通知单"交大堂经理。

5. 商务中心

（1）商务中心服务员应将客人签字账单客人联送前台客账随附"账单签收记录"，一式二联，由前台客账核对签字后，填写"签收记录"将第二联交给商务中心，现金交出纳。

（2）商务中心服务员在当天最后一班下班时，将"商务中心收入控制表"及商务中心收银报告，并附上付款凭证第二联一起送夜班主管。

（3）商务中心每月最后一天对营业消耗物品进行盘点，填"财产盘点表"于第二天9：00交前厅收银处。

（4）客人在商务中心拨打长途电话后，前厅收银员须向商务中心提供通话时间及收费金额。

（5）其他部门来商务中心发传真，须登记并填写账单，作挂账客人处理；其他部门如需在商务中心复印，也须登记。

6. 其他

发薪之日，前厅在上午到财务部计薪员处取工资单，并将工资条发给本部门员工。

六、前厅——人力资源部

前厅将每月钟卡、就餐人数、考勤表及考勤汇总表中的各类假期附有关证明，经本部门经理签名后，于次月5日前送交人力资源部。

（续）

七、前厅——总经理办公室

（1）接受办公室对秘书行文、归档等工作的业务指导，定期上交应该归档的各种材料。

（2）共同安排好来店参观者的通知、登记和衔接工作。

---

4. 前厅与酒店外部的关系

前厅与酒店的客源市场有着广泛的联系，需与营业部、公关部等共同合作，积累资料，分析动向，掌握客源，预测未来变化，并参与制定酒店的经营策略与销售策略。

前厅与有关旅行社、大使馆、国内外商业机构及其他客户有着广泛、密切的联系。为了方便客人，前厅要收集交通、住宿等信息，还要与机场、车站、码头、餐馆、风景点等建立广泛的渠道，随时掌握客源市场变化，为开展经营活动提供信息；同时，需与国家安全、公安、电信、音像等单位保持联系，合法经营，接受国家职能部门的监督。

3.12　建立客史档案

准确掌握客人在消费过程中的各种需求，培养忠诚度高的消费群体，达到信息互动共享，全面提升服务质量的目的，客史档案在酒店管理的重要性日益凸现，理已成为酒店基础管理工作之一。

1. 建立客史档案的意义

建立客史档案对提高酒店服务质量、改善酒店经营管理水平具有重要意义，具体表现为以下几点。

（1）有利于为客人提供"个性化"的服务，增加人情味。

（2）有利于搞好市场营销，争取回头客。

（3）有助于提高酒店经营决策的科学性。

实例

"您好，预订部。"

"我是罗云先，20日帮我订两间房……"

"好的，B区行政商务房（大床）两间，您的电话是13××××××××××。"

"是呀，你怎么知道的？"

"因为您是第二次来我店呀。20日两间B区行政商务房已帮您安排好了，我们将为您保留至 18：00，您有什么变化请提前与我们联系，我们将及时为您变更！”

在客人的一声声"好、好"中结束了这次预订电话。

次日，当客人踏入酒店大门时，礼宾员说："罗先生，您好！"从礼宾员到总台接待员，再到客房服务员，见到他都像见到老朋友一样，第一句话都是："罗先生，您好！"这一切都令罗先生感到惊奇又感动，他想：他们怎么都知道我的姓名呢？我只来过两次呀。但不管怎么说，这一点令他感到十分高兴，也让他以后一直选择这家酒店。

2. 建立客史档案的原则

（1）客史档案卡是对住店一次以上的客人，按其一定的顺序排列的索引卡，采取"一客一档"和"一团一档"，专指性强，查阅方便，检索准确率高。

（2）客史档案卡的排列严格按照一定的顺序，可边形成边排列，逐户积累，插入取出自由，还可以随时增减。

小贴士

当然，考虑到为每位住客设卡工作量较大，各酒店可根据自身的实际情况而规定设卡的范围，以求实效，不图虚名。例如，只为 VIP 客人、常客、消费层次高的客人、个别重点团体、某些特殊会议的客人等设立客史档案。

3. 客史档案的内容

（1）常规档案

常规档案包括客人姓名、性别、年龄、出生日期、婚姻状况以及通信地址、电话号码、公司名称、头衔等。收集这些资料有助于了解目标市场的基本情况，了解"谁是我们的客人"。

（2）预订档案

预订档案包括客人的订房方式、介绍人，订房的季节、月份和日期以及订房的类型等。掌握这些资料有助于酒店选择销售渠道，做好促销工作。

（3）消费档案

消费档案包括报价类别、客人租用的房间、支付的房价和餐费以及在商品、娱乐等其他项目上的消费；客人的信用情况、账号，喜欢何种房间和酒店的哪些设施等，从而了解客人的消费水平、支付能力、消费倾向、信用情况等。

（4）习俗、爱好档案

习俗、爱好档案是客史档案中最重要的内容，包括客人旅行的目的、爱好、生活习惯、宗教信仰和禁忌及住店期间要求的额外服务。了解这些资料有助于为客人提供有针对性的"个性化"服务。

（5）反馈意见档案

反馈意见档案包括客人在住店期间的意见、建议、表扬和赞誉、投诉及处理结果等。

4. 客史档案资料的主要来源

客史档案资料主要来源有订房单、登记单、客账单、投诉及处理结果的记载资料、客人意见征求书以及其他平时观察和收集的记录资料。但是，客史档案的资料信息收集工作仅通过前厅人员来做是不够的，还必须依靠酒店各有关部门和接待人员的大力支持和密切配合。

为了做好这项工作，还必须采取相应的措施。首先，要把这项工作纳入有关部门和有关人员的职责范围之内，使其经常化、制度化。其次，通过宣传教育增强有关人员的档案意识，使他们能够主动配合档案人员做好客史档案的收集和积累工作。由于客史档案的内容与前厅的业务关系比较密切，所以往往是前厅负责此项工作。

5. 建立客史档案的方法

（1）档案卡

最常见、最简便的做法是用图表形式（见表3-18），在总台客人住宿登记单的背面记录客人来店次数、住宿房号、同来店人数、支付的房价及方式、开房员姓名。图表中应留有空白，以便填写评语等信息。

表3-18　客史档案卡片

正面					
姓名		性别		国籍	
出生日期及地点			护照号		
护照签发日期与地点					
职业			头衔		
家庭地址			电话		
单位名称					
单位地址及电话					
其他					

（续表）

反面							
住店序号	序号	抵店日期	离店日期	房租	消费累计	投诉内容处理	备注

（2）计算机存档

将各种住客资料用计算机储存起来，需要时可随时调用，使用方便，而且储存量大。

（3）客史档案系统排列

按照客史档案形成的特点和规律，采用一定的方法，进行科学的系统排列，以保持客史档案内在联系，便于保管和利用。

6. 客史档案的管理

酒店的客史档案管理工作一般隶属于前厅部，但信息的收集工作则要依赖于酒店各服务部门，因此，这项工作必须依靠酒店全体员工的共同努力。客史档案的管理工作主要有以下几项。

（1）分类管理

除了要对客人本身的资料分门别类地予以整理外，还要对客人作出类群的划分，则根据客人的来源地、信誉度、消费能力、满意度等进行分类，这是客史档案管理的基础。

（2）有效运行

客史档案的归档工作程序为：先由各收集区域将信息传递至各部门文员处汇总、整理，再传递至客史档案管理中心，由中心统一建立内部计算机信息资料库供各部门随时查阅。对于初次入住的客人，当即建立客人档案，并及时传递给各部门；对于入住过的常客，则需调用以往的记录，提供有针对性的服务。

（3）定期整理

为了充分发挥客史档案的作用，酒店应每年系统地对客史档案进行一两次检查。酒店要制定完善的反馈及更新机制，注重信息的及时性与准确性，做好日常检查，及时添加客人的信息或者删除无用的信息。

学习笔记

通过学习本章的内容，想必您已经有了不少学习心得，请仔细填写下来，以便继续巩固学习。如果您在学习中遇到了一些难点，也请如实写下来，方便今后重复学习，彻底解决这些难点。

我的学习心得

1. _____

2. _____

3. _____

4. _____

5. _____

我的学习难点

1. _____

2. _____

3. _____

4. _____

5. _____

我的运用计划

1. _____

2. _____

3. _____

4. _____

5. _____

第4章

酒店客房服务管理

　　客房部在酒店中有着极其重要的地位，是酒店经济收入的主要来源。酒店要想越做越好，就要注重客房服务管理，这样才能引导员工做好服务工作，客人才会满意。

制定对客服务程序 → ◆制定对客服务程序要考虑的因素
◆制定对客服务程序的要点

◆应制定的对房服务质量标准
◆对客服务标准制定的要求 → 制定对客服务标准

◆培养服务员的服务意识
◆提高服务员的服务技能
◆为客人提供个性化的服务
◆搞好与酒店其他部门的合作与协调
◆广泛征求客人对客户服务质量的意见
◆开展客房服务质量检查
◆做好客房原始记录管理 → 提升客房服务质量的途径

对客服务质量控制要点 → ◆事先控制
◆事中控制
◆事后控制

合理安排清洁卫生工作 → ◆日常清洁保养
◆客房计划卫生

◆客房内部逐级检查制度
◆查房的内容、程序与标准
◆查房的具体方法 → 建立客房检查制度

◆设定客房设备配备标准
◆设备采购
◆设备档案的建立
◆日常维护保养计划
◆归口管理，明确责任
◆对机器设备的使用者进行培训 → 客房设备管理

客房安全管理 → ◆钥匙保管
◆巡视过道
◆房内安全控制
◆消防安全
◆失物保管
◆紧急事故处理

客房用品控制 → ◆设定客房用品配备标准
◆制度控制

4.1 制定对客服务程序

1. 制定对客服务程序要考虑的因素

对客服务程序是指以书面的形式对某一服务进行描述。在制定对客服务程序时要考虑的因素如图4-1所示。

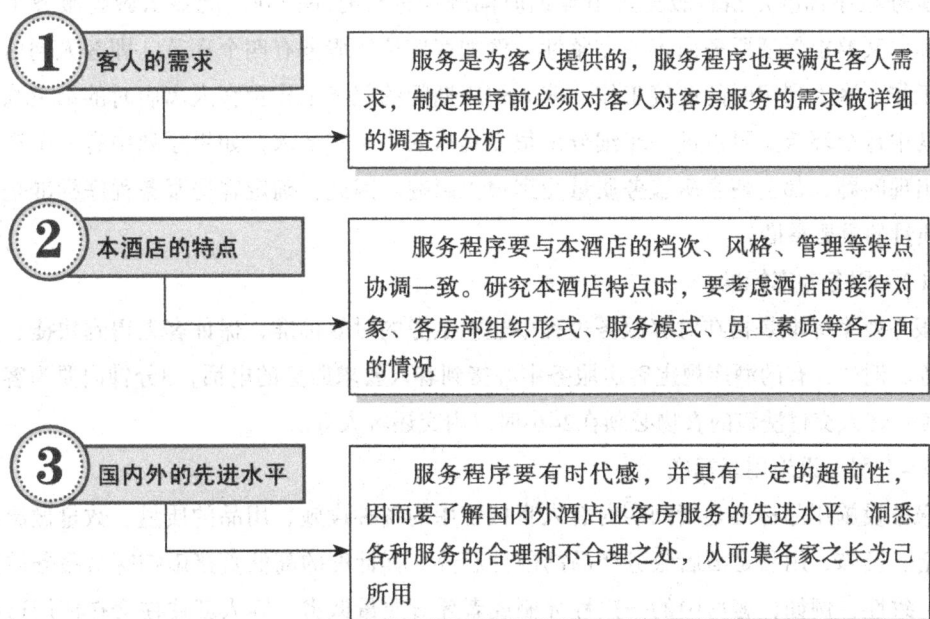

①**客人的需求**：服务是为客人提供的，服务程序也要满足客人需求，制定程序前必须对客人对客房服务的需求做详细的调查和分析

②**本酒店的特点**：服务程序要与本酒店的档次、风格、管理等特点协调一致。研究本酒店特点时，要考虑酒店的接待对象、客房部组织形式、服务模式、员工素质等各方面的情况

③**国内外的先进水平**：服务程序要有时代感，并具有一定的超前性，因而要了解国内外酒店业客房服务的先进水平，洞悉各种服务的合理和不合理之处，从而集各家之长为己所用

图4-1　制定对客服务程序要考虑的因素

2. 制定对客服务程序的要点

（1）动作及作业研究

在编制对客服务程序前，要对每个作业进行过程分析和动作分析，把这些资料作为依据保存起来。

（2）让员工参与

客房经理是对客服务程序制定的参与者和组织者，在制定对客服务程序的过程中要尽可能地让客房员工参与讨论。该过程本身就是对员工的一种培训。由员工参与制定的对客服务程序不仅更加符合实际、操作性强，而且会增强程序的落实效果。

4.2 制定对客服务标准

1. 应制定的对房服务质量标准

（1）服务工作标准

服务工作标准主要是指酒店为保证客房服务质量水平对服务工作所提出的具体要求。服务工作标准不对服务效果做出明确的要求，只对服务工作本身提出具体要求。例如，客房床单应每日更换一次；必须在接到客人要求后5分钟内送入冰块等。

（2）服务程序标准

服务程序标准是指将服务环节根据时间顺序进行有序排列，既要求做到服务工作的有序性，又要求保证服务内容的完整性。例如客房接待服务有四个环节，即客人到店前的准备工作、客人到店时的迎接工作、客人住店期间的服务工作及客人离店时的结束检查工作，其中每个环节又可以进一步细分出很多具体的步骤和要求，如果序列中有一个环节或步骤出现问题，都会使客房服务质量受到很大影响。因此，确定客房服务程序标准是保证服务质量的重要举措。

（3）服务效率标准

服务效率标准是指在对客服务过程中建立服务的时效标准，保证客人得到快捷、有效的服务。例如，有的酒店规定客房服务中心接到客人要求服务的电话，3分钟内要为客人提供服务；客人交付洗熨的衣物必须在24小时以内交还客人等。

（4）服务设施用品标准

服务设施用品标准是指酒店对客人直接使用的各种设施、用品的质量、数量做出严格的规定。设施、用品是酒店服务产品的硬件部分，其标准的高低直接影响客房服务质量水平的一致性，例如，客房中的一次性牙刷或者牙膏质量低劣，客人就往往会在使用这些劣质用品时对酒店整体服务质量水平产生怀疑和不满。

（5）服务状态标准

服务状态标准是指酒店针对给客人所创造的环境状态、设施使用保养水平所提出的标准。例如，客房设施应保持完好无损，室内采用区域照明，并且目的物照明度良好，卫生间24小时供应热水，地毯无灰尘、无霉变等。

（6）服务规格标准

服务规格标准是指酒店对各类客人提供服务所应达到的礼遇标准。例如，规定对入住若干次以上的常客提供服务时必须称呼客人姓名；对入住豪华套房的客人提供印有客人烫金姓名的信纸信封；对VIP客人的房间要放置鲜花、果篮。

（7）服务语言标准

服务语言标准是指酒店规定的在待客服务过程中必须使用标准用语。酒店在欢迎、欢送、问候、致谢、道歉等各种场合下要求员工使用标准语言。例如，规定服务中使用的敬语口诀："请"字当头，"谢谢"不断，见面"您好"，离别"再见"，得罪客人"对不起"，客人谢谢"没关系"等；同时酒店也应明确规定服务忌语，如规定在任何时候不能回答客人说"不知道"。使用标准化语言可以提高服务质量，确保服务语言的准确性。

（8）服务态度标准

服务态度标准是指针对服务员提供面对面服务时所应表现出的态度和举止礼仪做出的规定。例如，服务员接待客人时应面带自然微笑，须实行站立服务，站立时不得前倾后靠、双手叉腰、抓头挖耳；当客人面不得高声喧哗、吐痰、嚼口香糖等。

（9）服务技能标准

服务技能标准是指客房服务员所应具备的服务素质和应达到的服务操作水平。例如，酒店规定各个不同岗位的服务人员应达到的服务等级水平和语言能力；规定服务人员所应具有的服务经验和所应掌握的服务知识；规定特定岗位上服务人员能够熟练运用的操作技能，如一名客房清扫员应能在30分钟左右完成一间标准客房的清洁工作。

（10）服务质量检查和事故处理标准

服务质量检查和事故处理标准是对前述服务标准的贯彻执行，也是酒店服务质量的必要构成。发生服务质量事故，酒店一方面要有对员工的处罚标准，另一方面也要有事故处理的程序和对客补偿、挽回影响的具体措施。

2. 对客服务标准制定的要求

（1）对客服务标准的特点

对客服务标准的特点如图4-2所示。

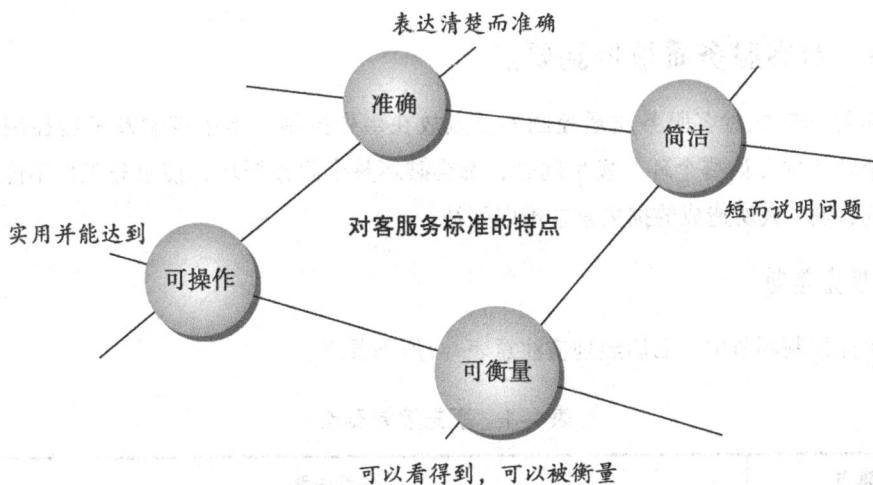

图4-2　对客服务标准的特点

（2）制定对客服务标准的注意事项

制定对客服务标准的注意事项如图4-3所示。

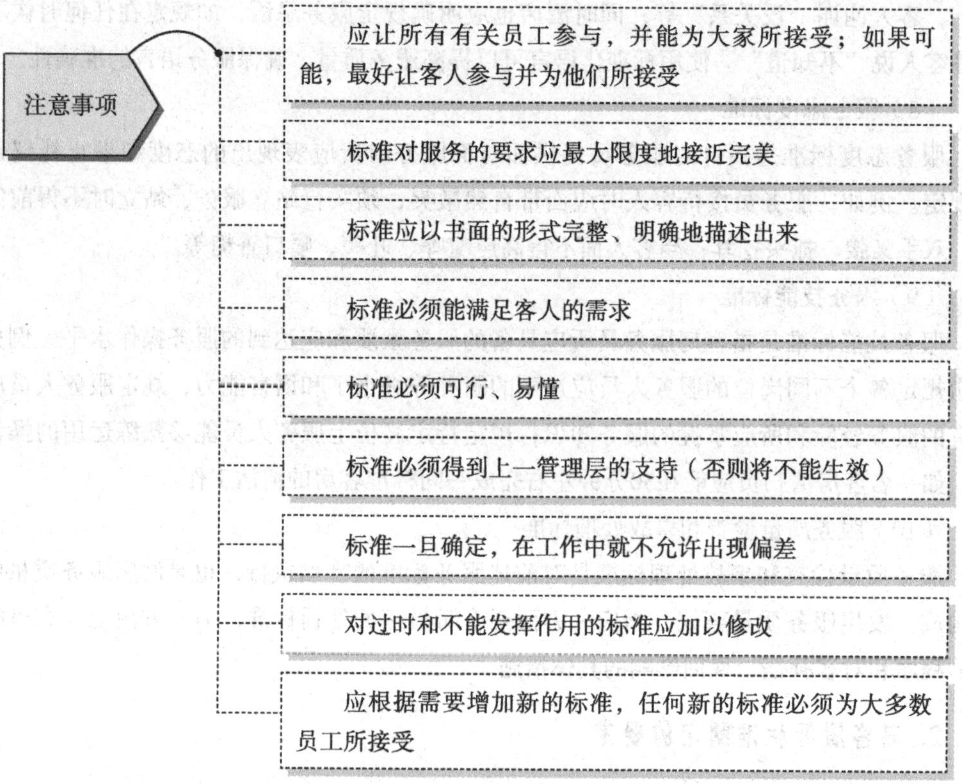

图4-3　制定对客服务标准的注意事项

4.3　对客服务质量控制要点

酒店经理应把对客服务质量控制的重点放在事先控制、事中控制及事后控制三个环节。三个环节中无论哪个环节发生问题，都会破坏整个服务循环，使服务工作不能进行而产生不良影响，其所造成的损失常常难以弥补。

1. 事先控制

在事先控制环节中，酒店经理应注意表4-1所列要点。

表4-1　事先控制要点

要点	要点说明
制定程序和标准	不仅要重视程序和标准的制定，而且还要注意根据各种因素的变化，不断对其进行修改和完善
加强培训	在对员工进行对客服务规范培训的基础上，着重进行个性化服务的培训，提高员工对客服务的灵活性，把正确处理客人投诉作为重点中的重点

（续表）

要点	要点说明
预测问题并采取积极有效的防范措施	最好能每月预测次月在对客服务中可能出现的问题。其方法是查阅前两年的资料，找出同期所发生的问题。此外，根据次月的客情预测及本酒店所要开展的活动，再结合其他各方面的情况，分析可能出现的问题
加强沟通和协调	客房部所设计的表格及工作程序要便于信息的传递和反馈，要完善会议及交班制度
建立客房部内部检查体系	客房部内部实行逐级检查制，管理人员不仅要注意清洁工作的逐级检查制，更要重视对客服务方面的质量检查

2. 事中控制

（1）走动式管理

在事中控制环节中，客房部管理人员的走动式管理显得比其他部门更重要。因为客房部人员相对分散，要确保对客服务质量，管理人员就必须多走动，亲临现场，只有这样，才能及时发现问题并采取补救措施。

（2）重视收集客人反馈意见

客房管理人员还应重视收集客人反馈，以了解客人需求、发现问题。《客人意见书》是酒店常用的一种信息反馈文件，除此之外还可用《长住客人需求征询表》《客人维修意见卡》等。定期或不定期地拜访客人，邀请长住客人参加酒店专门为其组织的活动，也可获得宝贵的对客服务的第一手资料。对于客人的意见和投诉，要尽可能在客人离店前将问题解决，使客人满意而去，如遇到超出客房部权限方面的问题，应及时向上级汇报，以确保问题的妥善解决。

3. 事后控制

对客服务方面的事后控制方法如表4-2所示。

表4-2　事后控制的方法

方法	具体操作要求
定期分析客人意见	对客人意见进行分类，明确客人投诉的主要问题，分析原因，并采取相应措施
定期召开部门质量分析会	会前要有专人进行准备，参加者们也应有所准备
及时进行整改	根据客人需求的变化，对服务程序和标准进行修改，对服务用品进行调整

（续表）

方法	具体操作要求
将客人投诉的问题与工作表现评估挂钩	对于客人投诉率高的问题，评估分将相对占较大比重。例如，如果客人普遍投诉服务态度不好，那么在考察员工工作表现时，对服务态度一项的评估分将占较大的比重

4.4 提升客房服务质量的途径

1. 培养服务员的服务意识

服务意识是员工应该具备的基本素质之一，同时也是提高服务质量的根本保证。

2. 提高服务员的服务技能

服务技能和操作规程是提高客房服务质量和工作效率的重要保障，客房部服务员必须熟练掌握。客房部可以通过强化训练、组织竞赛等多种手段来提高客房服务员的服务技能。

3. 为客人提供个性化的服务

提供规范化的服务是保证客房服务质量的基本要求，但不应仅仅满足于为客人提供这一类的服务。因为每一位客人都有自己的个性与特色，客房部必须提供相应的个性化服务，才能使客人有更高的满意度。

4. 搞好与酒店其他部门的合作与协调

要提高客房服务质量，客房部还必须做好与酒店其他部门的合作与协调，特别是前厅部、工程部、餐饮部及安保部等部门。

（1）客房部应与这些部门密切联系，只有这样才能顺利完成对客服务工作。

（2）客房部也必须理解和支持上述部门的工作，加强与这些部门的信息沟通。

5. 广泛征求客人对客户服务质量的意见

客人是客房服务的直接消费者，最能发现客房服务中的缺陷，因此对服务产品也最有发言权。要提高客房服务的质量，征求客人的意见是一个十分重要的途径。

为了及时征求客人对客房部各项服务的意见，可在客房设置意见簿（见表4-3），而且应落到实处，注意对其进行管理。

客房部经理可以定期或不定期地拜访客人，了解客人的需求，从而及时发现客房服务中存在的问题，并进一步制订和修改有关计划。

表4-3 客人意见表

1. 接待				2. 客户服务			
	满意	一般	不满意		满意	一般	不满意
（1）大堂副理	☐	☐	☐	（1）洁净	☐	☐	☐
（2）接待处	☐	☐	☐	（2）设施	☐	☐	☐
（3）行李员	☐	☐	☐	（3）服务	☐	☐	☐
（4）询问处	☐	☐	☐	（4）洗衣	☐	☐	☐
（5）电话员	☐	☐	☐	意见：			
（6）结账处	☐	☐	☐				
意见：							
3. 餐厅				4. 康乐			
	满意	一般	不满意		满意	一般	不满意
（1）一楼餐厅	☐	☐	☐	（1）游泳池	☐	☐	☐
（2）二楼餐厅	☐	☐	☐	（2）卡拉OK	☐	☐	☐
（3）西餐咖啡厅	☐	☐	☐	（3）桑拿健身	☐	☐	☐
意见：				（4）桌球室	☐	☐	☐
				（5）三楼餐厅	☐	☐	☐
				意见：			
5. 阁下订房是通过				6. 阁下为何选择本酒店			
（1）直接向酒店办理		☐		（1）以前住过		☐	
（2）旅行社办理		☐		（2）酒店声誉		☐	
（3）单位介绍		☐		（3）他人推荐		☐	
（4）参加会议		☐		（4）广告		☐	
（5）其他途径		☐		（5）其他原因		☐	
7. 对酒店总体评价				8. 阁下对酒店的其他意见和建议			
	满意	一般	不满意				
（1）卫生清洁	☐	☐	☐				
（2）服务态度	☐	☐	☐	姓名：			
（3）维修保养	☐	☐	☐	房号：			
（4）收费标准	☐	☐	☐	入住日期：			
（5）总体评价	☐	☐	☐	通信地址：			

　　除了在客房设置客人意见表以外，为了激励员工为客人提供更加优质的超值服务，还可在客房放置一张针对服务员的"表扬卡"（见表4-4），对于收到表扬卡的客房员工，管理人员应以某种特殊的方式给予表扬或奖励，使其成为其他员工学习的榜样。

表4-4　表扬卡

表 扬 卡
尊敬的客人： 　　您好! 　　感谢您下榻于××大酒店。我们很想知悉在您逗留本酒店期间，是否得到了超前服务。如果您能抽出时间填写此表扬卡，以帮助我们认可及鼓励为您提供超前服务、令您喜出望外的员工，我们将不胜感激。这对于被您提名表扬的员工有着极其重要的意义，谢谢! 　　您得到的超前服务是_____ 　　为您提供该服务的员工是_____　　提供该服务的日期是_____ 　　您的名字是_____　　房间号或联系电话是_____ 　　为方便起见，您只需将此卡交给您下榻酒店的任何员工即可，他们会非常乐意为您将卡片投入指定的信箱。

6. 开展客房服务质量检查

客房服务质量的检查是管理工作的重要环节，它包括工作数量检查、工作质量检查和物品消耗检查三个方面的内容。检查工作一般采取服务人员自查、领班专职检查、经理抽查和经理抽查的方式进行，并在完成工作定额的前提下，确保服务的质量，降低物资的消耗。

7. 做好客房原始记录管理

搞好客房原始记录管理，也是控制服务质量的一项有效措施。客房部的原始记录就是用一定的报表形式和文字说明将客房部在接待服务过程中发生的具体事实进行记录。这种记录具有经常性、广泛性和真实性，对于酒店经理掌握接待服务情况、提高客房管理水平有重要作用。客房的原始记录一般有以下几种。

（1）客房状况报表

客房状况检查通常每日三次，分别安排在11时、16时和20时。客房部（前厅）虽然依酒店住宿登记表将资料输入了计算机，或根据前厅通知房客退房资料，得知现有客房情况，但实际客房现况仍须核对。

"客房状况报表"就是由客房服务员亲自检查后填制的报表，根据该报表可以最终确认故障房号、住宿房号、退出房号等资料，以便计算机内的所有客房资料保持最新、最正确的状况。

（2）客房小冰箱日报表

客房部办公室根据文员输入计算机的客房小冰箱消费账，核对并填写日报表，于晚间10时左右送交前厅收银，以利夜间稽核作账。

（3）客人习性表

各台领班依据客人的特殊习惯或要求，如矮枕、席梦思床垫等，做成习性表，第一联交前厅，记录在客人历史资料档案里，第二联由客房部留底。

（4）DND客房检查报告表

楼层领班负责填写DND客房检查报告表，并在填妥后送交客房办公室，每日下午由客房办公室汇总后送交前厅处理。

（5）客房部夜床报表

下午5时至6时30分，开夜床时段里，服务员根据不能清洁的房号做成报表送交办公室，汇总后送交前厅处理。

（6）客房清理工作检查表

客房清理工作检查表由楼层领班负责填写。客房办公室于每日晨间将该表内的"特别注意事项""周保养""增加清理房间房号"填妥，各楼层领班到客房办公室取此表后，进行一天房务检查工作，于下班时交回客房办公室。该检查表内容大致包含房号、客房缺失、浴室设备状况及修理情形等。

（7）客房整理报告

客房整理报告由客房服务员负责填写。客房服务员根据其清洁的房间，逐一据实将报告填妥，第一联楼层自留，第二联则送交办公室。该报告内容包括各项备品的整理时间等。

（8）客房部夜间巡查记录

客房部夜间巡查记录由下午房领班负责填写。房务人员下班后，下午班房务当值经理于夜间巡查安全时，填写此表。

（9）夜间清洁检查表

夜间清洁检查表由大夜班房领班负责填写。大夜班房领班于夜间公共区域清洁工作完成时填写此表。

（10）冰箱饮料账单

冰箱饮料账单由客房服务员负责填写。客房服务员于清洁房间时，检查冰箱饮料，客人如有取用，则填写该账单，第一联置于冰箱旁，以便客人核对数量，第二、三联及第四联送交客房办公室，转交前厅收银，第五联则由客房部存底。

4.5 合理安排清洁卫生工作

客房日常清扫过程中，天花、高处的灯管、门窗、玻璃、墙角等处不可能每天清扫。这些地方的清扫服务一般通过计划卫生，即定期循环方式来完成，酒店经理须做好计划安排。

1. 日常清洁保养

（1）日常清洁保养的内容

客房日常清洁保养是指为保证客房基本水准而进行的日常清洁整理工作，主要内容如表4-5所示。

表4-5 日常清洁保养的内容

项目	要求及目的
各类客房的清洁整理	每天均需进行例行的清扫整理，以保证客房的整洁，为客人提供舒适的居住场所
晚间房间整理	档次较高的酒店会对客人提供夜床服务，其目的是体现酒店客房服务的规格，方便客人，为客人创造恬静幽雅的休息环境
房间用品的补充	清扫整理客房时须按规定补充客人已消耗的物品，以满足客人对日常用品的需求
客房设备用品的检查	清扫整理客房时，客房服务员应检查客房设备用品，以保证客房设备用品的完好，提高客人对客房产品的满意程度
客房的杀菌消毒	定期对客房进行杀菌消毒，可保持房间的卫生，防止传染病的发生和传播
楼层公共区域的清扫整理	每天均需清扫整理楼层公共区域，保持干净整洁
楼层工作间的清洁卫生工作	楼层工作间是存放物品，员工工作、休息的场所。做好工作间的清洁卫生工作，可为客房服务员提供一个良好的后台环境
客房工作车的整理及物品的补充	每天均须整理房务工作车并补充物品，工作车上的物品要整齐有序，取用方便。其目的是保证工作车的美观整洁，提高清洁整理客房的工作效率

（2）日常清洁保养的安排

客房日常性清洁保养工作应有统一安排与调控。通常的做法是：客房中心服务员根据当天客房出租率、人员排班及有关领导的特别指令和要求，通过《工作单》给每一当班人员分配具体工作任务。

在工作过程中，楼层经理、领班应根据工作进度及其他具体情况对下属员工进行指导监督，并合理调配。每一位员工在工作中要有全局观念和团队精神，分工不分家，互相支持、互相帮助。

2. 客房计划卫生

（1）了解计划卫生的内容

酒店经理在确定计划卫生的具体内容时，要将日常清洁保养的内容与计划卫生的内容区分开来。在确定客房计划卫生内容时可参考下列项目。

◇通风口除尘 ◇家具背后除尘
◇排风扇机罩和风叶除尘、除迹 ◇电话机消毒

◇电冰箱消毒　　　　　　　　　◇墙纸、墙布除尘

◇天花板除尘　　　　　　　　　◇家具上蜡

◇酒篮、鞋篮除尘　　　　　　　◇门顶除尘

◇金属器件除锈、抛光　　　　　◇床垫翻转

◇地毯、沙发、床头板的清洁　　◇皮革制品的抛光

◇毛毯、床罩、床裙、褥垫、被套的清洁　　◇枕芯的清洁

◇窗帘的清洁　　　　　　　　　◇工艺品、装饰品的除尘

◇百叶门、顶板的除尘　　　　　◇卫生间顶除迹

◇冰箱、便器除垢　　　　　　　◇下水口及管道喷药、除污

◇洁帘的清洁　　　　　　　　　◇镜柜除锈、上油

◇大理石面上蜡　　　　　　　　◇植物养护

◇顶灯的除尘　　　　　　　　　◇玻璃窗的擦拭

◇阳台的除污除迹　　　　　　　◇其他项目

上述各个项目中，由于物体受污染的速度快慢不一、清洁保养的难度有大有小，所以清洁保养的频率和周期也有所不同。在实际工作中，应根据这些具体情况，将所有周期性清洁保养的项目进行分类，如每三天一次、每周一次、每旬一次、每半月一次、每月一次、每季度一次、每半年一次或每年一次等。

（2）单项卫生计划安排

客房服务员在完成规定的房间清洁工作之后，应安排适当的单项卫生计划（见表4-6），以弥补平时工作上的不足。

表4-6　单项卫生计划安排表

单项卫生项目	清洁速度	每天工作量	清洁周期	使用工具	质量标准	注意事项
一、房间部分 1. 2. 3. 4. ……						
一、卫生间部分 1. 2. 3. 4. ……						

单项卫生计划的制订与实施程序如图4-4所示。

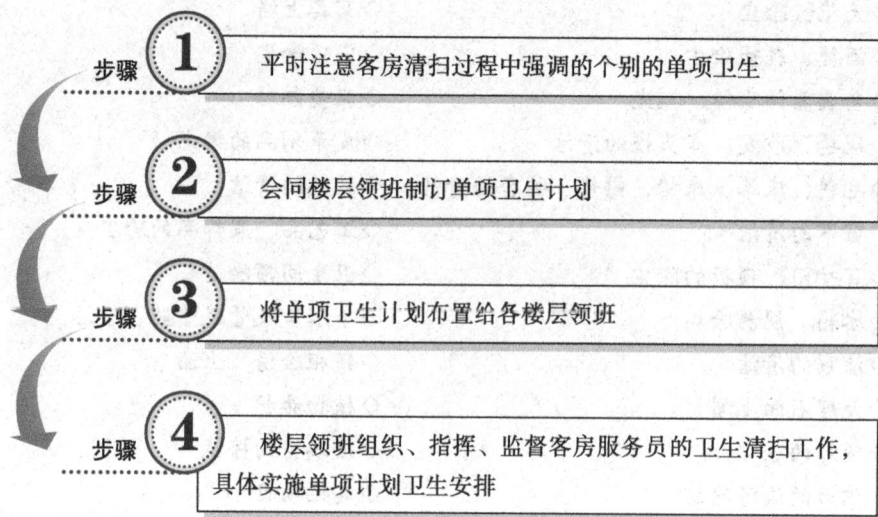

步骤 **1** 平时注意客房清扫过程中强调的个别的单项卫生

步骤 **2** 会同楼层领班制订单项卫生计划

步骤 **3** 将单项卫生计划布置给各楼层领班

步骤 **4** 楼层领班组织、指挥、监督客房服务员的卫生清扫工作，具体实施单项计划卫生安排

图4-4 单项卫生计划的制定与实施程序

（3）房间周期大清洁计划安排

房间周期大清洁计划的目的是确保房间处于清洁常新的状态。在制订该计划时可灵活运用表4-7。

表4-7 房间周期大清洁计划安排表

项目	周期	完成日期											
		1月	2月	3月	4月	5月	6月	7月	8月	9月	10月	11月	12月

周期大清洁计划的制订和实施工作程序如图4-5所示。

| 步骤 | 1 | 确定周期大清洁的工作进度 |

| 步骤 | 2 | 安排房间周期大清洁的工作进度 |

| 步骤 | 3 | 会同楼层领班确定每天须完成的工作量 |

| 步骤 | 4 | 确定每天每组必须完成的工作量 |

| 步骤 | 5 | 督导楼层领班检查和监督每组人员的工作质量 |

| 步骤 | 6 | 楼层主管听取有关汇报，阅读参与周期大清洁人员填写的工作报表 |

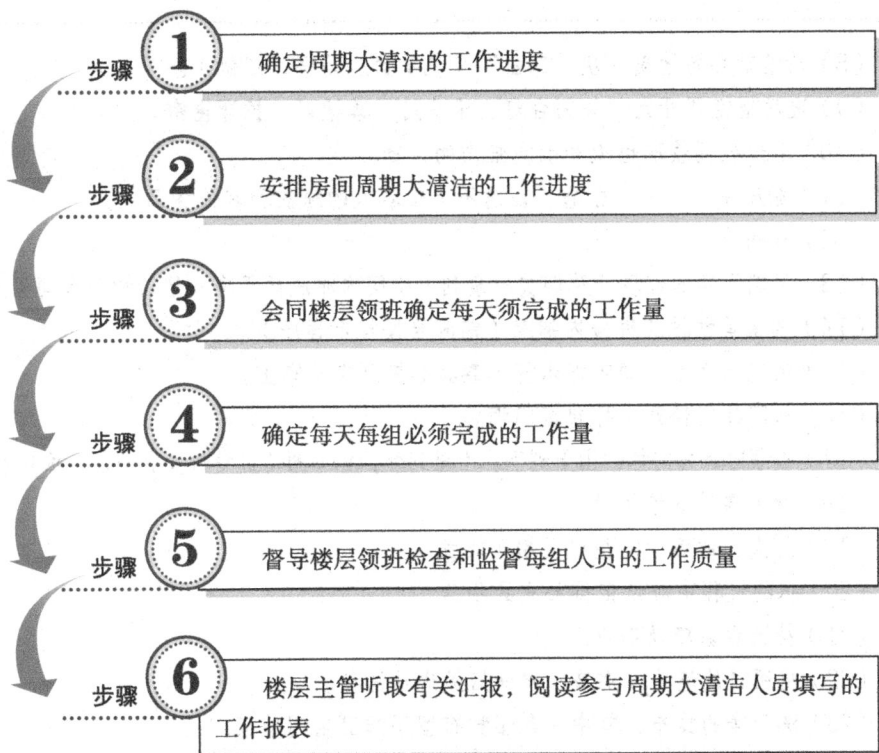

图4-5　周期大清洁计划的制订和实施工作程序

拓展阅读

客房房间清洁作业指导书

1. 必备工具

布草车、吸尘器、清洁篮、垃圾袋；三块湿布、一块干抹布、两快杯布、两块百洁布、橡皮手套、三块湿抹布。

2. 住客走客房工作流程

（1）站在门前30厘米处，面对窥视镜，用食指关节轻敲门三次，每次三下，每隔2~3秒。

（2）报称："House keeping""您好，服务员"。

（3）缓缓把门推开。

（4）清洁篮摆放于面台上靠门一边。

（5）同时带上三条抹布（两湿一干）。

（6）用垃圾袋收取卫生间内的垃圾。

（7）把客人用过的"四布"（面巾、方巾、浴巾、地巾）卷好放在卫生间门口。

（续）

（8）清洁剂均匀地喷一次"三缸"（洗手盆、马桶、浴缸）。

（9）进房把空调开大，关闭台灯、床头灯、落地灯，拉开窗帘。

（10）用垃圾桶收取垃圾和烟灰缸内的杂物。

（11）撤床单，一张一张撤（注意不夹带客人的睡衣和其他物品）。

（12）撤毛毯。

（13）将倒干净的垃圾桶及烟灰缸拿到卫生间内冲洗抹干净，然后放回房间原处。

（14）拿床单和枕套进房内铺床（铺床要按规定程序）。

（15）铺完床之后，顺带把水杯、茶具等撤到布草车上。

（16）从门外门铃开始抹起至门框。

（17）按顺时针方向抹，由上到下，由里到外，抹一圈（边角位及底部均要抹到）。

（18）物品要按规格摆放。

（19）灯泡、镜面、电视机要用干布抹。

（20）抹的过程中应默记待补充的物品。

（21）抹窗台玻璃及四框。

（22）将用过的皂头、浴液、发液瓶放进清洁篮。

（23）洗干净的抹布，其中一条湿抹布留下抹卫生间地板。

（24）用清洁剂全面喷一次"三缸"，用手刷刷洗脸盆、浴缸，然后用花洒放水冲洗。

（25）用马桶刷刷马桶（注意二块盖板及底座的卫生）。

（26）用干抹布抹干卫生间内的水渍（由镜开始，顺时针抹一次，注意小金属器要发亮）。

（27）要默记卫生间需补充的物品。

（28）补充卫生间内备品，卫生纸要折好角。

（29）用湿抹布抹干净地面。

（30）补充房内物品（注意各种物品均需按规格摆好）。

（31）吸地毯顺纹向同一方向推把。

（32）吸边角位（梳妆凳底，床头柜底）。

（33）吸卫生间地面（注意吸地面上的头发）。

（34）吸尘器用完之后放于布草车侧面。

（35）空调调到最低档。

（36）检查窗帘、床铺是否整齐，地毯是否有杂物。

（37）检查卫生间镜面、"三缸"、小金属器是否干净。

（38）关总开关，关门。

注：住客房和走客房操作程序基本一样，一般情况下，住房不要求每天更换香皂，但要视香皂的使用程序而定，长住房每日均要求补充日常的易耗品。

（续）

2. 空房清洁作业指导书

（1）工具：两湿一干三条抹布（和在住房程序相同）。

（2）站在门前30厘米处，面对窥视镜，用食指关节轻敲门三次，每次三下，每隔2~3秒。

（3）报称："House keeping""您好，服务员"（虽是空房，也要按规范执行）。

（4）缓缓把门推开，开始清扫，以检查、擦尘为主。

（5）卫生间马桶放水，地漏冲水排异味，抹卫生间浮尘（浴缸水龙头、花洒隔两三天应放锈水一次，并注意清洗抹干）。

（6）检查房间设施、设备情况，检查天花板有否蜘蛛网，地面有无虫类，熄灯关门。

（7）如当天有客（预抵），要换好开水，将空调至低档，自查后离房填表。

3. 开夜床

（1）进房程序同住客房。进入房间时应打开壁灯，拉上厚窗帘。

（2）床罩叠好放在行李柜上。

（3）打开床头灯，开床时应将靠近床头一侧的毛毯连同第二条床单向外墙掀起，且长度为60厘米，翻成90度缺角使客人就寝方便。注意开夜床开靠电话一侧将客人睡衣放在开床一边，更换用过的玻璃杯、烟灰缸。

（4）清倒纸篓内垃圾，桌面如不清洁，应将其擦拭干净。

（5）普通房间整理结束后，房间只开一盏桌头灯，VIP房间应将所有灯打开以示重视。

（6）将整理房间的进出时间填写在"工作单"上，并在"工作单"上填写房间所人数。

（7）进行浴室整理，更换使用过的玻璃杯，更换使用过的浴巾、中巾、方巾、地巾，检查浴室内卫生纸是否需要补充，面盆、浴盆、马桶如被使用有污迹，应进行冲洗并擦拭干净。

4. 做床

（1）床拉出60厘米，撤下脏床单、枕套，撤单时要一层一层撤，以防止客人物品被裹带出来。撤下的毛毯、枕芯放在椅子和行李架上，不得放在地毯上。床屉、垫单放平，并注意是否清洁，如弄脏要及时更换新的垫单。

（2）做床时应注意床垫是否需换头和翻面，一般要求每3个月换头、翻面一次，这样可以使床垫寿命延长，并使客人睡时感到平稳、舒适。

（3）将脏床单、枕套、客人用过的棉织，放入工作车脏布巾收集袋内，取回所需的新床单，枕套和毛巾。在更换棉织品时，应将房间内垃圾收集在纸篓中并随着带出房间，倒入工作车垃圾袋内，并更换新的塑料垃圾袋。

（4）铺床时应将第一条床单铺在床上（正面向上），将床单包好一端成45度

（续）

角。铺新床单时要使床单的折中红下对床头中线，使两边长短一致，并将床单其他三角分别以45度角塞入床屉与床垫中。

（5）铺第二层床单（正面向下），要求与一边拉齐，第二层床单折中线与一层床单重合。

（6）毛毯铺在第二层床单上与床头距25厘米左右。

（7）如果是VIP或商业客户套房，要在毛毯铺第三层床单，床单顶端与毛毯拉齐（床单正面朝上）。

（8）将第二层床单反折盖在毛毯或第三层床单的前端，并将一端的床单、毛毯塞入床屉、床垫之间，塞时要拉紧床单和毛毯。

（9）逆时针方向将床单和毛毯塞入床屉、床垫之间，床尾两角要做成45度角。

（10）将枕芯塞入枕套，封口，两个枕头应口对口并排放在床头。

（11）将床罩对尾一端铺好，床罩上端反折包住扣于床头，最后将床推回原位。

4.6 建立客房检查制度

标准的建立使客房清洁保养工作有了规范和目标，但能否达到目标，则需要通过检查这一手段来保证。

1. 客房内部逐级检查制度

逐级检查制度即包括服务员自查、领班普查、楼层经理抽查和客房部经理抽查的四级检查制度，是确保客房清洁质量的有效方法。

（1）服务员自查

服务员每整理完一间客房，要对客房的清洁卫生状况、物品的摆放和设备家具是否需要维修等进行检查。服务员自查的重点是客房设施设备是否好用、正常，客用品是否按规定的标准、数量摆放。自查的方式是边擦拭灰尘边检查。此外，在清扫完房间，准备关门前，还应对整个房间进行一次回顾式检查。

为了使服务员自查工作落到实处，在客房清扫整理的操作程序中应加以规定和要求。

（2）领班普查

领班普查是服务员自查后的第一关，常常也是最后一道关。领班负责合格房间的报告，总台据此将该客房向客人出租，因此，必须加强领班的监督职能，让其从事专职的某楼层的客房检查和协调工作。

一般情况下，领班查房的顺序应按环形路线顺序进行，发现问题及时记录并解决，如图4-6所示。

要点 **1**	首先检查那些已列入预订出租的房间	
要点 **2**	尽快对每一间整理完毕的走客房进行检查，合格后尽快向客房中心报告	
要点 **3**	检查每一间空房的VIP房	
要点 **4**	检查维修房，了解维修进度和家具设备状况	
要点 **5**	检查每一间外宿房并报告总台	

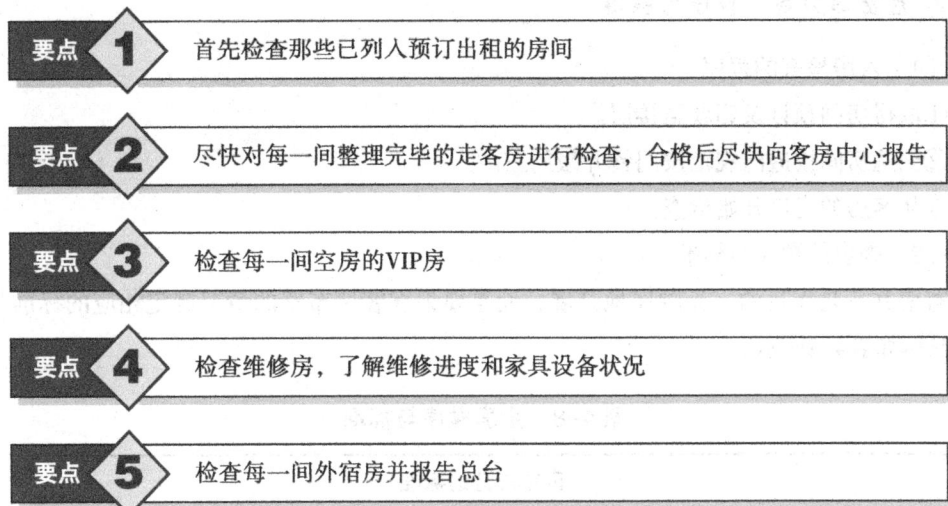

图4-6 领班检查客房要点

（3）楼层经理抽查

楼层经理是客房清洁卫生任务的主要指挥者。加强服务现场的督导和检查，是楼层经理的主要职责之一。楼层经理检查的方式是抽查。抽查的好处在于这种检查事先并未通知，是一种突然袭击，因此检查的结果往往比较真实。

楼层经理对客房清洁卫生质量进行抽查的数量一般可控制在20个房间左右。

经理主要检查领班实际完成的查房数量和质量，抽查领班查过的房间，以观察其是否贯彻了上级的管理意图，以及领班掌握检查标准和项目的宽严尺度是否得当。经理在抽查客房卫生的同时，还应对客房公共区域的清洁状况，员工的劳动纪律、礼节礼貌、服务规范等进行检查，确保所管辖区域的正常运转。

楼层经理检查的重点是：检查每一间VIP房和维修房，促使其尽快投入使用。

（4）客房部经理抽查

楼层清洁卫生工作是客房部工作的主体。客房部经理也应拿出1/2以上的时间到楼面巡视和抽查客房的清洁卫生质量。这对于掌握员工的工作状况、改进管理方法、修订操作标准、更多地了解客人意见具有十分重要的意义。客房部经理抽查的房间应每天保持一定的数量，应特别注意对VIP客房的检查。

小贴士

　　客房的逐级检查制度应一级比一级严，因此，经理的查房要高标准、严要求，亦即被称为"白手套"式的检查。经理的检查宜不定期、不定时，检查的重点是房间清洁卫生的整体效果、服务员工作的整体水平如何，以及是否体现了自己的管理意图。

2. 查房的内容、程序与标准

（1）入房检查的程序

①取得房间预订及钥匙至楼层。

②到达房间按进门规范按门铃并敲门三声。

③从客房的门口开始检查。

（2）查房的顺序与标准

查房并不是无目的、无顺序地开展，而是要根据客房布置的情况制定相应的标准与程序，具体如表4-8所示。

表4-8　查房顺序与标准

卧室部分的标准		
顺序	项目	标准
1	房门	（1）门边上的门铃上无污迹，正常好用 （2）门、门框擦洗干净，把手光亮、无污迹 （3）门开动灵活、无吱呀声 （4）房间号码牌清楚，窥镜无污迹，门反锁良好 （5）门后"请勿打扰""请速打扫"牌无污迹 （6）门后磁吸及闭门器正常、好用 （7）门后的安全疏散图完好、无污迹、无翘起
2	壁柜	（1）壁柜内外无灰尘，衣架及衣架杆无灰尘 （2）门轨无损坏，柜门正常、好开 （3）衣架配备齐全、摆放规范，鞋篮、保险柜摆放规范 （4）棉被或毛毯摆放规范
3	酒吧柜	（1）酒吧柜表面清洁，玻璃及镜子无污迹 （2）电热水瓶无污迹，瓶口不漏水，茶盘无灰尘 （3）冷水瓶、茶杯、冷水杯、茶叶缸清洁无污迹 （4）零食架内物品摆放规范、无灰
4	电冰箱	（1）内外干净、工作正常 （2）饮料按规定配齐，确保在保质期内 （3）冰箱刻度按规范调节
5	行李柜	干净、稳固、无灰尘
6	电视柜	（1）柜面干净、无灰 （2）柜门开关灵活，转盘或轨道正常、好用 （3）电视机荧光屏外壳干净、无灰 （4）音质良好，图像清晰、稳定

顺序	项目	标准
7	写字台	（1）桌椅及沙发部位无灰尘，抽屉内外干净 （2）服务指南内容齐全，无污迹、无破损，摆放规范 （3）抽屉内洗衣袋（两只）及洗衣清单（一式三份）配齐、摆放规范（左面大华字样洗衣袋内夹水洗单，并将页眉外露。右面酒店字样洗衣袋内夹干洗单，并将页眉外露）
8	茶几	（1）茶几擦净（特别是我们北楼茶几玻璃下的档条），烟灰缸清洁无污迹 （2）火柴、圈椅及茶几摆放规范。（烟灰缸摆放时注意店标）
9	窗户	（1）窗框、窗台无灰尘，玻璃清洁明亮 （2）窗帘无破损、污迹，窗帘轨、钩完好 （3）窗帘箱内及窗台外四周无蜘蛛网
10	床头柜	（1）柜内外无灰尘 （2）灯光及电视等的开关完好 （3）电话机正常干净，电话线无绕线
11	床	（1）床铺得规范匀称 （2）床单、被套、护垫、枕套、床头板干净、无破损 （3）床脚稳固
12	灯具	（1）所有灯具、灯泡及灯罩无落灰 （2）灯罩接缝朝向应按规范朝内 （3）开关完好、无污迹
13	空调	（1）运转正常 （2）开关上无污迹、开关刻度按照规范（以领班通知为准） （3）进、出风口无蜘蛛网
14	天花板	（1）无蜘蛛网 （2）无裂纹和小水泡（如有，说明天花板漏水，应及时报修） （3）石膏线无裂纹
15	墙壁	（1）墙纸无污迹和脱落之处 （2）墙上挂的画要摆正、无灰尘 （3）全身镜无灰尘、无污迹
16	贴脚线	无落灰及污迹
17	地毯	（1）干净、无污迹或破损线头 （2）靠贴脚线处无小垃圾
18	垃圾桶	（1）桶内外清洗干净 （2）垃圾袋按规范套好 （3）按规范摆放

顺序	项目	标准
		卫生间部分的标准
1	门	（1）门锁清洁、正常 （2）门下出气孔干净、无落灰 （3）门擦洗干净、无污迹 （4）门后磁吸正常 （5）门开动灵活，无吱呀声
2	灯	灯正常，开关、插头灵活好用，无污迹、无破损
3	干肤器、吹风机	（1）干净、无污迹 （2）正常、好用
4	换气扇	（1）干净、运转正常 （2）卫生间顶干净、无污迹、无蜘蛛网
5	墙壁	（1）瓷砖干净、无破损 （2）浴缸上三块瓷砖必须每天擦洗，做到干净光亮 （3）皂槽干净、无污迹
6	洗脸池	（1）内外无污迹、水珠 （2）不锈钢笼头、水池下弯管干净、光亮 （3）云台及易耗品盘要擦干净、无灰尘 （4）易耗品要配齐，并按规范摆放 （5）镜面无污迹、水珠 （6）烟灰缸清洁、无污迹 （7）面巾纸架干净、无污迹，摆放规范
7	浴缸	（1）浴缸内外擦洗干净、无污迹、无毛发 （2）冷、热水笼头及落水塞子正常、好用 （3）不锈钢笼头、浴缸扶手、浴帘杆干净光亮、牢固 （4）浴帘干净无异味并按规范拉好 （5）晒衣绳架完好、光亮
8	恭桶	（1）已消毒、无异味、正常、好用 （2）恭桶盖、坐圈及桶内外擦洗干净 （3）三角阀处擦干净 （4）卫生纸架无污迹光亮 （5）卫生纸按规范折角
9	四巾	（1）四巾架干净、光亮牢固 （2）四巾按规范折叠摆放，无污迹破损
10	地面	（1）清洁、无水渍、无毛发 （2）地漏干净，定期喷药

3. 查房的具体方法

为提高客房检查的效率，保证客房检查的效果，应通过看、摸、试、听、嗅等方法，对客房进行全方位的检查，具体如表4-9所示。

表4-9 查房的具体方法

查房方法	操作步骤和要求
看	查房时，要查看客房是否清洁卫生，客房物品是否配备齐全并按规定摆放，客房设备是否处于正常完好状态，客房整体效果是否整洁美观
摸	对客房有些不易查看或难以查看清楚的地方，如踢脚线、边角旮旯等，需用手擦拭，检查是否干净
试	客房设施设备运转是否正常、良好，除查看外还需试用，如试用卫生间浴缸和洗脸盆、水龙头放水、使用电视机摇控器等
听	客房室内噪音是否在允许范围内，日常检查主要靠听来判断，无法判断的再借助于相关仪器检测。另外，检查客房设施设备，在看、试的同时，还需用耳听是否有异常声响，如卫生间水龙头是否有滴、漏水声，空调噪音是否过大等
嗅	客房内是否有异味、空气是否清新，需要靠嗅觉来判断

4.7 客房安全管理

1. 钥匙保管

（1）钥匙的种类

①客房专用钥匙：只能开启某一个房间，不能互相通用，供客人使用。

②楼层或区域通用钥匙：可以开启某一楼层或某一楼层内某个区域内的所有客房，供客房部经理、领班及服务员工作之用。

③全通用钥匙：可以开各楼层所有的客房，供客房部正、副经理使用。

（2）钥匙的控制措施

各酒店由于硬件设施和对客人服务模式不同，钥匙管理方式也有所区别，但不管采用电子门锁还是普通门锁，对钥匙的分发、领取、交回等方面都应实行严格的管理方式。

①钥匙的管理。多数酒店客房部的钥匙由客房部办公室人员直接负责，在办公室内设有存放钥匙的钥匙箱或钥匙柜，在不用时应加锁，箱内每把钥匙都应有编号，以明确其开启的楼层和房间号。

②钥匙的发放。员工如需使用，应到客房部办公室根据其工作的区域领取有关钥匙，客房部办公室应备有钥匙发放交回登记本（见表4-10），内容应包括领取钥匙的时间、钥

匙的编号、领取日期及领取人签名等内容，任何人不能在未签领的情况下取走钥匙。

表4-10　钥匙发放交回登记本

序号	领取时间	钥匙编号	领取日期	领取人签名	交回时间	收匙人签名

③钥匙交回。任何人使用完钥匙后应尽快将钥匙交回客房部，并在钥匙发放交回登记本上签字，标明交回时间，任何人不得将钥匙带出酒店。

④钥匙的使用。钥匙领取后，员工应对所掌握的钥匙负责，任何人不得将钥匙转交给他人使用，钥匙应随身携带以免丢失，一旦发现钥匙有损坏的迹象应及时报告，及时补充新钥匙。

⑤钥匙的交接班。钥匙的交接班是办公室人员交接班时一项重要且必不可少的工作内容，应认真核对钥匙箱中存放的钥匙，钥匙的编号是否相符，对于发放出去的钥匙在登记本中应有明确登记，确保持钥匙人确实在上班。在下班高峰期一定要严格检查并收回钥匙，及时发现那些因急于下班而忘记还钥匙的员工，追回钥匙。

2. 巡视过道

客房部管理人员服务人员以及安保部人员对客房过道认真地巡视，也是保证客房安全的一个有力措施。巡视的内容如图4-7所示。

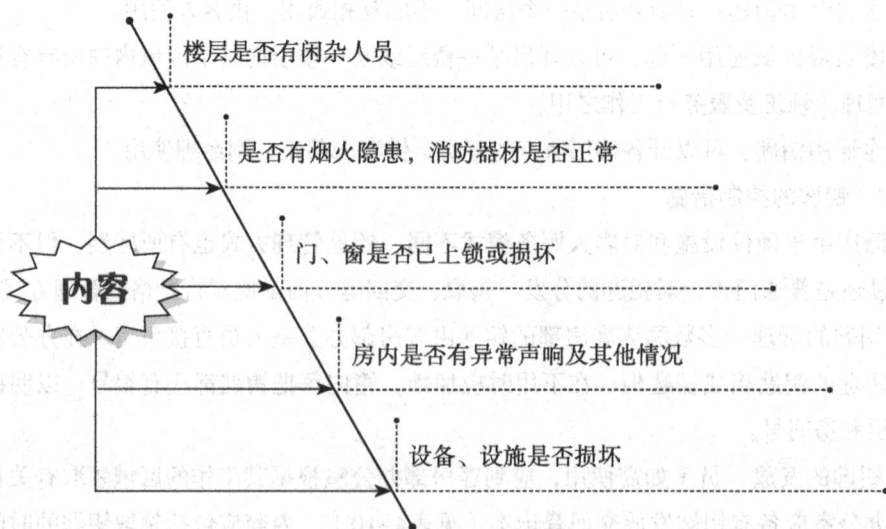

内容

- 楼层是否有闲杂人员
- 是否有烟火隐患，消防器材是否正常
- 门、窗是否已上锁或损坏
- 房内是否有异常声响及其他情况
- 设备、设施是否损坏

图4-7　巡视的内容

3. 房内安全控制

（1）客人的安全

客房是客人暂居的主要场所和客人财物的存放处，因此客房内的安全至关重要。客房部应从设备的配备及工作程序的设计两个方面来保证客人在客房内的人身及财物安全。

（2）员工的自我防护

客房服务人员大多数都是女性，有时候会受到客人的骚扰，因此，经理有必要教导她们在工作中的自我防护知识，对客人即要彬彬有礼、热情主动，还要保持一定距离。

①客人召唤入房时，要将房门打开，对客人关门要保持警惕，客人邀请时不要坐下，更不要坐在床上。

②尽量找借口拒绝客人邀请出外。

③不要轻信和陶醉在客人的花言巧语中而失去警戒。

4. 消防安全

火灾对一座现代化的酒店来说是致命的灾害，高层建筑一旦失火将无可挽救，必然会造成不可估量的人、财、物损失，因此酒店的防火工作应有完整、健全的措施，每位员工都应接受一定的防火、救火常识训练。

5. 失物保管

客人在住店期间或离店时，难免会遗忘或丢失物品，因此酒店要严格规定员工在本酒店范围发现客人的失物时必须如数上交，并做好记录，具体操作如下。

（1）当发现客人遗失或丢失的物品，应在第一时间内上报部门经理以上的管理人员。

（2）将拾到的物品清点过后，填写失物登记表（见表4-11）。

表4-11　失物登记表

房号		姓名		上交时间		发现时间	
遗留物名称				发现地点			
备注：							
经办人				交物人			
客人领取签名				领取时间			

备注：一式三联，一联由客人保留，一联由楼层保存，一联存根。

6. 紧急事故处理

在客房中有可能发生以下紧急事故，对于这些事故，经理应该能预见到，并且制定相应的处理程序在员工中加以培训。

（1）住客伤病处理

任何员工在任何场合发现有伤病的客人应立即报告，尤其是客房部的服务员及管理人员在工作中，应随时注意是否有伤病客人，如果发现后，应立即请相关人员予以医治。

（2）醉酒住客的处理

醉酒客人的破坏性较大，轻则行为失态，大吵大闹，随地呕吐，重则危及生命及客房设备与家具，或酿成更大的事故。客房服务员遇上醉客时，应保持理智、机警，应根据醉酒客人不同的种类及特征，分别处理。

（3）停电事故的处理

停电事故可能是外部供电系统引起，也可能是酒店内部造成的，对酒店来说应配备有紧急供电装置，同时要做好客人解释工作并确保其安全。

（4）客人死亡的处理

如发现客人在客房内死亡，应立即将该房双锁，通知保安人员来现场，将现场加以保护，由安保部门报案，由公安部门专业人员来调查及验尸，并判断死因。

如客人属自然死亡，经公安部门出具证明，由酒店向死者家属发出，并进行事后处理，如公安部门断为非正常死亡，则酒店应配合公安部门深入调查客人死因。

下面是某酒店客房部安全管理制度的范本，供读者参考。

范本

××酒店客房部的安全管理制度

一、客房区域安全岗位责任制

1. 客房安全遵照"谁主管、谁负责"的原则，承担岗位安全责任，做到"谁在岗谁负责、谁操作谁负责"维护工作环境的安全。

2. 服务员进入房间服务时，如客人不在房间要敞开房门，并用工作车横堵住门，房间房卡随时带在身上，要开一间打扫一间，打扫完一间锁一间，并按规定记录进出时间。打扫房间时不得翻动客人的任何物品。

3. 服务员在工作区域遇到陌生人时，要及时询问，不能随便回答对住店客人情况的询问，对要求会见住店客人的客人，要先用电话与客人联系，待征得客人同意后方能进房。

如客人不在，在任何情况下绝对不准以任何理由为来访者打开住店客人的房门，同时也不准来访者以任何理由从客人房间拿走任何物品。

4. 打扫房间时如有客人回房间，须确认客人身份，要请客人出示房间房卡，确认房间房卡能打开房门时将客人留在房间并征求客人意见是否可以继续清扫房间；如客人身份不符，须及时上报，暂不能让客人进入房间。客人如有异常行为立即报告安保部。

（续）

5. 对入店客人的行李要及时放入房间，对离店客人放在房门外时间过长的行李要注意照看，并催行李员及时取走。

6. 服务员如发现客人遗留的污秽物品应直接交给客房部速转交安保部，任何人不得传看、私留。

7. 对客人遗留物品，任何人不得吃、喝、拿、用，应及时上交做好登记。

8. 接到客人报案或发现可疑情况，应马上报告直接领导，同时报告安保部，不得随便处理现场。

9. 客房部不能代替客人收存信件、包裹等物品。如有强行进入房间的要立即向有关部门和上级报告。

二、消防安全岗位责任制

1. 消防安全管理工作应逐级落实到每个人、每个岗位，做到"谁主管谁负责，谁操作谁负责"，以维护工作环境的安全。

2. 消防安全员每周进行一次消防安全检查，发现隐患立即排除，对解决不了的问题要立即报告，特别是消防安保部提出需解决的隐患问题，应立即进行整改。

3. 在岗人员必须会使用消防器材，熟悉报警及灭火装置，并熟知酒店火警电话。

4. 酒店楼梯、楼道、电梯轿厢内等公共区域禁止吸烟。

5. 严格检查垃圾中有无未熄灭的烟头及其他火种，以防倒进垃圾箱内引燃起火。

6. 严禁无关人员进入客房区域及客人房间，严禁在客房内存放易燃物品。

7. 服务员在工作区域内，随时注意发现情况及时排除火灾事故苗头。

8. 库房内严禁吸烟和使用明火，禁止存放汽油、酒精等易燃危险物品，无关人员不得入内，下班后要切断电源、锁好门窗。

三、房卡管理规定

1. 每天7：50到服务台领取房卡，填写房卡登记时，要逐项填写清楚，不准代填、漏填和乱填，更不准不填。

2. 工作时间房卡必须随身携带，严禁乱扔、乱放。

3. 房卡不准转交他人使用或代为保管。

4. 工作时间不准同时打开数个房间，清扫完后将门锁好。

5. 下班后必须将房卡交回，并履行签字手续。

6. 房卡如有损坏或丢失，应立即报告客房部，由领班审批后方可交有关部门重新配制。

7. 中午换班吃饭时间，为其他楼层保管房卡，要报各区服务台（服务中心），并报出自己的准确位置。

四、会客登记制度

1. 客房部员工必须坚持会客登记制度。

（续）

2. 服务员必须问清来访者要见客人的房号、姓名、地区（工作单位）等情况。

3. 会客登记前，服务员必须将所问询的情况与总台、服务中心的计算机登记情况进行核查。

4. 确认核查无误时，先打电话到客人房间与其联系，询问是否同意会客，并让会客人进行登记。

5. 特殊情况下，不能代为填写"登记"，登记时要逐项填写清楚，并验证。

6. 将"会客登记"附联交给客人，会客完毕将"登记单"收回，但要有会见客人的签字，并与存根一并保存好。

7. 住店客人信息情况不得随意泄露，也不得转告他人。

8. 客人外出如留言，同意来访者进房时，要问明各种情况和特征，待见到来访者时要登记、验证并确认是否与客人留言情况相符合，如相符方可进入房间。

9. 客人外出没有留言，不得让来访者进入房间。如来访者要求留言时，要将留言条放在房间明显的位置，待客人回来时主动提醒客人，并告知情况。

10. 如有来访者对所需会见客人各种情况不了解或情况可疑时，立即通知安保部。

11. 楼层杜绝各类外来推销人员，发现可疑情况，及时与安保部联系。

12. 晚间会见客人，应礼貌地提醒客人会客离店时间。

五、开门安全程序

1. 服务员必须确认客人是否持有有效房卡，并确认客人的房号、姓名、有效日期是否准确无误。

2. 夜班服务员遇到客人要开门时，经确认上述内容有误时，及时与总台联系并报值班经理。

3. 打扫房时，如遇到客人开门回到房间，必须请客人出示房卡核实身份，报服务中心记录。

4. 特殊情况如有客人要开门时，没有房卡或忘带房卡及时与前台联系检验其他有效证件，未确认时要经有关部门同意。

5. 严禁为陌生客人开门。

6. 遇有紧急或可疑情况时应立即报告安保部。

六、电梯安全管理制度

1. 为保证乘客安全，在用电梯高峰时，积极疏导客人，严禁电梯超载运行，并严禁在轿厢内打闹。

2. 电梯运行出现不正常时立即停梯，并与工程部门联系，等待故障排除，在专业人员确定故障排除后方可运行，严禁电梯带"病"运行。

3. 电梯维修期间要在施工现场设置明确标识，以防乘客误入正在维修中的电梯。

4. 做好电梯的清洁卫生工作，给乘客安全、卫生的乘梯环境。

（续）

七、洗衣房消防安全管理制度

1. 洗衣房内严禁吸烟。

2. 洗衣房内不得堆放易燃、易爆物品，保证通道畅通。

3. 经常检查室内照明设备，不乱拉电线，发现问题及时找电工维修。

4. 库房内严禁使用电炉子、电热水棒等电器设备。

5. 洗衣房内配备的灭火器材要保持干净，不得挪作他用。

6. 凡违反上述规定者，酒店给予警告、罚款处理，情节严重的将按消防法处理。

八、库房消防管理制度

1. 库房严禁吸烟和使用明火并设有标志牌。

2. 库房内严禁使用电炉子、电热水棒等电器设备。

3. 库房门口及通道不准堵塞，要保持通道畅通，非本库人员不得入内。

4. 库房内不准乱拉电线并保持线路开关良好，如有损坏应及时找电工人员修复。

5. 根据不同货物分类、分货架存放，对易燃、易爆化学物品的存放要按规定分开存放，并有灭火器材配备。

6. 对库房内的消防器材要妥善保管，不得挪作他用。

7. 违反上述规定者，酒店给予警告、罚款处理，情节严重的按消防法给予处理。

4.8 客房设备管理

客房设备管理是酒店的一个重要组成部分，是酒店提高服务质量的必要物质条件，是提高经济效益的重要途径。

1. 设定客房设备配备标准

酒店应根据自身的星级标准和酒店各类房的性质、要求，设定客房设备配备标准，填写于客房设备配置表（见表4-12）中。

表4-12　客房设备配置表

客房类别 设备名称	标准间	豪华间	复式房	普通套房	家庭套房	大套房 （总统套房）

119

2. 设备采购

在设备的采购方面应注意选型，既要保证技术上的先进又要经济合理。技术上的先进主要指应与酒店的等级、规模、环境、格调相一致，要使用方便灵活，要可造就不同的工作环境和条件，能减轻劳动者工作强度，改善工作条件，要有防止各类事故发生的预防装置，另外还应注意环保性，如设备的噪音等。经济合理主要指节能及设备的售后服务和维修。

3. 设备档案的建立

客房部所有设备都应根据其分类列入进货档案，对每件设备注明采购日期、货源、价格和其他有关信息，同时应将设备的有关资料做好记录，以便掌握某一种设备从采购到使用到维修的全套资料，从而帮助管理层了解某种品牌设备的购置是否合理，并为购置新设备提供资料。

4. 日常维护保养计划

客房部应对其所属的设备、机器制订日常维修保养计划，其中包括对使用者的培训、设备的清洁保养制度及与专家或供应商签订的维修合同，以保证设备处于完好状态。

5. 归口管理，明确责任

客房部是一个很大的部门，其中分楼层部、公共区域部、洗衣场、棉织品室等。各部门应对设备进行归口管理，谁使用谁负责，建立完善的责任制度，避免造成只用不修，只用不管的现象，调动员工积极性，与管理层共同管理好、使用好、维护好设备。

6. 对机器设备的使用者进行培训

随着科学技术的发展与进步，不断有新型清洁机器设备投放到清洁工作中，代替以往人工操作的清洁工作，客房和公共区域清洁工作越来越依赖于新的机器和设备。由于这些设备的使用减少了人力支出，使清洁工作更具现代化，大大提高了工作效率，然而这些机器设备成本高、造价高，需要良好的维护保养。为降低机器设备的损坏率，除了正常的定期的维护保养以外，对使用者进行有效、完整、系统的培训，也变得越来越重要。通过培训，可以使使用者了解机器的性能、结构、原理、功能、操作常识、维护常识等，从而使使用者会使用、会保养、会排除简单故障，避免由于使用不当、保管不善而造成机器设备损坏或人身危险，增加维修费用，降低劳动效率。

4.9 客房用品控制

客房用品是客房损耗最大的一点，也是成本控制的重点。其实，做好客房用品的控制工作并不难，只要你按照以下方法去做。

1. 设定客房用品配备标准

（1）客房客用物品的配备标准

要对客房的用品加以控制，首先要详细规定各种类型、等级客房各种用品的配备数量、使用周期、质量标准及摆放位置，并以书面形式（见表4-13）确定下来，最好配上图片。这样，在领用、更换过程中便可有据可循，也有利于进行损耗分析。

表4-13　客房用品配置标准

功能区	用品名称	单位	数量	使用周期	质量标准	位置	备注
门厅	请勿打扰牌、请即打扫牌	每房					
	早餐牌						
卫生间	浴帘						
	大巾						
	中巾						
	小巾						
	脚巾						
	洗发液						
	沐浴液						
	牙刷						
	……						
起居空间	圆珠笔						
	送餐服务表						
	水洗衣物袋						
	茶叶						
	水杯						
	……						
睡眠空间	床单						
	毛毯						
	……						

注：客房功能区是指门厅、卫生间、起居空间和睡眠空间。

（2）楼层小仓库客房用品的配备标准

楼层小仓库配备的客房消耗用品以一周使用量为宜，非消耗品，则应根据各楼层的客房数量及客情等具体情况确定合理的数量标准。配备物品的品种、数量等应用卡或表格标明，并贴在库房内，以供盘点和申领时对照。

（3）中心库房的配备标准

客房地产部通常设有中心库房，储备客房部的常用物品。通常客用消耗物品的配备以一月使用量为宜，其他物品则应根据实际使用和消耗情况及周转频率确定。

2. 制度控制

对于客房用品，酒店经理可通过制定一系列制度和表单来加以控制。

（1）物资用品采购制度

经营客房各种物品的采购以需要为原则，由客房部统一填写采购单（见表4-14），由客房部经理审查签字后，报采购部和总经理批准。凡是库房内有存货的客房用品，一律不购或缓购。

表4-14　申请订货单

部门：　　　　　　　　　　　　　　　　填写日期：

项目编号	要求数量	单位	物品摘要	现存数量	上次购买		供应商报价			购货单
					日期	价格	A	B	C	
采购理由		预算		运费与保险			申购部门经理			日期
				采购方式			成本控制总监			
							采购经理			
				要求送货日期			财务总监			
							总经理			

（2）班组物品领用制度

楼层各班组领用消耗物品时，必须填写申领单（见表4-15），报文员审查。领用数量以单房配备为标准，根据客房出租间次和间隔时间限额发放。

表4-15　楼层领料单

楼层：　　　　　　　　　　　　　　　　　　　　　　　　　　No.

编号	品名	规格型号	单位	申请数量	实发数量	单价	金额
领料人		发料人			领料日期		

备注：一式二联，一联由楼层存根，一联由内勤存根。

（3）客房物品消耗记录制度

①客房各班组和服务员每天清扫客房，撤换棉织品和各种消耗用品，补充各种清洁用品，并按客房逐间做好记录，填写于"做房报告"（见表4-16）中。撤换和补充的品种数量必须与房间规格相适应。

②该表格每天交文员进行检查，定期汇总，为降低费用开支提供信息反馈。

表4-16　房务员做房报告

楼层：　　　　　　　　姓名：　　　　　　　　　　　日期：

房号	客房状况	入出时间	入住人数	大床单	小床单	枕套	面中	小浴巾	大浴巾	备注
小计										

V：空房　　C.O.：已退房　　L.B.：轻便行李　　O：住客房　　D.N.D：请勿打扰　　OOO：待修理
E.D.：准备退房　　S.O.：外宿房　□加床　□婴儿床　□加毛毯　□熨斗、板　□电暖炉　□万能插座　□电吹风　□增湿器　□变压器　□浴衣

（4）损失、浪费过失记录制度

领班查房时，对于个别服务员随便乱拿、乱用、损坏客房物品，不按规定做房（如不关空调，房灯）的情况，要填写过失记录单。

（5）损失、浪费赔偿制度

个别员工将客房物品窃为己有或随意送人，造成损失浪费，一经发现，要按物品价格赔偿，并按酒店规定处以罚款。

（6）统计分析制度

楼层客房服务员要对每天的客房客用物品消耗进行统计（见表4-17），由领班进行核实。中心库房须统计每天、每周、每月、每季度、每年度的客用物品消耗量，并结合盘点情况，了解客房用品的实际消耗情况，并将结果上报经理室。只要实际消耗情况与定额标准相差较大，就必须分析原因并找出解决方法。

表4-17　客房部楼层物品领用汇总表

品名	数量	单价	金额	备注

注：一式三联　　　　　　　　　　　　　制表：

学习笔记

通过学习本章的内容，想必您已经有了不少学习心得，请仔细填写下来，以便继续巩固学习。如果您在学习中遇到了一些难点，也请如实写下来，方便今后重复学习，彻底解决这些难点。

我的学习心得

1. _____
2. _____
3. _____
4. _____
5. _____

我的学习难点

1. _____
2. _____
3. _____
4. _____
5. _____

我的运用计划

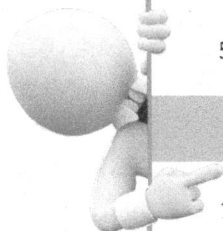

1. _____
2. _____
3. _____
4. _____
5. _____

第5章

酒店餐饮娱乐管理

餐饮部的主要任务是生产高质量的饮食产品，并通过为客人提供热情、周到、标准、细微的服务，使客人获得物有所值、赏心悦目的就餐享受。与此同时，餐饮部还担负着努力控制运营成本、提高经营利润的工作任务。

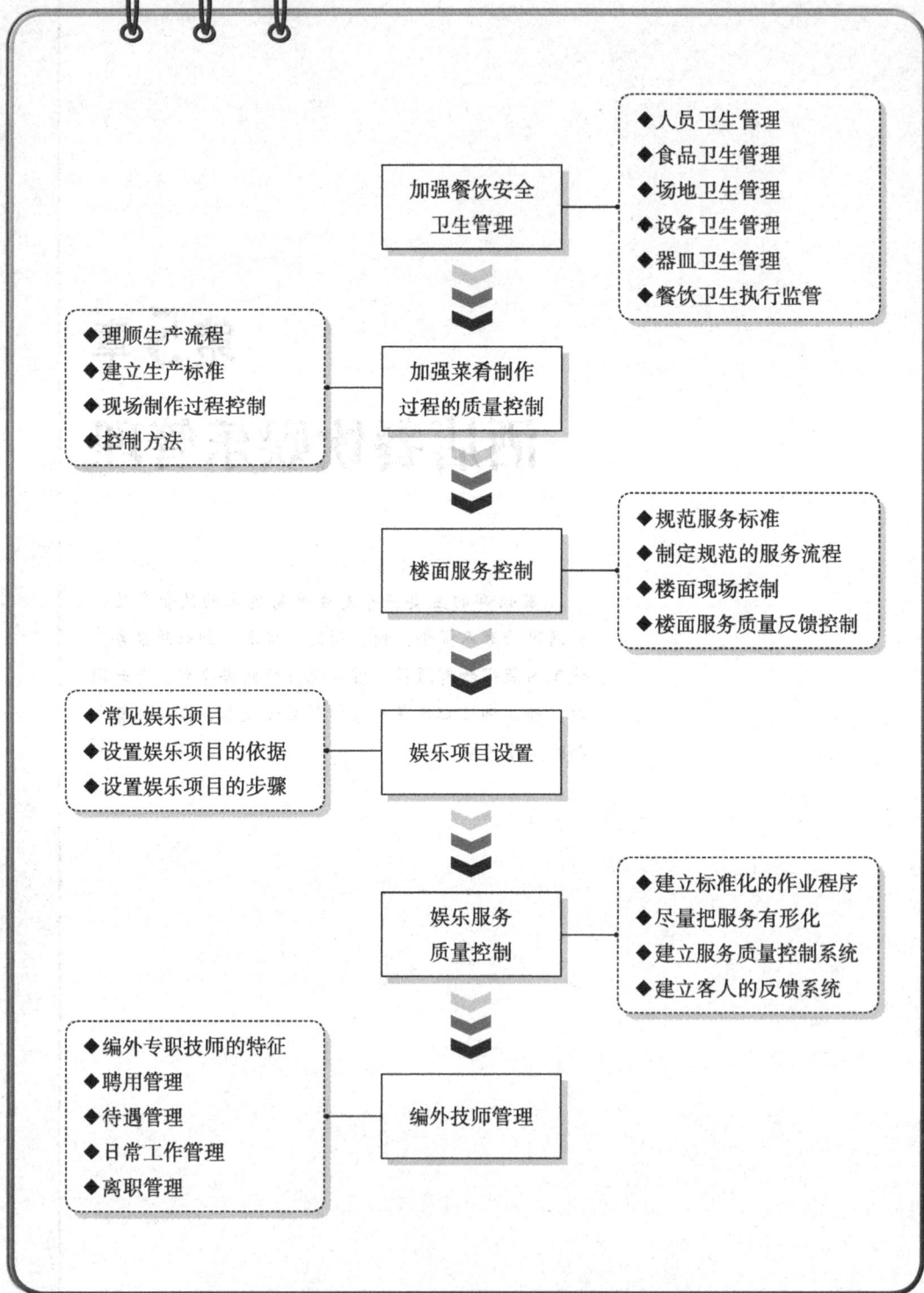

学习指引

加强餐饮安全卫生管理

◆人员卫生管理
◆食品卫生管理
◆场地卫生管理
◆设备卫生管理
◆器皿卫生管理
◆餐饮卫生执行监管

加强菜肴制作过程的质量控制

◆理顺生产流程
◆建立生产标准
◆现场制作过程控制
◆控制方法

楼面服务控制

◆规范服务标准
◆制定规范的服务流程
◆楼面现场控制
◆楼面服务质量反馈控制

娱乐项目设置

◆常见娱乐项目
◆设置娱乐项目的依据
◆设置娱乐项目的步骤

娱乐服务质量控制

◆建立标准化的作业程序
◆尽量把服务有形化
◆建立服务质量控制系统
◆建立客人的反馈系统

编外技师管理

◆编外专职技师的特征
◆聘用管理
◆待遇管理
◆日常工作管理
◆离职管理

5.1 加强餐饮安全卫生管理

餐饮是客人出入消费比较频繁的地方，其卫生、安全非常重要。也可以说，餐饮业是一"良心事业"，身为主管，要以"确保卫生安全"为天职，以向客人提供安全、舒适、卫生的用餐环境与愉悦的用餐享受。因此，酒店一定要制定卫生、安全准则，采取预防措施，并培训员工紧急应对的技巧。

全面的卫生管理涵盖了全年度一系列的清洁程序控制表、清洁技术及方法、清洁项目、清洁区域、清洁用品及厂牌、清洁标准设立及审核等，餐饮经理必须谨慎制定。

1. 人员卫生管理

（1）身体健康检查

餐饮从业人员的健康是餐饮卫生健全发展的基础。良好的健康状况对任何人而言都是绝对必要的。健康检查分为新进人员的健康检查与定期健康检查两类，目的是提高从业人员对健康的重视并了解自己的身体状况。

（2）个人卫生管理

员工个人卫生是食品卫生的一个重要组成部分。员工直接接触食物、餐具，他们有可能就是病菌的携带者。经验表明，致病原因大多来自三个方面：操作人员患有疾病、个人卫生不良及操作方法不当。以下从个人卫生管理和工作卫生管理两个方面进行简单叙述。

①有病要及时报告

餐饮工作人员应具有健康意识，懂得基本的健康知识，保持身体健康、精神饱满、睡眠充足，完成工作而不觉得过度劳累。如感不适，应及时向主管报告，如呼吸系统的不正常情况（感冒、咽喉炎、扁桃体炎、支气管疾病和肺部疾病）、肠疾（如腹泻）、皮肤炎症、溃疡等疾病和受伤情况（包括被刀或其他利器划破和烧烫伤）等。

某年冬季的某一天，在某餐厅突然有五十多人集体发生食物中毒，上吐下泻，造成极大的社会影响。照理说，冬季用餐应该比较安全，为何会发生这一事件呢？

原来是某位烹饪厨师的右手在前几天割伤了，但没有做妥善的包扎处理，致使伤口被细菌感染，并且在烹饪时流散于蔬菜上，造成了多人中毒。

②养成良好卫生习惯

员工必须养成的个人卫生习惯如图5-1所示。

习惯一 清洁的服装。工作时，应穿戴整洁的工作衣帽，目的在于防止头发、杂物等异物混入食物之中

习惯二 整洁的仪容。不可留长发、蓄胡子、佩戴饰物和戒指等

习惯三 手部的卫生。养成勤洗手的习惯，如有割伤，则应立即包扎伤口，并更换工作范围，不可烹饪食物或接触食物；不可留指甲或用手指搔头、挖鼻孔、擦拭嘴巴，饭前便后要洗手，当必须用手直接接触食物时，最好戴上完整、清洁的手套，以确保食品卫生

习惯四 不可在工作场所内吸烟、饮食、嚼槟榔、嚼口香糖，以免造成食物污染

习惯五 咳嗽、打喷嚏不时可对着食物或烹饪用器具，应用卫生纸或毛巾挡住口鼻

习惯六 不可用手直接处理熟食，应用干净的夹子或其他器具处理

习惯七 端送食物时，要用托盘，并且避免用手直接接触食物或盛食物的器皿内缘

习惯八 掉落的餐具洗干净后方可使用

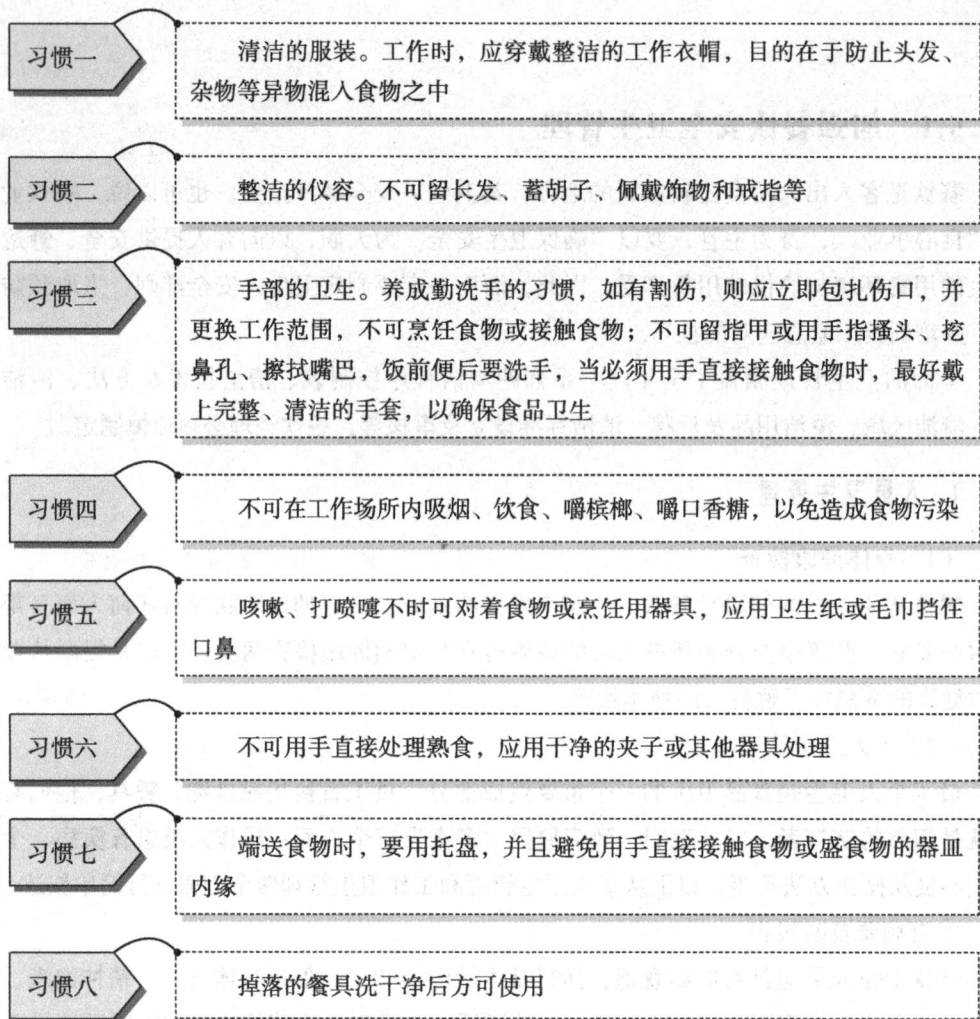

图5-1 员工必须养成的个人卫生习惯

（3）卫生教育

实施卫生教育的目的是使工作人员有正确的食品卫生知识。教育的对象可分为新进人员和在职人员，范围包括管理者及员工。卫生教育方法如图5-2所示。

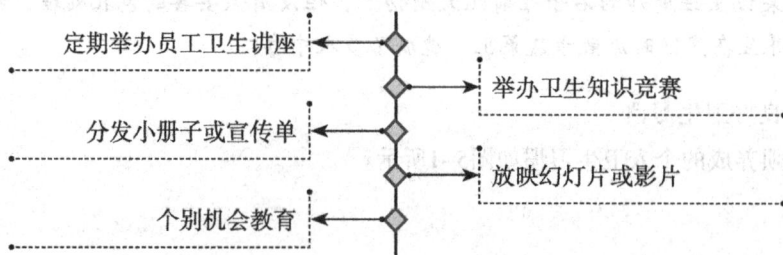

定期举办员工卫生讲座
举办卫生知识竞赛
分发小册子或宣传单
放映幻灯片或影片
个别机会教育

图5-2 卫生教育方法

2. 食品卫生管理

食品卫生控制是对从采购开始、经过生产过程到销售为止的全面控制，但最重要的是对生产过程的卫生控制。生产过程中的食品卫生是由四个因素决定的：生产环境、设备和工具的卫生，原料的卫生，制作过程的卫生，工作人员的卫生。餐饮经理必须对这四个方面的卫生加以控制。

（1）生产环境的卫生控制

厨房是制作餐饮产品的场所，各种设备和工具都有可能接触食品，卫生不良既影响员工健康，又会使食品受到污染。为了控制生产环境卫生，除了建筑设计必须符合食品要求，购买设备时要考虑易清洗、不易积垢外，最重要的是使环境和设备始终保持清洁干净。

要达到这样的目标，就应做到以下几点。

①持之以恒地做好场地、设备和工具的卫生，根据厨房的规模和设备情况，实行卫生包干责任制，不论何处、何物都有人负责清洁工作，并按日常卫生的计划实行卫生清扫。

②制定卫生标准，保证清洁工作的质量。

③对员工加强卫生教育，使其养成卫生的工作习惯，不管在何时、何处，无论涉及厨房中的何物，随时保持清洁应成为操作的规则。

④厨房管理者既要作出表率，更要有计划地实施检查，确保达成卫生目标。

（2）原料的卫生控制

原料的卫生程度决定了产品的卫生质量，具体要求如下。

①厨房在正式取用原料时，要认真加以鉴定，罐头食品如果已膨胀、有异味或汁液混浊不清，就不应使用；高蛋白食品有异味或表面黏滑也不应再用；果蔬类食品如已腐烂更不应使用。

②对有疑问但不能作出感官判断的食品，可送卫生防疫部门鉴定，再确定是否取用。

③对盛放变质食品的一切器皿应立即清洗、消毒。

（3）制作过程的卫生控制

制作过程的卫生控制包括表5-1所示的内容与要求。

表5-1　制作过程的卫生控制要点

制造过程	控制要点
食品解冻	（1）加工过程中对冻结食品进行解冻，要使用正确的方法。要迅速解冻，尽量缩短解冻时间；在解冻过程中不可受到污染；各类食品应分别解冻，不可混合在一起进行解冻 （2）流水解冻，水温应控制在22℃以下；自然解冻的温度应控制在8℃左右；烹调解冻是既方便又安全的一种方法。切忌将食品放置在自然温度下过夜来解冻，这是最不安全的做法 （3）已解冻的食品应及时加工，不能再冻结

（续表）

制造过程	控制要点
食品清洗	（1）加工过程中清洗食品时，要确保食品干净、无异物，并放置于卫生清洁处，避免受到污染和意想不到的杂物掉入 （2）开启罐头时，首先应清洁表面，再用专用开启刀打开，切忌使用其他工具；应避免金属或玻璃碎屑掉入；破碎的玻璃罐头不能再食用 （3）对蛋、贝类的加工、去壳，不能使表面的污物沾染内容物
加工时间与温度	（1）对容易腐败的食品进行加工，加工时间要尽量缩短 （2）大批量加工时应分批从冷藏库中取出，以免最后加工的食品在自然环境中因放置太久而降低质量 （3）加工环境温度不能过高，以免食品在加工过程中变质 （4）加工后的成品应及时冷藏
配制食品	（1）配制食品的器皿要清洁并且是专用的，切忌用餐具作为生料配菜盘 （2）配制后不能及时烹调的要立即冷藏，需要时再取出，切不可将配制后的半成品放置在厨房环境中 （3）配制要尽量接近烹调时间
烹调、加热食品	（1）烹调、加热食品时，要充分杀灭细菌 （2）盛装时餐具要洁净，切忌使用工作抹布擦抹
冷菜生产	（1）冷菜生产的卫生控制，首先在布局、设备、用具方面应同生菜制作分开 （2）切配食品应使用专用的刀、砧板和抹布，切忌生熟交叉使用；这些用具要定期进行消毒；操作时要尽量简化制作过程 （3）装盘不可过早 （4）装盘后不能立即上桌的应用保鲜纸封闭，并要进行冷藏
剩余产品	生产中的剩余产品应及时收藏，并且尽早用掉

以上要点，宜以制度的形式规定下来，并对员工加以培训和考核。

3. 场地卫生管理

（1）制定餐厅清洁要求及标准

一般来说，餐厅清洁应达到以下要求及标准。

①地面须经常清洁打扫，并以拖把清洗干净。

②如铺有地毯，则每月应进行两次彻底的吸尘，并加以消毒处理，以免积尘藏垢。

③桌面、椅子要每日擦洗，如有损坏，则应更换，以免造成伤害。

④台布要每日换洗、消毒，如有破损，则应更换，不可再使用。

⑤桌上摆设品要保持清洁、干净，如有损坏，应立即更换。

⑥店内的植物须保持良好，落叶枯枝要修剪，并且喷洒不伤害人体的药物，以防止虫害。

（2）制定厨房清洁要求及标准

厨房清洁应达到以下要求及标准。

①厨房内应保持清洁干净，不可堆放杂物。

②保持空气流通、照明良好。

③工作时不可坐、卧，或在厨房内吸烟、饮食。

④厨房内不应有灰尘及油垢堆积，垃圾应分类处理，并紧封袋口，以防虫害及鼠、猫扰乱。

（3）洗手池设备的卫生管理

①洗手池设备安装。操作人员的双手是传播病菌的重要媒介，餐饮部应当在最容易使手沾上病菌的地方安装洗手池，如卫生间附近、更衣室内、厨房内等。据调查，操作人员都不大愿意在需要洗手时走一大段路去洗手，因此，洗手设备不仅要数量充足，而且要安装在便利的地方。

②及时检修、打扫。洗手设备应按时检修、打扫，及时补充卫生用品。

③注意事项。厨房内加工食物用的设备、洗涤厨具用的水池不能用于洗手。

（4）更衣室和卫生间的卫生管理

更衣室和卫生间的卫生管理要求如表5-2所示。

表5-2　更衣室和卫生间的卫生管理要求

场所	卫生要求
更衣室	职工的便服常从外界带入病菌，因此不能穿着上班，也不能挂在厨房、仓库或卫生间里。餐厅应有职工更衣室设施，让员工上下班时更换服装和存放私人物件。更衣室一般应不靠近厨房、仓库和餐厅，要求通风、照明良好，并有淋浴、洗手池、镜子等卫生设备
员工专用卫生间	（1）餐厅应有员工专用卫生间，以免员工与客人合用卫生间 　（2）卫生间设备应齐全，如果洗手池使用自控水龙头，出水时间应不少于15秒，以免再次启动开关 　（3）卫生纸、肥皂等用品应及时补充 　（4）一定要教育员工在使用卫生间后洗手，可以在适宜的地方粘贴写有此类内容的醒目广告 　（5）员工卫生间应设在隐蔽处，出入口应有自动闭门装置

4. 设备卫生管理

（1）设备种类及卫生要求

餐厅各种设备的卫生要求如表5-3所示。

表5-3　餐厅各种设备的卫生要求

设备种类	卫生要求
空调设备	为使空调设备具有良好的效果，应每周清洗过滤系统，使空气保持清新，符合标准品质
抽油烟机、泔水处理设备	应定期进行清洗、保养
冷藏柜、冰箱、冷冻柜等设备	应定期除霜、清理，并保持清洁、无异味，过期物品应清出，不再储存
炉灶、烹饪器具	应每日清洁，或者使用后立即清洗，不可有油污，并应保持干净
洗碗机	使用与保养清洗可依厂商所附的保养使用手册的程序操作

（2）设定清洁卫生操作规程

设备的清洁卫生工作必须严格按照操作规程进行。由于各种设备有不同的特点，管理者在制定操作规程时，应考虑以下五个方面内容：

①设备种类；

②清理时间；

③拆卸、洗刷、安装步骤；

④安装注意事项；

⑤洗刷、冲洗、消毒用的清洁剂和消毒剂的性质、数量和水温。

5. 器皿卫生管理

（1）器皿的卫生要求

器皿的卫生要求如表5-4所示

表5-4　器皿的卫生要求

器皿种类	卫生要求
盛物器皿	（1）如碗盘餐具、玻璃器皿有破损，不可再使用，应立即更换 （2）金属餐具如刀、叉、汤匙，表面不可有脱落、油污 （3）盛装食物的器皿，不可用于烹饪、调味之用，应使用专用器皿
烹饪器皿	（1）处理不同的熟食和生食，不可使用同一块砧板 （2）处理不同的食物，不可使用同一种刀具，如切肉用切肉刀、切水果用水果刀 （3）烹饪时，应注意各种器具不可混合使用，如煎锅与煮汤锅有其不同的适用范围

（2）器皿洗后的储存

一般来说，洗好的器皿放到橱柜里就行了。事实上，如果橱柜门没有盖严，会产生空隙，导致害虫、蟑螂进入，那么清洗过的餐具、餐盘会受到病虫害的污染。

如果橱柜没有开对流窗，在不流动的空气里，容易使餐具、碗盘产生回潮，沾染水雾，产生霉菌污染。水雾对人的影响很小，但它却是细菌繁殖的温床，有水就有污染的可能。

6. 餐饮卫生执行监管

餐饮卫生的整体计划，重点在于"人"的执行程度，即使有再好的计划、作业手册、规定，如果执行人员不遵照执行，也是枉然。因此，在执行前必须做到以下四点。

（1）召集全体员工（该店或部门）参加"卫生会议"，将餐厅的平面图先行规划好，再以面积大小划分责任区域，交由专人负责，再拟订各责任区的定期值班表，轮流清洁、管理，以示公平。

（2）制订全年重点清洁计划，如每月清洁工作重点、病虫害防治重点（有些虫害的出现与季节有密切的关系），尤其是要注意流行性的病虫害。

（3）针对各区域内不同的物品，制定不同的清洁周期规定（如每日、每周、每月等），以及最佳的清洁技术与方法；再将需要清洁的项目用表格列出，检查人员再逐项清点。

（4）同事相处也要约法三章，谁先做好，谁先收工。

小贴士

经理、中层管理人员、执行人员都必须对餐饮卫生的整体计划了解透彻，人手一册清洁项目表，并把此表作为人员升迁、考核的依据。

5.2 加强菜肴制作过程的质量控制

厨房生产流程包括加工、配制和烹调三道程序。三道程序将分为不同班组或岗位，这其间有许多环节，要使每个环节既紧密联系又明显划分，这就需要对厨房生产流程加以控制。

厨房生产控制是对生产质量、产品成本、制作规范这三个流程加以检查、指导，随时消除一切生产性误差，保证达到预期的成本标准，消除一切生产性浪费，保证员工都按制作规范操作，形成最佳的生产秩序和流程。

1. 理顺生产流程

厨房的生产流程主要包括加工、配制、烹饪三道程序。

（1）原材料加工可分为粗加工（动物宰杀等）、细加工、干货涨发等。

（2）用料配制可分为热菜配制和冷菜配制。

（3）菜肴烹调可分为热菜制作、冷菜制作、打荷制作和面点制作。

2. 建立生产标准

（1）建立标准

建立标准就是对生产质量、产品成本、制作规格进行具体化，并用于检查、指导生产的全过程，随时消除一切生产性误差，确保食品质量符合控制管理标准，具体如图5-3所示。

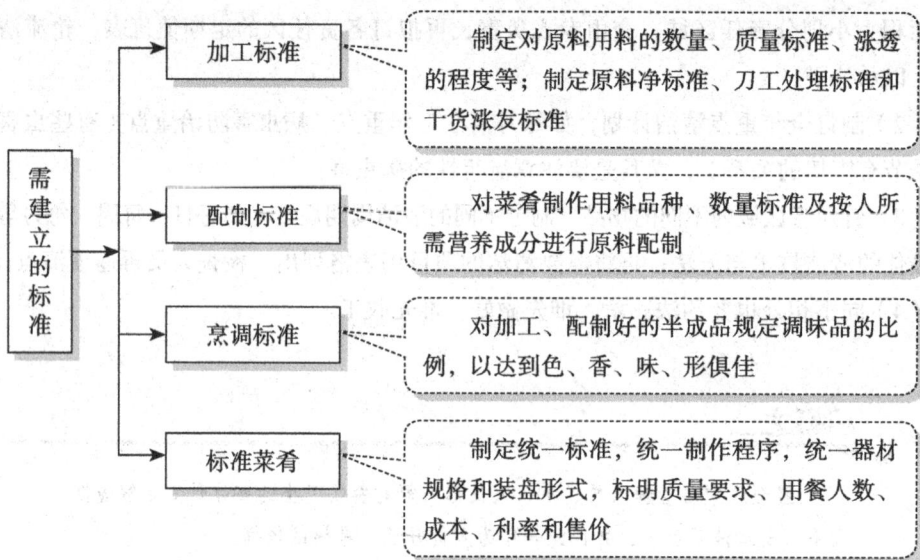

图5-3　需建立的标准

（2）产品制作标准化

应对产品的三个制作流程实施标准化，包括加工标准、配制标准和烹调标准。

①加工标准是指对原料的加工规定及用量要求、成型规格、质量标准等。

②配制标准是指对具体菜肴配制规定用量、品种和数量。

③烹调标准是指对加热成菜规定调味汁比例、盛器规格和装盘形式。

> **小贴士**
>
> 每个流程的工作标准可制作成表格的形式，将其张贴在工作处随时对照执行，使每个参与制作的员工都明确自己的工作标准。另外，还有各种形式的生产控制工具，如制作方法卡、制作程序卡、分份标准卡、份菜标准配方卡。

3. 现场制作过程控制

在制定控制标准后，要想达到各项操作标准，就一定要由训练有素、通晓标准的制作人员在日常的工作中有目标地去制作。酒店经理应经常按标准严格要求员工，保证菜肴符合质量标准。因此，制作控制就成为酒店经理日常监督和管理内容之一。

（1）加工过程的控制

加工过程包括原料的初加工和细加工。初加工是指对原料的初步整理和洗涤、细加工是指对原料的切制成型。

①控制出成率。原料的出成率即原料的利用率。在这个过程中，应对原料的出成率以及质量加以严格控制。规定各种出成率指标（见表5-5至表5-8），并把它作为厨师工作职责的一部分，尤其要把贵重原料的加工作为检查和控制的重点。控制出成率的措施如图5-4所示。

表5-5 部分禽类原料净料率参考标准

毛料品名	净料处理项目	净料		下脚料、废料损耗率（％）
		品名	净料率（％）	
光统鸡	分档整理，洗涤	净鸡 其中： 鸡肉 鸡壳 头脚 胗肝	88 43 30 11 4	12
毛统鸡	宰杀，去头、爪、骨、翅、内脏	熟白鸡	55	45
	剔肉	鸡丝	35	65
	宰杀，去头、爪、内脏	鸡块	50	50
毛笨鸡	宰杀，去头、爪、内脏	净鸡	62	38
野鸡	宰杀，去头、内脏，洗净	净野鸡	75	25
野鸭	宰杀，去头、内脏，洗净	净野鸭	75	25
光鸭	宰杀，去头、内脏，洗涤	熟鸭	60	40
光鸡	煮熟，整理分档	净鸡 其中： 胗肝 肠 脚 带骨肉	94 8 3 8 75	6

（续表）

毛料品名	净料处理项目	净料		下脚料、废料损耗率（%）
		品名	净料率（%）	
鸭胗	去黄皮垃圾，洗涤	净胗	85	15
活公鸡	宰杀，洗涤，分档	净鸡	67	15
		胗、肝、心、爪、腰等	18	
活母鸡	宰杀，洗涤，分档	净鸡	70	13
		胗、肝、心、脂肪、爪等	17	

表5-6　部分水产品类原料净料率参考标准

毛料品名	净料处理项目	净料		下脚料、废料损耗率（%）
		品名	净料率（%）	
鲤鱼、鲢鱼	宰杀，去鳞、鳃、内脏，洗涤	净全鱼	80	20
鲫鱼、鳜鱼	宰杀，去鳞、鳃、内脏，洗涤	净鱼块	75	25
大、小黄鱼	宰杀，去鳞、鳃、内脏，洗涤	炸全鱼	55	45
黑鱼、鲤鱼	剔肉切片	净鱼片	35	65
鲢鱼	剔肉切片	净鱼片	30	70
鳜鱼	剔肉切片	净鱼片	40	60
活鳝鱼	宰杀，去头、尾、肠、血洗净	鳝段、丝	62/50	38/50
活甲鱼	宰杀，去壳、去内脏，洗涤	熟甲鱼	60	40
鲳鱼	宰杀，去鳞、鳃、内脏，洗涤	无头净鱼	80	20
带鱼	宰杀，去鳞、鳃、内脏，洗涤	无头净鱼	74	26
鲅鱼	宰杀，去鳞、鳃、内脏，洗涤	净鱼	76	24
大虾	去须、脚	净虾	80	20
比目鱼	宰杀，去内脏、皮、骨，洗涤	净鱼	59	41
鳜鱼	剔肉切成泥茸	净鱼泥茸	45	55

表5-7　部分蔬菜类原料净料率参考标准

毛料品名	净料处理项目	净料		下脚料、废料损耗率（%）
		品名	净料率（%）	
白菜	除老叶、帮、根，洗涤	净菜心	38	62
白菜、菠菜	除老叶、根，洗涤	净菜	80	20
时令冬笋	剥壳、去老根	净冬笋	35	65
时令春笋	剥壳、去老根	净春笋	35	65
无叶莴苣	削皮、洗涤	净莴苣	60	40
无壳茭白	削皮、洗涤	净茭白	80	20
刀豆	去尖头、除筋、洗净	净刀豆	90	10
蚕豆、毛豆	去壳	净豆	60	40
西葫芦	削皮、去籽、洗涤	净西葫	70	30
茄子	去头、洗涤	净茄子	90	10
冬瓜、南瓜	削皮、去籽、洗涤	净瓜	75	25
小黄瓜	削皮、去籽、洗涤	净黄瓜	75	25
大黄瓜	削皮、去籽、洗涤	净黄瓜	65	35
丝瓜	削皮、去籽、洗涤	净丝瓜	55	45
卷心菜	除老叶、根，洗涤	净卷心菜	70	30
卷心菜	除老叶、根，洗涤	净菜叶	50	50
芹菜	除老叶、根，洗涤	净芹菜	70	30
青椒、红椒	除根、籽，洗涤	净椒	70	30
菜花	除叶、梗，洗涤	净菜花	80	20
大葱	除老皮、根，洗涤	净大葱	70	30
大蒜	除老皮、根，洗涤	净大蒜	70	30
圆葱	除老皮、根，洗涤	净圆葱	80	20
山药	削皮、洗涤	净山药	66	34
青、白萝卜	削皮、洗涤	净萝卜	80	20
土豆	削皮、洗涤	净土豆	80	20
莲藕	削皮、洗涤	净莲藕	75	25
蒜苗	去头、洗涤	净蒜苗	80	20

表5-8 部分干货类原料净料率参考标准

毛料品名	净料处理项目	净料		下脚料、废料损耗率（%）
		品名	净料率（%）	
海带	拣洗，泡发	净水发海带	500	
干肉皮	油浸发水泡软挤干水分	水发肉皮	300～450	
干猪蹄筋	油浸发水泡软挤干水分	水发猪蹄筋	300～450	
干蘑菇	拣洗，泡发	水发蘑菇	200～300	
黄花菜	拣洗，泡发	水发黄花菜	200～300	
竹笋	拣洗，泡发	水发竹笋	300～800	
冬菇	拣洗，泡发	水发冬菇	250～350	
香菇	拣洗，泡发	水发香菇	200～300	
黑木耳	拣洗，泡发	水发黑木耳	500～1000	
笋干	拣洗，泡发	水发笋干	400～500	
玉兰片	拣洗，泡发	水发玉兰片	250～350	
银耳	拣洗，泡发	净水发银耳	400～800	
粉条	拣洗，泡发	净湿粉条	350	
带壳花生	剥去外壳	净花生仁	70	30
带壳白果	剥去外壳	净白果仁	60	40
带壳栗子	剥去外壳	净栗子肉	63	37

图5-4 控制出成率的措施

②控制原料成型规格。加工质量是直接关系菜肴色、香、味、形的关键，因此要严格控制原料的成型规格。具体的控制措施如图5-5所示。

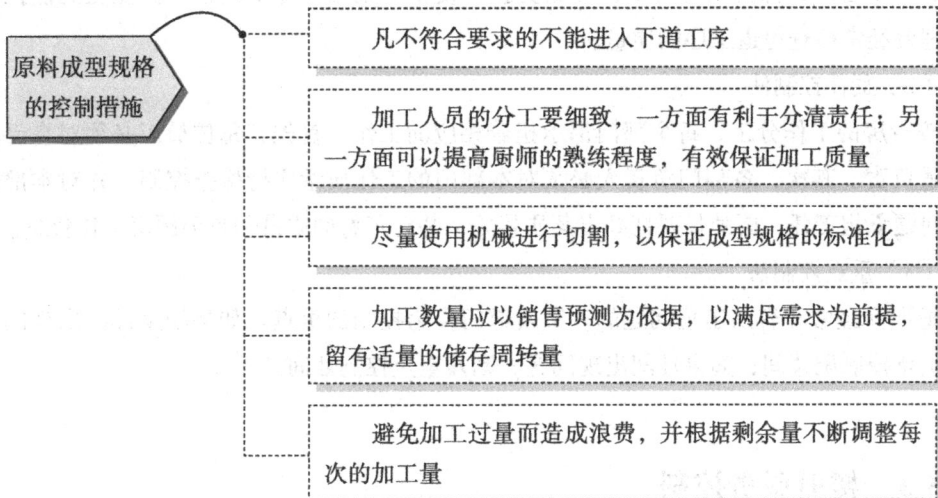

图5-5 原料成型规格的控制措施

（2）配菜过程的控制

①配菜控制要经常进行核实。配菜厨师应检查配菜中是否执行了配制标准，是否使用了称量、计数等控制工具。

②凭单配菜。配菜厨师只有接到餐厅客人下的订单，或者有关的正式通知单才可配制，保证配制的每份菜肴都有凭据。

③要严格避免配制过程中的失误。要避免重算、遗漏、错配等失误，尽量使失误率降到最低限度。因此，配菜厨师要查核凭单，这是控制配菜失误的一种有效方法。

（3）烹调过程的控制

①监控炉灶厨师的操作规范。烹调过程是确定菜肴色泽、质地、口味、形状的关键，因此应对烹调厨师的操作规范、制作数量、出菜速度、成菜温度、剩余食品五个方面加强监控。炉灶厨师必须严格遵守操作规范，任何只图方便、违反规定的做法和影响菜肴质量的做法一经发现都应立即制止。

②经常督导烹调的出产。应严格控制每次烹调的出产，这是保证菜肴质量的基本条件。在开餐时，要对出菜的速度、出品菜肴的温度、装盘规格保持经常性的督导，阻止一切不合格的菜肴出品。

4. 控制方法

为了保证控制菜点质量、标准的有效性，除了制定标准，重视流程控制和现场管理外，还必须采取有效的控制方法。常见的控制方法有以下三种。

（1）厨房制作过程控制法

在加工、配菜到烹调的三道程序中，每个流程的生产者都要对上一道工序的食品质量进行严格的检查，发现不合标准的要及时提出，帮助前道工序及时纠正。如配菜厨师对一道菜配置不合理，烹调厨师有责任提出更换，使整个菜品在每个流程中都能受到监控。餐饮经理要经常检查每道工序的质量。

（2）责任控制法

按厨房的工作分工，每个部门都承担着相应的工作。首先，每位员工必须对自己的工作质量负责。其次，各部门负责人必须对本部门的工作质量实行检查控制，并对本部门的工作问题承担责任，厨师长要把好出菜质量关，并对菜肴的质量和整个厨房工作负责。

（3）重点控制法

把那些经常和容易出现问题的环节或部门作为控制的重点。如果配菜部门出现问题，则须重点控制配菜间；如果灶间出现问题，则须重点控制灶间。

5.3　楼面服务控制

1. 规范服务标准

只满足"客人饱食"即可的时代已经不复存再，现今仅靠食品已无法令客人云集，因为消费者愈来愈重视食品本身以外的附加价值——服务。

（1）统一的着装、仪容

店面人员的服装仪容是客人进门后对餐饮从业人员的第一印象，梳剪整齐的头发、整洁一致的制服、端正的仪容、表里如一的亲切款待等，都是相当重要的环节。

餐厅有必要订立自己的穿着标准及特色，依男女分别绘制易看易懂的穿着图示，并向员工详述明白。

（2）定型的服务态度

服务人员接待客人的态度也十分重要，如何将欢迎及感谢的心迅速而确实地表现出来，让客人感受至深，是决定这家餐饮店服务水准的主因。因此，应对餐厅接待动作乃至谈吐设定出一套参考的基准。也就是说，在等候、迎接、引导、点餐、上菜、询问、巡视、欢送、回收、整理的这十个步骤中，制定语言和行动的规范，即"定型服务"（见表5-9）。

表5-9　定型服务动作与重点

项目	言语	动作	重点
等候	在规定位置待命，不可与同事聊天	注目玄关方向，采取舒适、自然的姿势，不得坐在椅子上或偏倚柜台、柱子边	（1）任何时候，只要客人驾临，都要表现出由衷的欢迎 （2）脑中要记住几号桌跟几号房是空的
迎接、引导	（1）明朗有朝气地说："欢迎光临！"	（1）轻轻点头（15度）行礼，两手自然下垂，手指并拢	（1）以正确姿势，表达由衷欢迎之意的行礼

（续表）

项目	言语	动作	重点
迎接、引导	（2）"有几位呢?"确认人数 （3）"请走这边。"由衷笑着含欢迎之意（高峰时段用手势引路）	（2）走在客人前面，慢步到席位 （3）轻拉椅子，用手指点	（2）引导至合乎客人的席位。携带小孩的，到小房间，情侣同伴则带至不引人注目的席位，要商谈事情的客人则到安静的席位，单一客人则至两人用桌席
接受点菜	（1）再一次说："欢迎光临。" （2）郑重地说："请点菜。" （3）重复再说一遍："您点的菜是××，×份，××，×份……" （4）"是。"以礼貌的语气说："麻烦您""请稍候"	（1）轻轻点头 （2）提供毛巾、冰水或茶水（从客人看菜单到点菜为止，一直在旁等待） （3）在传票上记录客人点菜 （4）注目客人眼睛，等候回答 （5）轻轻点头，退下 （6）将点菜单送到厨房	（1）桌上必须摆置菜单 （2）要判断客人中谁掌握点菜的决定权 （3）确认所点的项目及数量 （4）询问饮料，尤其是咖啡或果汁要在何时提供 （5）牛排等要询问几分熟 （6）冰水、茶等容器必须持下端，不可将手指插进容器内来移动 （7）要迅速，切忌让客人长时间等候
上菜	（1）"打搅您。" （2）"让您久等了，这是××。" （3）要有精神，说："是!"微笑回答："请稍候。" （4）"可以撤下吗?"	（1）做配合各式菜肴的安排 （2）退下 （3）将菜端上桌，姿势要正确，不可扭转身子或做出夸张的姿势 （4）为客人倒满冰水或茶水（客人中途呼叫时） （5）将空下的器皿撤下送到厨房	（1）必须记住，不可弄错点菜的人和所点的菜 （2）及时为客人上菜 （3）上菜前检查菜的装盛，要提供正常的菜 （4）冰水、茶水要按客人要求斟好 （5）及时更换烟灰缸 （6）即使喝完、吃完也必须待客人答允，方可撤下空餐盘 （7）上菜时，原则上要从客人的左肩方向
送客	（1）以感谢之心，明朗地说："多谢您惠顾。" （2）"恭候您再度光临。"	（1）走到靠近玄关 （2）以感谢之心行礼（直到客人完全走出玄关为止，采取欢送的姿势）	（1）检查席位，是否有客人忘记带走的物品 （2）以感谢之心欢送，务必要做到能使客人心想"下次我还想再来"，"心"跟"笑容"最重要

由于服务人员来自不同的地方，其思考方式、成长背景、教育水平都不尽相同，因此定型服务的做法很有必要。良好的餐饮经营方式，更应设置教育培训部门，甚至校正店面人员的仪态，以提升餐厅的服务水平。

（3）由衷的笑容

笑容是接近客人的最好方法，除了销售产品之外，附加微笑的服务也是一种出售的产品。要能展现笑容，必先从"感谢、感情、自信"三个方面着手（见图5-6），如此自然可以注意到客人的反应，展现出由衷的微笑，并完成良好的服务。

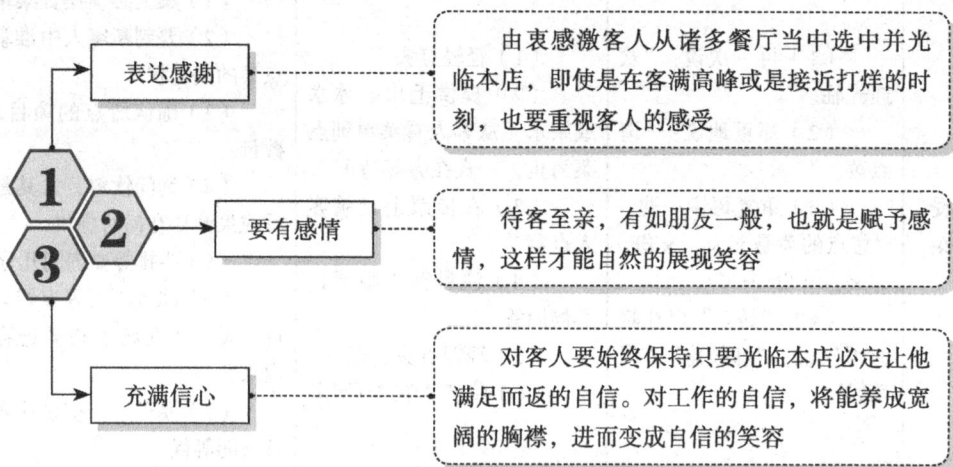

表达感谢	由衷感激客人从诸多餐厅当中选中并光临本店，即使是在客满高峰或是接近打烊的时刻，也要重视客人的感受
要有感情	待客至亲，有如朋友一般，也就是赋予感情，这样才能自然的展现笑容
充满信心	对客人要始终保持只要光临本店必定让他满足而返的自信。对工作的自信，将能养成宽阔的胸襟，进而变成自信的笑容

图5-6　由衷笑容的要求

（4）细心的关照

服务人员必须从上菜到回收都按照规划好的路线行走。这样一来，不仅可以观察餐桌上的摆设及使用状况，还可以节省各桌的整理时间，提升服务效率。在高峰客满情况下，服务人员不能把视线移开餐桌，以免怠慢客人。

在客人等候上菜的时段，正是展现高度关心的最好时机，巡视一下全场，倒茶送水，接受客人餐前餐后的评语，跟小朋友聊天，赠送蛋糕、赠品、促销品等，与客人尤其是常客寒暄、闲话家常，都是促使客人再次光临的关键，也是接受建议改进各项品质的最佳渠道。

2. 制定规范的服务流程

楼面服务作业因餐厅类型的不同，流程也会有所不同，但对其质量控制的方法与技巧却大同小异。

（1）中餐服务流程

中餐有酒席服务和小吃服务两种，其服务流程如图5-7所示。

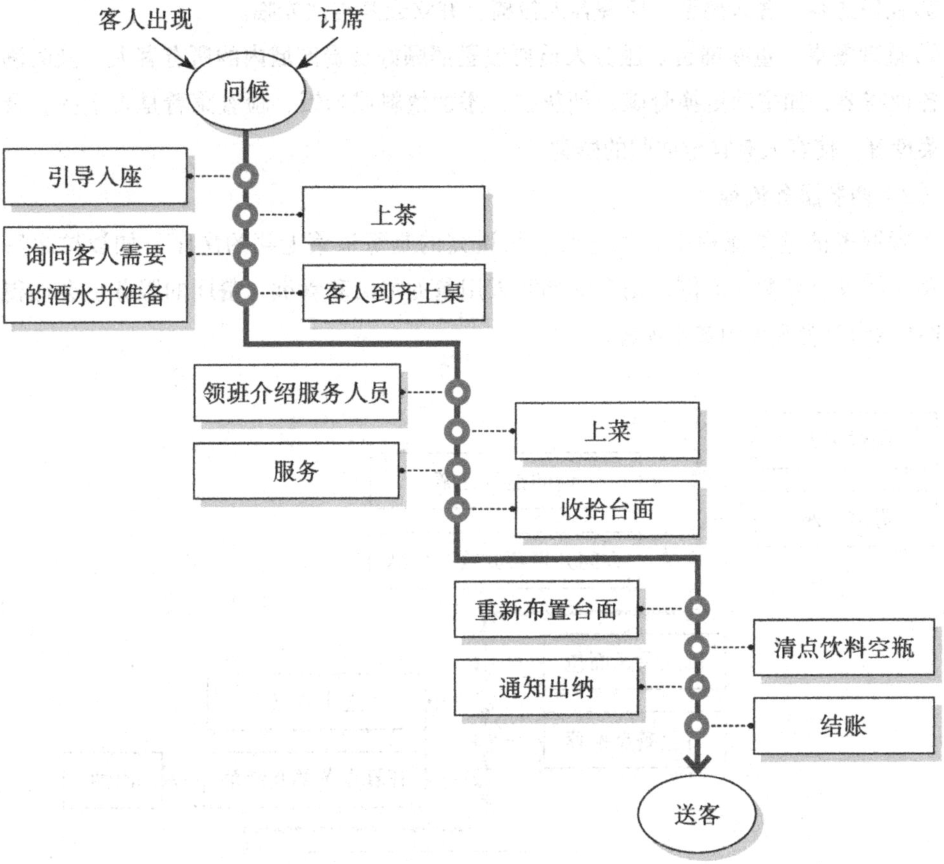

图5-7　中餐的服务流程

①热情迎客。客人由领台员引领进入餐厅后，区域的服务员应主动上前向客人问好，并根据客人意愿及当时餐厅情况，为其选定合适餐桌，尽量使客人在餐厅中分布均匀，并拉椅让座。然后根据用餐人数立即调整餐桌布置，增加或减少餐具数量。中餐散客服务的餐桌摆设较为简单，一般包括骨碟、汤碗、匙、筷、水杯、酒杯、公筷等，而且应尽量避免让互不相识的客人同桌用餐。

②上茶。替客人斟茶或倒水，并递上毛巾（纸巾）。

③接受点菜。服务人员需了解时令的菜肴及当日的特别菜式，以便接受点菜，并适时提供建议，递菜单时须遵循先女后男，先长后幼的原则。

④开单下厨。客人点菜后，应重复一遍客人所点的菜式，以免有误，然后将点菜单其中一联送入厨房，交由厨师制作，另一联送入柜台等待结账。

⑤按序上菜。上菜必须按照中餐进餐次序及时进行。服务员应主动向客人介绍菜式，视情况主动替客人派菜，并询问客人对菜肴的意见。上第一道菜后，应替客人倒酒，并询问其是否需要上主食。

⑥结账。客人用餐结束时，须主动询问客人还需要什么服务。如客人示意结账，则应尽快从其右边递上账单，按规定结账，并记得道谢。

⑦礼貌送客。客人离席，应替客人拉椅，并欢迎其再次光临。

⑧整理餐桌，重新铺台。服务人员要殷勤照顾好负责区域内的所有客人，及时满足他们的各种需要，如主动更换骨碟、烟灰缸，添加饮料或米饭，检查菜肴是否上齐，及时撤下空菜盘等，使客人有宾至如归的感觉。

（2）西餐服务流程

西餐服务的整体流程中，最重要、最讲究的是每道菜上菜的次序，如沙拉之后才能上主菜，如果上菜顺序颠倒，则会影响客人用餐的情绪和食欲，餐厅的服务也会显得不专业。图5-8为西餐服务的基本流程。

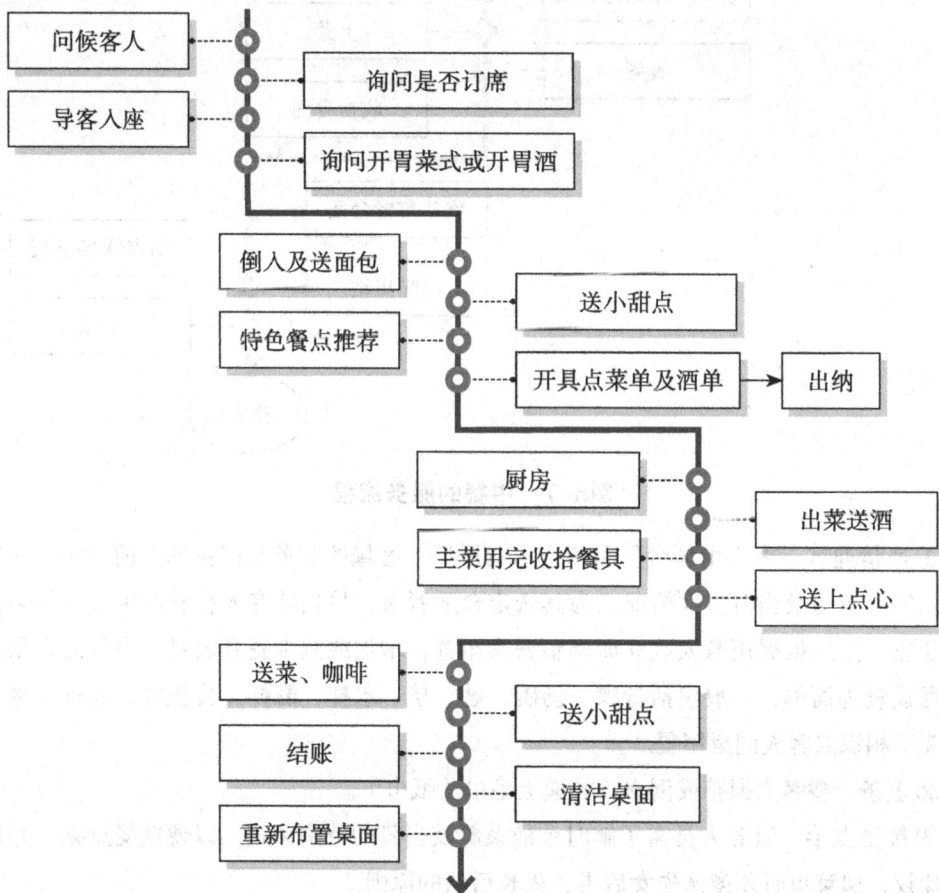

图5-8　西餐服务的基本流程

3. 楼面现场控制

现场控制是指监督现场正在进行的餐饮服务，使其规范化、程序化，并迅速妥善地处理意外事件。这是餐饮经理和主管人员的主要职责之一，酒店经理应将现场控制作为管理工作的重要内容。

（1）服务程序的控制

开餐期间，楼面经理和主管应始终站在第一线，通过亲自观察、判断、监督，指挥服务员按标准服务程序服务，发现偏差要及时纠正。

（2）上菜时机的控制

掌握首次斟酒、上菜的时机，要请示客人，尊重客人的意见；在开餐过程中，要把握客人用餐的时间、菜肴的烹制时间等，做到恰到好处，既不要让客人等待太久，也不应一次性上齐所有菜肴。餐厅主管应注意并提醒上菜员掌握好上菜时间，尤其是大型宴会，上菜的时机应由餐厅主管掌握。

（3）意外事件的控制

一旦出现客人投诉的情况，餐厅主管一定要迅速采取弥补措施，以防事态扩大，影响其他客人的用餐情绪。如果是由服务态度引起的投诉，餐厅主管除需要向客人道歉外，还应替客人更换一道菜。发现餐厅内有喝醉酒的客人，餐厅主管应告诫服务员停止为其添加酒精性饮料。对已经醉酒的客人，要设法帮助其早点离开，以保持餐厅的和谐氛围。

（4）人力控制

开餐期间，服务员应实行分区看台负责制，在固定区域服务。服务员人数的安排要根据餐厅的性质、档次来确定（一般中等服务标准的餐厅或者餐桌，可按照每个服务员每小时能接待20名散客的工作量来安排服务区域）。在经营过程中，餐厅主管应根据客情变化进行再分工。例如，某一个区域的客人突然来得太多，就应从另外区域抽调员工支援，等情况稳定后再调回原服务区域。

若用餐高潮已经过去，则应让一部分员工暂时休息，留下一部分员工工作，到了一定的时间再交换，以提高工作效率。这种方法对于营业时间长的火锅店、茶厅和咖啡厅等很有帮助。

4. 楼面服务质量反馈控制

反馈控制就是通过质量信息的反馈，找出服务工作在准备阶段和执行阶段中存在的不足，方便在以后的服务控制中，及时采取有效措施，提高服务质量，使客人更加满意。

信息反馈系统由内部系统和外部系统构成。

（1）内部系统

内部系统是指信息来自服务员、厨师和中高层管理人员等。每餐结束后，应召开简短的总结会，以便及时改进服务质量。

（2）外部系统

信息反馈的外部系统是指信息来自客人和朋友。为了及时得到客人的意见，餐桌上可放置客人意见表，在客人用餐后，可主动征求客人意见。通过对从前厅、客房部、营销部、公关部、高层管理人员等反馈回来的客人信息分析后，属于强反馈信息的，应予高度重视，保证以后不再发生类似的质量偏差。

5.4 娱乐项目设置

1. 常见娱乐项目

如今，许多酒店都推出了各种娱乐方式。一方面，医疗保健系统、桑拿室、台球室、棋牌室、保龄球馆、健身房、咖啡厅、中西餐厅、快餐店、酒楼、洗浴、会所等向非住店客人开放；另一方面，增加了新的面向住店客人的收费娱乐项目，如影音设备及资料的租用、互动的电视游戏、电子游戏机房、VOD节目点播、文艺节目及时装表演等。

2. 设置娱乐项目的依据

（1）市场需求

从市场总体情况来看，客人的需求不可能得到完全满足，总会有一些未被满足的需求。同时，消费者的需求也会随着市场的发展、环境的变化、时间的推移而不断发生变化。现在的客人除了要求住得好、吃得好之外，还需要娱乐和健身。为了满足客人的大部分需求，旅游酒店引进了酒吧、闭路电视、台球、保龄球、高尔夫球、网球等康体娱乐项目。在具体确定市场需求时，还要分析每个服务项目的市场需求量，即服务项目利用率的高低，要防止某个项目的规模和接待能力过大或不足而影响经济效益。

（2）酒店星级

娱乐活动是具有现代意识的旅游新观念，这一观念现在已越来越受到重视。《涉外酒店星级的划分及评定标准》中，就明确要求三星级酒店必须有舞厅、按摩室、美发厅、多功能厅，四星级酒店还要再增加游泳池，五星级酒店还要再增加网球场等项目。从以上要求可以看出，酒店娱乐设施的设置应该符合国家的相关规定。

（3）资金能力

娱乐项目的设置应该依据投资者投入的资金量力而行。建设一个综合娱乐项目所需要的资金可能与建一座相当规模的酒店差不多，但建一个酒店附设的适度规模的娱乐部门则用不了那么多资金。因此，投资者、设计者要做到心中有数，这是娱乐项目设置的依据之一。

（4）客源消费层次

酒店娱乐设施的设置，要在调查研究的基础上根据客源层次及其相应需求来决定。也就是说，市场定位要准。既要注意工薪阶层与商务阶层、商务客人与纯度假旅游客人的不同需求，也要根据不同客人的不同需求设置相应的娱乐设施。

（5）客房接待能力

一般情况下，从酒店客房接待能力可以推测出娱乐部需要的接待能力，从而决定娱乐设施的设置规模。这是对只接待住店旅客的酒店而言。但有的酒店娱乐部在接待本店旅客的同时还接待店外散客，这时就要考虑市场半径之内的客流量，并依此决定娱乐部的规模。

（6）地区经济环境

地区经济发展水平决定了当地人们娱乐消费的能力。娱乐消费是指人们在满足衣、食、住、行等基本生活需求之后，用以提高身体素质、保持身心健康的消费。只有人们的收入水平达到一定程度后，才具有娱乐消费的能力。同时，如果某地区经济发展规模大、速度快、潜力大，就意味着该地区的经济活动会日益活跃，经贸商务活动会越来越频繁，外来经商、洽谈、投资的人会越来越多。这必然会导致对娱乐需求的增加，预示着娱乐经营在该地区具有广阔的前景。因此，设置娱乐项目应该与本地区的经济发展水平相适应，与人们的支付能力相适应。

（7）人文环境

人文环境是指社会各种文化现象，包括文化传统、教育水平、社会习俗、宗教信仰、价值观念、审美情趣等。不同地区、不同民族的习俗、爱好、情趣会有很多差异，即使同一地区的人们，由于文化、年龄、习惯、性别等方面的不同，他们的娱乐需求也会不同。喜欢哪一类型的娱乐项目，与人们的习惯爱好有关系，如有的人喜欢室内项目，有的人喜欢室外项目；与人们的价值观念有关系，如有的人对酒吧情有独钟，认为那里是交友、放松的好去处，有的人认为那里是低格调的场所；与人们的审美情趣有关系，如有的人喜欢典雅、轻松的交谊舞，有的人喜欢粗犷、疯狂的迪斯科舞；与人们的社会习俗和文化传统有关，如云南纳西族地区的人们特别喜欢演奏古乐，广西地区的人们更喜欢唱歌。因此，设置的娱乐项目应该与本地区的人文环境相适应。

（8）社会政治环境

娱乐消费是基本生活以外的消费，它对治安环境条件的变化特别敏感。一方面，是需要良好的政策环境。宽松的政策无疑会促进娱乐业的发展。另一方面，还必须注意遵守国家和地方的有关法规，娱乐业是一个特别容易受政策影响的行业。因此，在设置娱乐项目时，应该认真学习研究有关的政策法规，还应当向当地的文化、体育、公安、消防、工商、税务等部门充分咨询，在国家政策法规允许的范围内设置娱乐项目。

3. 设置娱乐项目的步骤

娱乐项目的定位一般以市场细分作为基础，通过对细分层的各个子市场进行分析比较，从中选择一个或几个最适合自己进入和占领的子市场。

（1）选定主营项目

根据本酒店优势和了解到的市场占有率，将潜力最大的项目确定为主营项目。主营项目必须具备一定的规模或一定特色，能成为吸引客人的重要娱乐活动。主营项目必须是酒店的优势项目，应在当地市场上是独一无二的，或者是与竞争对手相比具有明显优势的，也是酒店的标志性经营项目。

（2）确定配套项目

在确定酒店的主营项目以后，接下来就应该安排相应的配套项目。配套项目是主营项目的补充和完善，在确定配套项目时，既要考虑为客人提供服务功能的完整性，又要考虑与主营项目的一致性。

（3）发挥综合优势

有的酒店没有明显的娱乐主营项目，将娱乐设施作为酒店的辅助、服务项目来经营。这种没有特色的项目，难以吸引客人，更不能发挥酒店的综合优势。酒店应在突出主营项目的同时，发挥辅助项目的补充、完善作用。

下面是某酒店娱乐项目的配套情况，供读者参考。

> **拓展阅读**

某酒店娱乐项目的配套

1．健身房娱乐中心

将健身房娱乐中心作为本酒店的主要娱乐项目，应从客人的需求出发，使其经营涉及康体娱乐等多种项目上。

（1）主营项目：健身房。

（2）配套项目：

①健康训练指导：提供韵律操健美训练指导，各部位训练方法指导等服务。

②美容服务项目：提供头发、指甲、皮肤等美容服务和服装、化妆、形体美等方面的咨询服务。

③按摩服务项目：提供各种保健按摩、休闲按摩等服务。

④洗浴服务项目：提供淋浴、桑拿浴室，蒸气浴室。

⑤医疗咨询服务项目：提供肺功能检查、血压检查、尿分析等医疗服务和健康指导。

⑥水吧休息室：提供茶水健康饮料等休息服务场所。

⑦氧吧休息室。配套项目要做到因地制宜，且配套项目必须为主营项目服务。

2．夜总会娱乐项目的选定

配套项目要做到因地制宜，且配套项目必须为主营项目服务。

（1）主营项目：歌舞厅。

（2）配套项目：包括KTV、卡拉OK、迪斯科舞厅、电子游戏室、休息区、金融资讯中心、中餐西餐厅、特色酒吧、小商店等。

5.5 娱乐服务质量控制

娱乐服务质量是通过一定形式表现出来的，很多方面只有形式而没有实物。娱乐服务就不能像工业企业产品那样制定可用仪器检测的标准，而是以客人的满意程度为标准。

1. 建立标准化的作业程序

建立标准化作业程序就是要在最大程度方便客人的原则下，设计出最好的服务程序和方法，明确娱乐服务应达到的规格和标准。标准化首先要确定服务的环节及工作任务；其次要确定每个环节服务人员的语言、姿态、时间要求，以及用具、手续、意外处理、临时要求等，标准化作业能使一些无形的因人而异的服务工作达到一致，标准化作业能使员工在很短的时间内掌握服务的标准，达到服务的高水平，标准化作业能保持服务质量的稳定。

2. 尽量把服务有形化

客人对娱乐服务的满意程度是通过已感受到的服务作评价的。如果客人对服务没感觉，就谈不上服务的优良。为了使娱乐服务质量具有可衡量性，在娱乐服务经营过程中，在保证有形部分服务品质提高的同时，应尽量设法把无形服务部分有形化。

把娱乐服务有形化，就是要使其具有可操作性，以保证服务质量的客观性和可测量性。娱乐服务往往是娱乐活动同时进行的，我们就应设计出如何热情待客，殷情服务方面有形化，如通过岗位工作细则，员工行为规范和服务程序等来实现。

3. 建立服务质量控制系统

服务质量是服务的性质和性能的集合。服务贯穿于工作内容和服务体系中。为了保持稳定的服务水平，就必须建立服务质量控制系统，对包括亲切感、热情、认真、细腻、准确、接待的合适度、缩短等候时间、清洁卫生状况、安全性及服务项目的完善性、竞争性等进行评估检查。

4. 建立客人的反馈系统

要想保持稳定的服务质量，提高服务水平，就必须建立顾客反馈系统，减少客人的投诉。客人对服务的抱怨有两种，一种是显在的抱怨，即客人指出或是看出来的不满，或被服务人员发现的不满情绪，这类抱怨只要给予一定的重视，就容易采取措施补救。另一种是"潜在的抱怨"，即客人对娱乐服务的不满不予表示或表露出来，而是以不再光临或以"口传"方式转告亲朋好友，这样容易造成客人流失。因此，建立一套公平、有效的客人反馈系统很有必要。

信息反馈，一方面来自企业的服务人员和酒店经理每天对工作的总结，尤其是应明确改进的地方和方法。另一方面则直接来自客人，酒店经理应主动诚恳地征求客人对娱乐过程的意见和建议，或通过客人的同事、朋友获得反馈意见。

5.6 编外技师管理

酒店娱乐的经营是以一定的娱乐项目为前提的,而娱乐项目的完成又离不开具有专业技能的人才,如歌舞厅的乐队和歌手,洗浴中心的按摩师,歌舞时装表演人员等。酒店康乐部的专职技术人员大多采用外聘的形式,他们大多属于编外人员。管理编外人员是酒店面临的一个实际问题,需要酒店主管认真研究和完善编外人员管理的手段和制度,以利于酒店康乐部的发展。

1. 编外专职技师的特征

编外技师具有以下三个特征。

(1)大多是具有专门技能的人才。

(2)编外人员与酒店之间是一种合约关系。

(3)外聘人员收入直接来自客人。

2. 聘用管理

对技师的管理从聘用开始,聘用的管理要求为有以下三个。

(1)应聘人员经本部门全面考核通过后,将被聘为××部××技师,并签订聘用协议书,就工作时间、工作内容、收入构成、聘用期限等事先约定。

(2)受聘技师不属于康乐部的统一编制,由所聘部门进行统一安排、管理。

(3)受聘技师一般从受聘之日起,两周内为技师的试用期,试用期满后属正式聘用期。为保证酒店设施的完好并充分利用康乐设施,受聘技师必须遵守协议。受聘技师需交纳一定数额的保证金,一般相当于一个月的收入,保证金在技师正常解聘后. 如数退还给技师本人。

3. 待遇管理

技师的收入构成如图5-9所示。

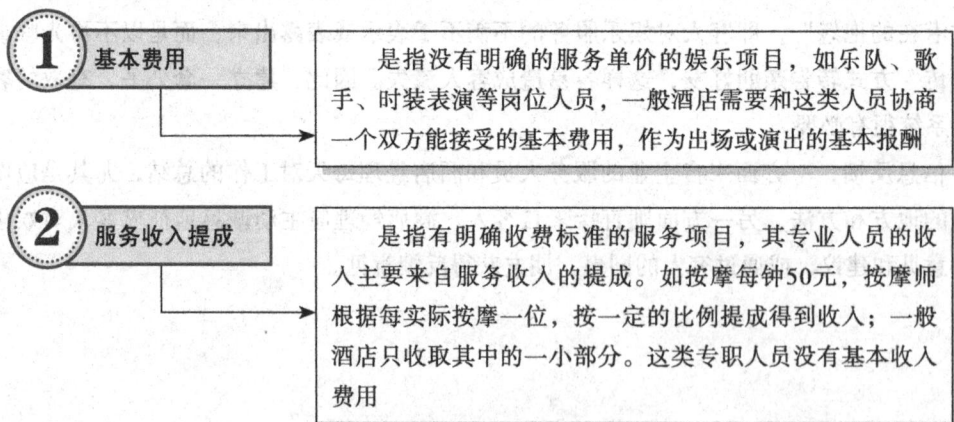

① 基本费用	是指没有明确的服务单价的娱乐项目,如乐队、歌手、时装表演等岗位人员,一般酒店需要和这类人员协商一个双方能接受的基本费用,作为出场或演出的基本报酬
② 服务收入提成	是指有明确收费标准的服务项目,其专业人员的收入主要来自服务收入的提成。如按摩每钟50元,按摩师根据每实际按摩一位,按一定的比例提成得到收入;一般酒店只收取其中的一小部分。这类专职人员没有基本收入费用

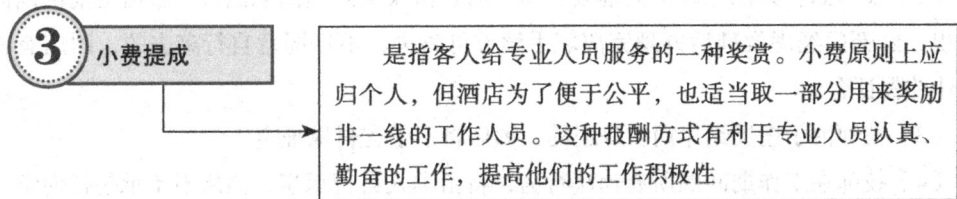

③ 小费提成 ｜ 是指客人给专业人员服务的一种奖赏。小费原则上应归个人，但酒店为了便于公平，也适当取一部分用来奖励非一线的工作人员。这种报酬方式有利于专业人员认真、勤奋的工作，提高他们的工作积极性

图5-9 技师的收入构成

为了保证每位技师收入的合理、公平，保持客源稳定，以及维护良好的酒店形象，酒店经理有必要对编外人员的收入，尤其是小费进行管理，具体应以制度的形式体现出来。

（1）技师应以优质服务、真诚待客换取客人自愿付小费。严禁向客人变相索要或强行索要小费，不得私自限定小费最低数额。

（2）技师收小费须签单，交收银台统一结账，并按部门与技师的协议规定按日结清。

（3）技师不得私自收取现金，一经发现将严厉惩处。如有特殊情况需将所收现金向经理或主管汇报，并同时按规定比例交纳管理费。

（4）技师强行向客人索要小费，视情节轻重，对其进行口头警告、罚款，更甚者予以除名。

（5）技师私自让客人签小费单，将予以罚款，并给予警告，再犯则予以除名。

4. 日常工作管理

技师管理一般采取酒店监督、部门管理的办法，技师必须遵守员工守则、员工的行为规范和纪律总则。具体要求如下。

（1）设技师主管一名，负责技师的日常工作分派和管理，以及技师同部门的协调工作。

（2）技师不得违反酒店的规章制度及各岗位的技师管理制度。

（3）技师上班时间应根据各部门的统一安排，一律不得迟到、早退、旷工。

（4）技师上班将在各部门的专门技师房休息，非经允许不得在客人休息区内随意走动、停留。

（5）技师工作需认真、负责，要做到力度动作到位，一旦接到客人投诉，将做严肃处理，并根据情节轻重给予经济处罚，不得以任何形式提供色情服务以及从事违法活动，一经发现将送交公安机关处理，且责任自负。

5. 离职管理

为了把握技师的流动，离职管理也非常重要，具体措施如下。

（1）部门可根据技师的工作表现，随时掌握、记录技师的工作情况，对违约、违法的技师应解除工作协议。

（2）技师如有其他原因不能继续工作，需在协议期限内离职的，一般需提前两周向部门提出，经部门经理批准后办理完离职手续方可离去，不经同意自行离去的，酒店有权扣除其违约保证金。

（3）技师由于违反纪律而被辞退的，酒店将不予支付保证金。

（4）技师在工作期间的所有违法行为，将由本人自行承担，酒店不予承担任何责任，并有权送交公安机关处理。

（5）技师在正常离职时部门将根据协议为其结清一切账务，并从离职之日起终止合作协议。

学习笔记

通过学习本章的内容，想必您已经有了不少学习心得，请仔细填写下来，以便继续巩固学习。如果您在学习中遇到了一些难点，也请如实写下来，方便今后重复学习，彻底解决这些难点。

我的学习心得

1. _____
2. _____
3. _____
4. _____
5. _____

我的学习难点

1. _____
2. _____
3. _____
4. _____
5. _____

我的运用计划

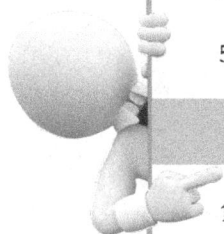

1. _____
2. _____
3. _____
4. _____
5. _____

第**6**章

酒店财务运作管理

财务管理是酒店行业管理的核心内容，对酒店的发展起着重要作用。做好酒店的财务管理，可以确保酒店的资金运转，使酒店正常经营，还可以加强成本管理、降低酒店成本等。

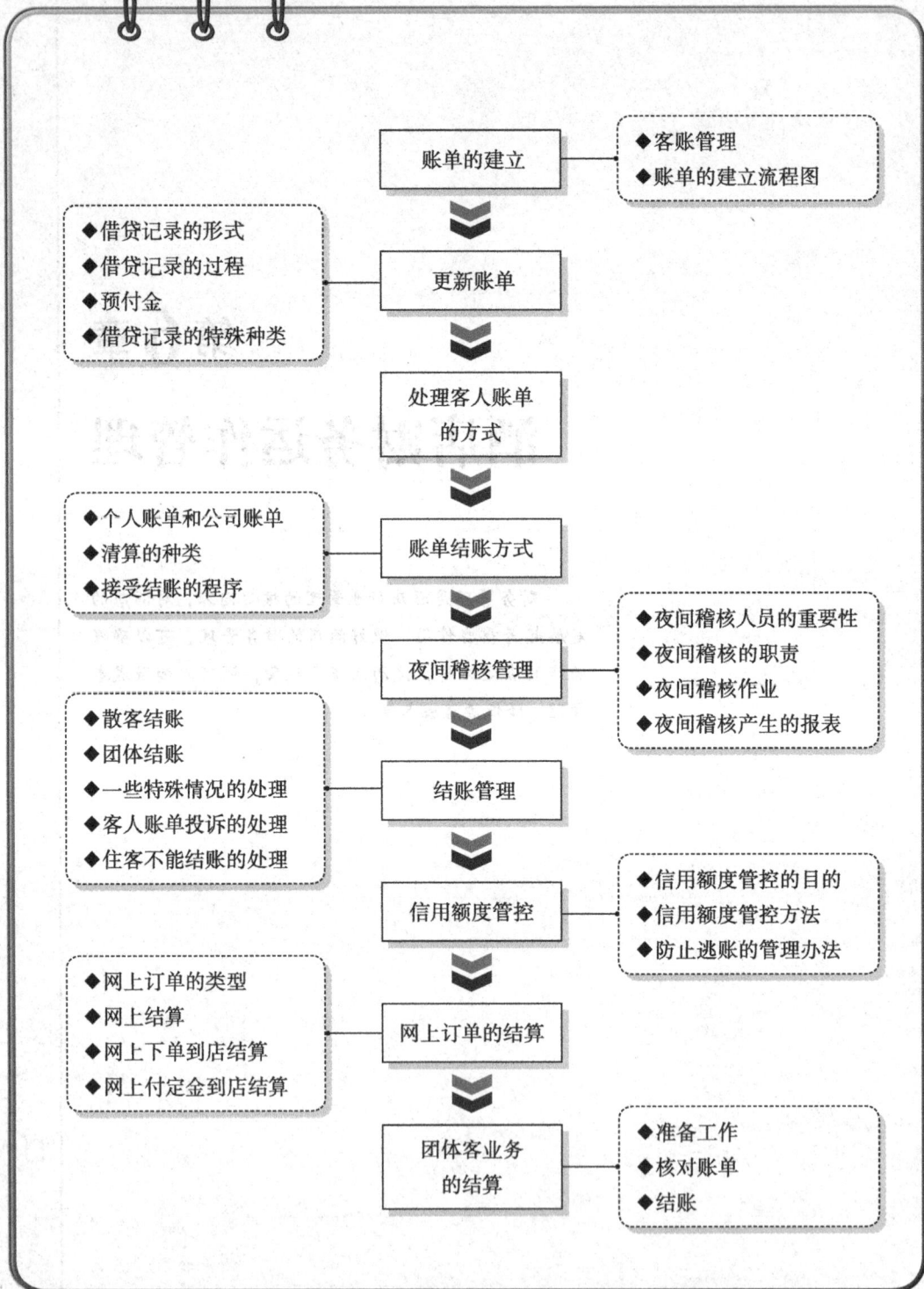

学习指引

账单的建立 → ◆客账管理
◆账单的建立流程图

◆借贷记录的形式
◆借贷记录的过程
◆预付金
◆借贷记录的特殊种类 → 更新账单

处理客人账单的方式

◆个人账单和公司账单
◆清算的种类
◆接受结账的程序 → 账单结账方式

夜间稽核管理 → ◆夜间稽核人员的重要性
◆夜间稽核的职责
◆夜间稽核作业
◆夜间稽核产生的报表

◆散客结账
◆团体结账
◆一些特殊情况的处理
◆客人账单投诉的处理
◆住客不能结账的处理 → 结账管理

信用额度管控 → ◆信用额度管控的目的
◆信用额度管控方法
◆防止逃账的管理办法

◆网上订单的类型
◆网上结算
◆网上下单到店结算
◆网上付定金到店结算 → 网上订单的结算

团体客业务的结算 → ◆准备工作
◆核对账单
◆结账

6.1 账单的建立

1. 客账管理

客账管理不是某一个部门的事务，如营销部在与客户订约时会确定结账的方式，财务部会追踪处理，但收银台置在前厅，所以酒店经理也必须了解客账的管理范围与方式，以便出现问题时能够从容应对、处理。

2. 账单的建立流程图

客人的账单通常会在客人入住后立刻建立。入住流程的一部分是在计算机中建立客人资料。信用额度也会设定好。也就是说，客人在建立账时，并不会产生任何交易金额。前台账单循环流程如图6-1所示。

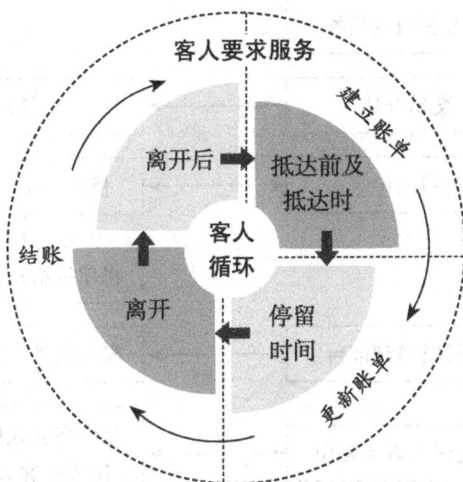

图6-1　前台账单循环流程图

6.2 更新账单

当客人账单开启后，所有酒店与客人间的财务交易都会记录在这个账单中。这种将交易记录到客人账单中的过程称为借贷记录。

1. 借贷记录的形式

在酒店账单中的各种交易的借贷记录有两种基本形式，即借方记录和贷方记录，具体如图6-2所示。

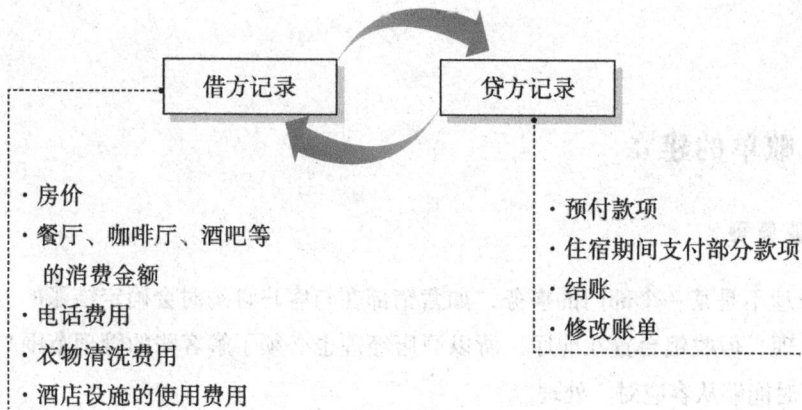

图6-2　借贷记录的形式

2. 借贷记录的过程

通常借贷入账包含五个阶段，具体如图6-3所示。

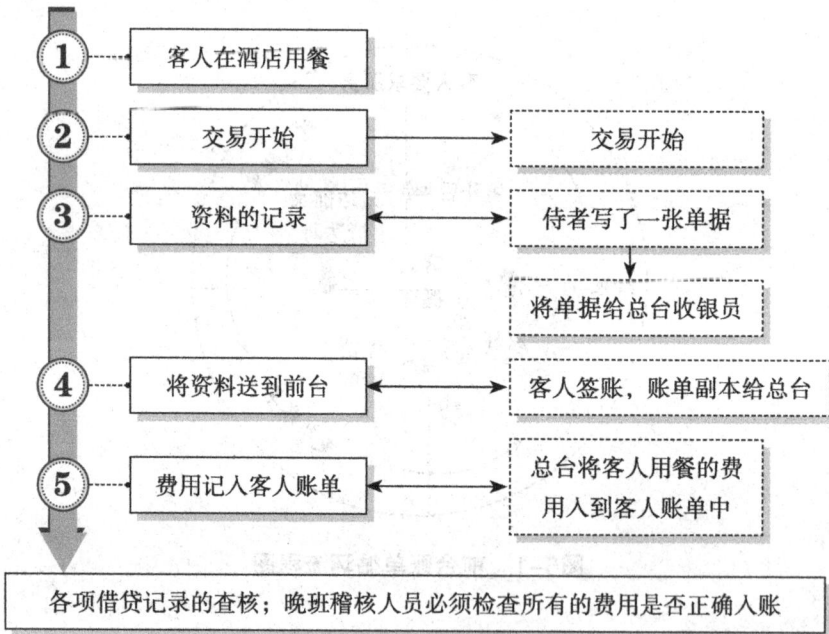

①	客人在酒店用餐	
②	交易开始	交易开始
③	资料的记录	侍者写了一张单据
		将单据给总台收银员
④	将资料送到前台	客人签账，账单副本给总台
⑤	费用记入客人账单	总台将客人用餐的费用入到客人账单中

各项借贷记录的查核；晚班稽核人员必须检查所有的费用是否正确入账

图6-3　借贷记录流程

3. 预付金

客人有时会要求一些酒店没有提供的服务，在这种情况下，酒店会将这些服务项外包给租车公司、观光旅游公司、花店等。行李员通常会帮忙安排这类服务并垫付这些费用，之后再通知收银员或接待员将这笔费用记入客人的账单中。这类费用通常称为客人预付金，它是指酒店替客人预先支付一些外包服务的费用。这类费用将记入房账中。

4.借贷记录的特殊种类

除了前述借贷记录的形式之外，还有许多特殊借贷项目，如调整项、折扣、转账。

（1）调整项

当客人房账的借贷记录发生错误时，就需要调整项来修正错误。

①已将正确的金额记入正确的客人账单，但是发现消费的部门记错。例如，在咖啡厅的消费金额记在客房服务中，如此一来，必须先在贷方扣除客房服务的金额，再在借方加入咖啡厅的消费金额。

②将错误的金额记入正确的消费部门及客人账单中。例如，错将客人的消费金额250元记成了150元，如此一来，必须先在客人借方加入100元才能使客人账单与所消费的部门账单相等。

（2）折扣

折扣项是借方项目之一。当客人在咖啡厅点了一份套餐后，对服务提出抱怨时，咖啡厅经理通常会在这份套餐的金额上给予客人一些折扣，以此作为给客人的补偿。这种补偿会从客人的账单中扣除。

（3）转账

转账是将金额从一个账单中转移过来，或者将金额转移到另一个账单中。例如，携带两个孩子的夫妻，分住两间双人房，夫妻要求将孩子那间的房价转到他们的账单中，因此，两间双人房的账单会合二为一，并一起结账。

6.3　处理客人账单的方式

为了确保客人账单的准确性，前厅收银员必须准确地记录客人所使用的借方项目及金额。计算机系统处理客账如图6-4所示。

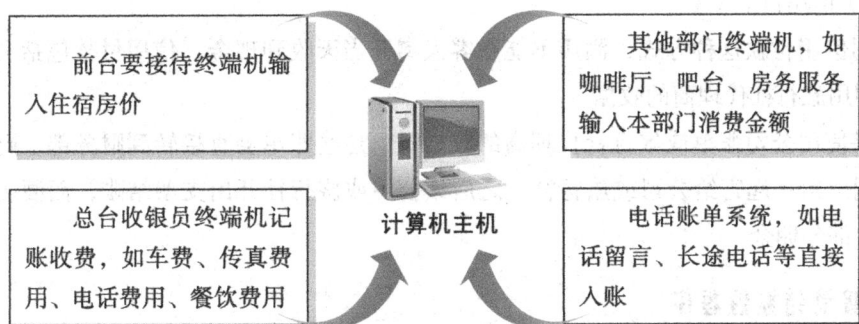

| 前台要接待终端机输入住宿房价 | | 其他部门终端机，如咖啡厅、吧台、房务服务输入本部门消费金额 |
| 总台收银员终端机记账收费，如车费、传真费用、电话费用、餐饮费用 | 计算机主机 | 电话账单系统，如电话留言、长途电话等直接入账 |

图6-4　计算机系统处理客账图示

从图6-4中可以看出，借方细项及金额都会由各方计算机传来，记录在客人的账单中，交由主计算机加以处理。其中：

（1）有些金额是由计算机自动记录的，如房价，当客人预定房间并入住时，房价会自动依客人住宿天数累计；

（2）交易项目及金额会由各部门的计算机终端机传送过来。例如，服务员可以在咖啡厅的小型终端机中键入客人早餐所消费的金额，这笔金额将会传送到前厅的主信息处理机并记入到客人的账单中；

（3）将计算机系统联结到前厅主机来处理特殊客人的要求。例如，有些酒店有通信记账系统，所有客人的通信记录都会显示在这部小型计算机上，再转到前厅的大型主机后，自动记账；

（4）以收据记账：在某部门并没有联到计算机系统的情况下，前厅可利用其他部门所出示的收据来记账。

6.4 账单结账方式

1. 个人账单和公司账单

（1）个人账单

客人在离开酒店时使用现金、信用卡等方式结账。

（2）公司账单

公司账单不是客人直接结账，是由公司或旅行社结账，账单金额会在客人确认无误后再转到财务部，财务部会将账单及发票寄到公司或旅行社。

2. 清算的种类

（1）现金结账

现金结账是一种随时可以付清账单的方式，主要包括人民币、外币和信用卡。

（2）信用付款

采用信用付款这种方式，酒店不能在客人离开当天收到现金。信用付款包括利用公司账单和利用旅行社代理商的收据。

如果使用公司账单或旅行社代理商的收据时，这些账单会直接转到财务部，财务部将账单连同发票一起寄给公司或旅行社，之后该公司或旅行社开出支票结账，而酒店也必须给旅行社部分佣金。

3. 接受结账的程序

客人通常会在抵达酒店时事先同意付款的方式。正确的账务程序如下。

（1）公司与旅行社代理商的账单

通常公司与旅行社代理商只会帮客人付清住宿费用和早餐费，其他的额外支出，如电话费、饮料费、洗衣费都需要由客人付账。在这种情况下，客人的账单就会分成两部分，一部分是主要账单，由公司结账；另一部分是个人账单，由自己结账。

在处理公司账单与旅行社代理商的账单上会有所不同，具体如表6-1所示。

表6-1 以不同方式处理公司账单与旅行社代理商的账单

账单种类	公司账单	旅行社代理商账单
主要账单	由公司结算，出示证明给客人检查后，在退房时签字确认	（1）旅行社开具证明文件给客人，客人在入住时可以将证明文件出示给接待人员 （2）收银员必须确认这家旅行社是在由销售及财务部门提供的旅行社名单上 （3）客人退房时，收银员必须确定客人支付的账款是否包含这张证明文件上的其他费用 （4）主要账单不会给客人，因为客人支付给旅行社的金额跟旅行社支付给酒店的金额是不同的 （5）客人退房后，主要账单会连同证明文件一起交给财务部，财务部于每月月底或每个周末将账单总额及证明文件一起寄给旅行社请款
其他应付款账单	由客人自行结账，利用现金、信用卡等，并附收据给客人	通常利用现金、信用卡、个人支票等方式结账，并附收据给旅行社

（2）客人账单及其他应付账单

客人账单是由客人自行支付费用的账单，他们可利用现金、信用卡付款。客人使用信用卡付款时的注意事项如图6-5所示。

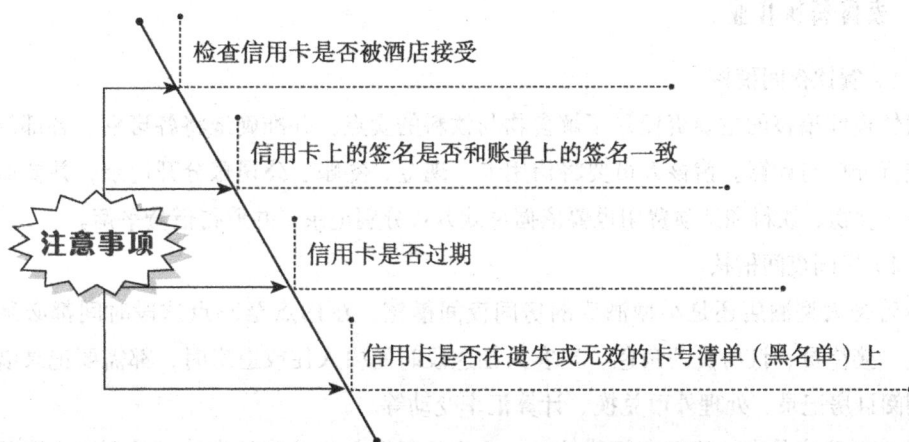

图6-5 客人使用信用卡付款时的注意事项

163

6.5 夜间稽核管理

1. 夜间稽核人员的重要性

酒店业是一年365天，一天24小时营业的，因此一般住宿客人账单、非住宿客人账单及管理账单都必须每天进行精确的检阅。一般来说，前厅的账务程序有三个阶段，即账单建立、账单更新和结账。为了确保所有交易正确入账，通常由夜间稽核人员加以检查。

2. 夜间稽核的职责

夜间稽核人员的工作时间一般在晚上换班后，因为这段期间内，酒店的活动较少，不易受到干扰。夜间稽核人员的主要工作有以下五个。

（1）记录任何费用的借贷。

（2）平衡及核对各种账务的转移，包括房价和税率。

（3）核对账务及更正错误。

（4）准备预付押金的收据。

（5）准备为住宿客人及使用公司账的客人提高信用额度。

小贴士

　　夜间稽核人员必须了解信用额度，建立信用卡额度及公司账的使用额度。如果超出这些额度，夜间稽核人员必须建立一个平衡表，并准备客人结账的资料给前厅经理。

3. 夜间稽核作业

（1）餐饮夜间稽核

餐饮夜间稽核的主要责任是了解食物与饮料的卖点，并准确地将各班别、各部门的平衡表进行分析与计算。稽核人员要将信用卡、现金、签账、公司账分开记录，并要取得借贷平衡。食物、饮料和杂项费用也要依据付款方式分别记录，并取得借贷平衡。

（2）房间夜间稽核

不管是大型酒店还是小型酒店的房间夜间稽核，在19点至23点这段时间都必须扮演收银员、接待员、订房员的角色。当客人在这段时间内入住或退房时，都需要记录借贷交易、调阅订房记录、处理外币兑换、计算汇率变动等。

①核对客房状态。房间夜间稽核的一个主要任务是将该晚的房价记录到客人账单中。但在记录房价之前，应先核查客房状态，并作双重确定，不仅要确认前厅的住房状态表，

也要检查客房报表，将不一致的地方画线。客房部必须立刻去确认房间目前的状态，并通知前厅人员。而发生报表不一致的原因可能是前厅在新客人入住或客人要求换房间后并没有立即更新资料。房间夜间稽核必须尽快掌握情况，因为客房收入是整个酒店主要的收入来源之一。

②预定到达单、住宿单、退房单。客人到达单、住宿单、退房单随时会依实际情况改变。当客人入住酒店后，前厅的计算机系统会自动更新预定到达单和住房状况表。当客人提前到达或延长住宿时，计算机会自动更新相关表单。

先前销售的客房数＋今天预定入住的客房数－今天退房的客房数＝客房总销售量

通过上面的公式，可以计算出剩下多少可销售房间数，并可以大概地了解当天的已销售的房间数占总房间数的比例，但必须考虑到因故障而无法出售的房间数。

4. 夜间稽核产生的报表

夜间稽核人员会依酒店当日活动产生许多报告（见表6-2），包括财物上的资料等。这些资料能够帮助酒店管理并更新可用房间数、订房平均房价、客人信用等级、餐厅活动等。

表6-2 营运报告单

序号	内容
1	营运统计报告 住房率百分比 客房收益及百分比 回扣 营收百分比 平均房价
2	客房类型使用报告
3	营销统计图 客人类型 客源 商业来源 混合房价
4	未来营收预测
5	营销分析与区隔

管理部门采用前厅产生报表的目的有以下三个。

（1）客源报告

这个报表用于分析客人的情况，将它与之前的资料相互比较，可以看出客源分布，并比较百分比之间的变化。这对销售和营销部门很有用。

（2）常用房价报告

这个报告通常是显示哪个房价是最受欢迎的，哪些房价是较少被采用的，营销部门可选择最适当的价位来吸引客人入住。

（3）未来收益预测报告

这个报告可依据计算机内预定的房间数计算出来，可以让前厅与客房经理了解哪段日期是收益较少的，在营业淡季的时段可以促销给团体或公司，以增加收益。

6.6 结账管理

1. 散客结账

散客结账时应注意以下四个事项。

（1）客人结账时，要"注意收回"房门钥匙及房卡。如客人暂不交房门钥匙，在通知楼层客人结账时，提醒服务员收回钥匙，并记下楼层接话人的工号。

（2）通知楼层服务员迅速检查客房，以免客房中有客人的遗留物品，并检查房间物品是否有丢失或损坏现象。

（3）委婉地询问客人是否有其他临时消费（如电话、早餐等费用），以免漏账，给酒店造成损失。

（4）注意做好"验卡"工作，具体如图6-6所示。检查客人信用卡的安全性。

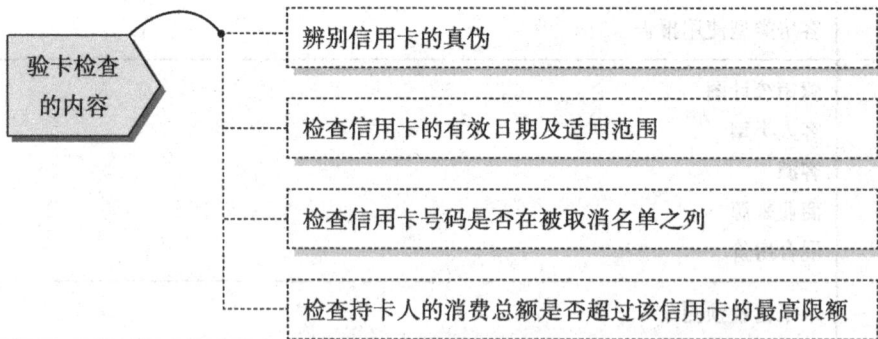

验卡检查的内容

- 辨别信用卡的真伪
- 检查信用卡的有效日期及适用范围
- 检查信用卡号码是否在被取消名单之列
- 检查持卡人的消费总额是否超过该信用卡的最高限额

图6-6 验卡检查的内容

（5）如果客人用支票结算，则也需要对支票加以辨别，具体如图6-7所示。

要求一	检查支票的真伪：注意辨别哪些银行已通知停止使用的旧版转账支票
要求二	检查支票是否过期，金额是否超出限额
要求三	检查支票上的印鉴是否清晰、完整
要求四	在支票背面请客人留下联系电话和地址，并请客人签字确认；如客人有怀疑，应及时与出票单位联系核实，必要时请当班主管人员解决

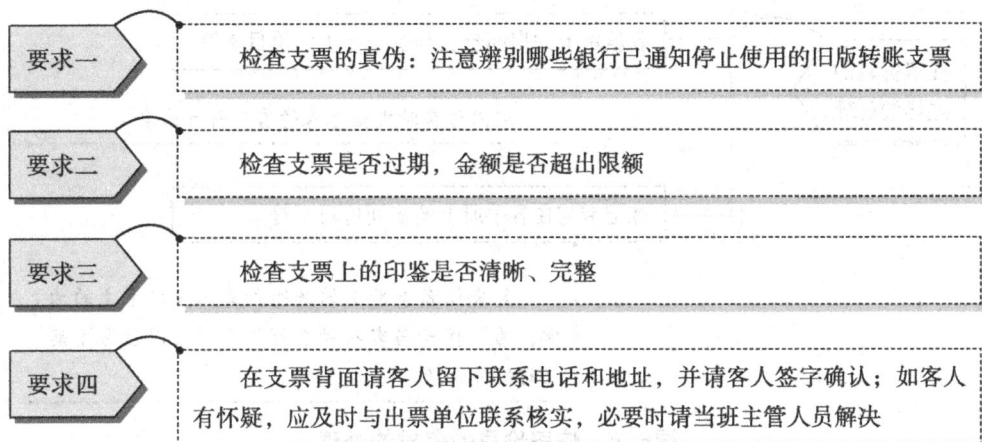

图6-7　支票结算的要求

2. 团体结账

团体结账时应注意以下五个方面。

（1）结账过程中，如出现账目上的争议，应及时请结账主管人员或大堂经理协助解决。

（2）收银员应保证在任何情况下，不得将团体房价泄露给客人；如客人要求自付房费，应按当日门市价收取。

（3）团体延时离店，须经销售经理批准，否则按当日房价收取。

（4）凡不允许挂账的旅行社，其团体费用一律到总台现付。

（5）团体陪同无权私自将未经旅行社认可的账目转由旅行社支付。

3. 一些特殊情况的处理

出现以下五种情况时需作出特殊处理。

（1）当住房客人的欠款不断增加时。

（2）当客人A的账由客人B支付时。

（3）过了结账时间（一般为当天中午12点）仍未结账。

（4）客人在结账时才提出要折扣优惠，而且也符合优惠条件，或者结账时收银员才发现该房间的某些费用是由于某种原因而输入错误。

（5）客人结账后，没有交回房间钥匙。

4. 客人账单投诉的处理

当客人结账时，发现账单上的总金额与预算不同而发生纠纷时，管理人员应出面慎重处理。

（1）住房价目的差异

当住房价目出现差异时，应视具体情况处理，具体如图6-8所示。

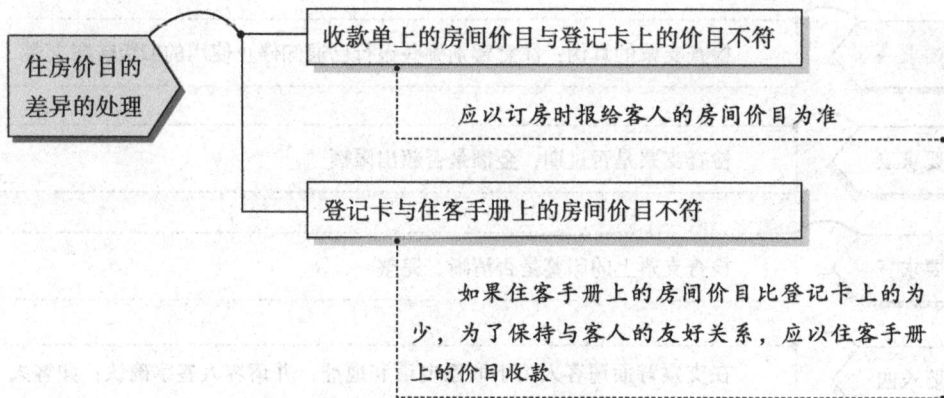

图6-8 住房价目的差异的处理

（2）长途电话账目的差异

①住客打电话时，受到电流干扰，不愿付钱，应向客人耐心解释，电话费是邮电部门及电话公司所收取的费用，酒店不得不收，只可以给服务费。如果该项长途电话只用了少于三分钟的时间，而客人却极力拒绝付费，则为了维护和客人的友好关系，亦可做出让步，由前厅部经理签署取消。

②电话接线生登记或计算错误，应立即向客人道歉，并纠正错误。

③客人赖账。在这种情况下，记住我们的态度应永远保持友好，但必须坚持要客人付账。坚持客人付账的过程比较困难，须沉住气，冷静、友好地向客人解释。

（3）餐饮的差异

餐饮差异的原因如图6-9所示。

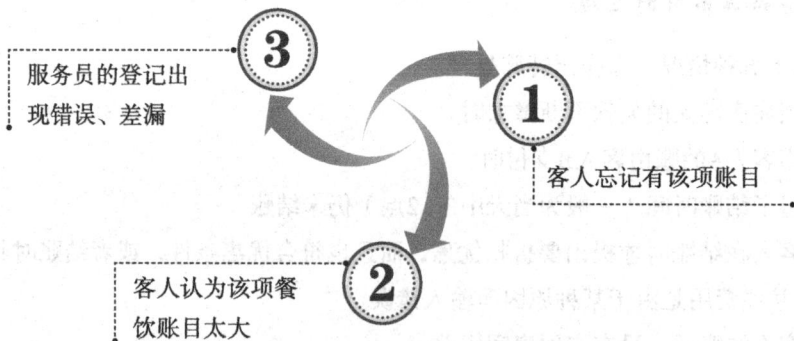

图6-9 餐饮差异的原因

针对餐饮差异，应立即调查餐饮单的存案，让客人复核。如果客人认为餐饮单上的其中一二项有错误时，按当时情形，可以取消收费。

（4）迷你酒吧的差异

当遇到客人投诉并没有使用迷人酒吧的饮料、食物，或服务员忘记补充其中一两项食品或酒水，事后又报酒水消费单至前台的情形，应作以下处理，具体如图6-10所示。

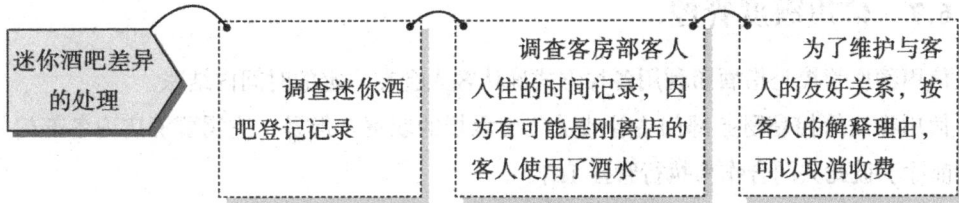

图6-10 迷你酒吧差异的处理

（5）如何避免账单上的差异

首先要细心操作，保持记录正确无误，减少人为错误。具体方法如图6-11所示。

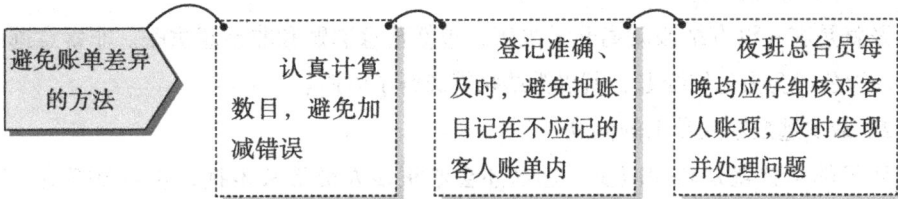

图6-11 避免账单差异的方法

5. 住客不能结账的处理

当客人办理退房手续时，如因为自己所持的信用卡出现问题，又没有足够的现金付账时，收银员可通知经理处理，具体方法如图6-12所示。

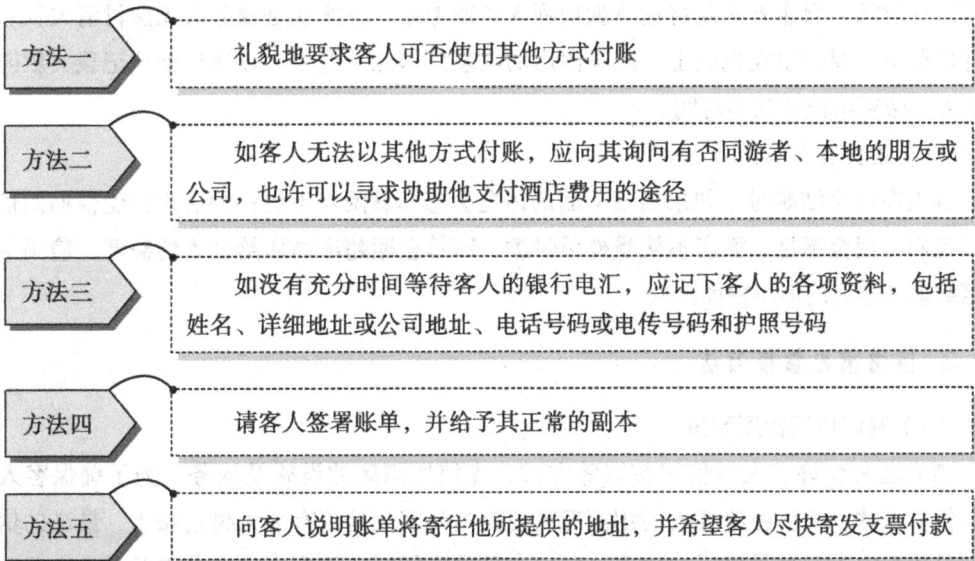

方法一　礼貌地要求客人可否使用其他方式付账

方法二　如客人无法以其他方式付账，应向其询问有否同游者、本地的朋友或公司，也许可以寻求协助他支付酒店费用的途径

方法三　如没有充分时间等待客人的银行电汇，应记下客人的各项资料，包括姓名、详细地址或公司地址、电话号码或电传号码和护照号码

方法四　请客人签署账单，并给予其正常的副本

方法五　向客人说明账单将寄往他所提供的地址，并希望客人尽快寄发支票付款

图6-12 住客不能结账的处理方法

6.7 信用额度管控

信用额度管控是指酒店利用各种方式确认客人会在一定的时间内结账。

信用额度管控是财务部门主管或员工应承担的职责。但是，它需要酒店内各部门（尤其是前厅）彼此共同合作来执行管控工作。

1. 信用额度管控的目的

酒店和其他行业一样，要生存和发展就需要有一定的现金流量，这就要求酒店必须管控好客人的赊账金额。总体来说，信用额度管控的目的有以下四个。

（1）为了避免逃账

逃账就是客人没有结账就离开了酒店，包括蓄意逃账和非蓄意逃账。非蓄意逃账的客人可能以为公司会为他们结账，所以没结账就离开了酒店。

（2）减少逃账客人带来的问题

最明显的问题就是利润减少。逃账还会给很多人员带来困扰，包括收银员（因为他们没有仔细核对账单）、客房部人员（因为他们没有了解客房状态）、经理（因为他们可以决定是否采取法律行为）、安检人员（因为他们必须检查酒店的其他设备财产是否有损失）。

（3）避免延后结账

多数账单会在客人离开酒店时结清，只有少数账单会由公司结账，这种账单会在客人离开酒店后才付款，而收账的延迟对酒店的现金流量会造成一定的影响。如果公司延长支付费用的时间，酒店就必须将这笔款项列入坏账考虑，坏账就是债务人无法付清欠款。在这种情况下，要记录在报表上，减少酒店的收益。因此，财务人员要仔细地记载欠款明细及债务人必须清偿欠款的时间。

（4）避免客人不悦

客人在退房结账时，如果出现下面的情况会感到窘困及不悦：酒店不接受他们的信用卡，他们的现金不足，酒店不接受外币付款，账单金额超出酒店给客人的额度，信用卡公司拒绝提高他们的信用额度。

2. 信用额度管控方法

（1）制定信用额度政策

酒店通常允许客人以信用签账等方式，先使用酒店的设施及服务。为了确保客人最后会付清账款，酒店在给客人信用额度前要先确认客人是否有能力付清账款。最高的信用额度是依据客人各种结账明细的累计所得，且赊账额度依据客人订房状态及付款方式而有所不同。一般来说，酒店会根据不同的客人提供不同的赊账服务（这也是依据酒店规定而异），主要有以下三种。

①保证订房的客人。

大多数酒店会提供赊账服务给已经保证订房的客人（不管客人是预付定金还是利用信用卡订房）。酒店允许这类客人利用赊账的方式使用酒店内的服务设施，等到退房时再一起结账。

②临时客人及无保证订房的客人。

对于临时客人及无保证订房的客人，如果不是使用现金或支票结账，酒店通常不会提供赊账服务。酒店通常要求这类客人在入住时，先预付房价及一些其他费用的押金。临时客人预付保证金或预刷信用卡后，酒店就会提供赊账服务。

③由公司结账的客人。

当公司希望特定的酒店能够提供赊账服务时，酒店都会先确认该公司的偿债能力，酒店需要参考该公司往来银行所提供的资料。如果往来银行提供的资料显示该公司财务状况良好，酒店就会提供赊账服务。公司的赊账额度取决于财务部，因为财务部会提供信用良好的公司清单，这些清单会转到订房部、接待部、销售部及酒店内其他会涉及赊账业务的相关单位。但是，酒店会针对不同公司给予不同的赊账额度，具体如表6-3所示。

表6-3　不同公司的赊账额度

公司类别	赊账额度
经常预订大量房间且准时结账的大型公司	给予该公司较高的信用额度。一般来说，无论是该公司的公司账还是公司员工的个别账单，都可以事先要求酒店给予较高的信用额度
新公司、小型公司及曾经延后结账的公司	给予该公司的赊账额度会较低。酒店通常会要求这类公司在到达赊账额度后即刻结账

（2）订房后赊账服务的管控方法

订房后对赊账服务也有许多管控方法，具体如表6-4所示。

表6-4　订房后赊账服务管控的方法

信用额度管控方法	原因
检查订房方式	保证订房有赊账服务；没有保证订房或临时预订没有赊账服务
在入住时要求没有保证订房或临时预订的客人事先付款	避免客人在入住时产生误解及不悦
确认房价的报价金额	避免报价过低而减少酒店收益
要求团队或特殊促销方案的客人预先付款。告知这类客人如取消订房要没收定金	避免临时取消订房造成的损失；确认团队或特殊促销形成的订房

（续表）

信用额度管控方法	原因
询问结账的方式	避免产生误会；确认客人取消订房必须没收定金（这样才可以减少酒店的损失）
确认由公司结账的客人账单明细	提供由公司付款、利用现金或信用卡付款的客人赊账服务；确认客人知道酒店可接受的结账方式有哪些；允许信用好的公司使用赊账服务

（3）入住时的赊账信用管控

客人赊账信用管控程序建立在给客人赊账额度及确认客人有能力可以结账的基础上。表6-5汇总了入住时信用管控的方法及采取这些方法的原因。

表6-5　入住时信用额度管控的方法

信用额度控管方法		采取原因
检查订房状态，请无保证订房及临时客人事先付清房价		提供赊账服务给保证订房的客人；在无保证订房的客人、临时客人、临时预订客人事先以现金或信用卡付清房价后，可以提供赊账服务
检查账单的形式	旅行社证明文件。确认证明文件包含的费用及客人要利用何种方式付清其他费用	确认客人会付清其他应付款账单，并询问付款方式
	团体客人。与领队确认账单的安排，主要账单交由旅行社，其他应付款账单则由客人自行付清	确认客人会付清其他应付款账单
	公司账单。确认是否全部的费用都由公司结账，如果不是，询问客人要采用何种方式付清其他应付款账单	确认客人会付清其他应付款账单
确认付款方式	用现金结账。将房价列在登记卡或房号卡上，以提醒客人；另外要通知客人本酒店的赊账额度	客人可以预估自己在退房时所需的金额；当客人的消费金额已经接近赊账额度时，酒店要求客人先付清部分费用，客人不会感到不高兴
	以信用卡结账，要确认酒店是否接受该信用卡	确认客人使用的结账方式是酒店所接受的，避免客人退房时，因为酒店不接受该卡而产生不愉快

（4）住宿期间的信用额度管控

酒店与客人之间的交易多发生在客人住宿期间，因此，在客人住宿期间，要严密管控客人的赊账额度。具体方法如下。

①收银员会依据赊账上限对客人账单总额加以管控，账单通常会在客人赊账额满或即将额满时列出。

②接待员、夜间稽核人员和信用管控负责人通常要负责处理账单间的平衡。当客人按时结账后，再产生另一个新账单。信用管控负责人会将附有信件的账单（见表6-6）送至客人房间，请求客人到接待处结账。如客人对账单或赊账政策有疑问，则可以向接待人员或经理询问。

③有时客人会忘记到总台结账，此时经理就必须亲自与客人取得联络，可以打电话到客人房间，或者等客人到总台领取钥匙时和客人联络。如无法联络到客人，或者客人有意回避前厅人员时，酒店可以给客人的房间上锁，客人如要进房就必须先和经理联系。

表6-6　客人账单通知

日期			
稽核人员		检查人员	
房号	客人姓名	账单	附注
房间号码：　　　　　　　　　　　　日期： 亲爱的＿＿＿＿＿＿＿＿： 　我们想要告知您有关＿＿＿＿前的费用＿＿＿＿＿，这个账单已经超过酒店给予客人的额度，我们希望您能在＿＿＿＿前，尽快与值班经理或前厅经理联系，并将您方便的清账方式告诉我们。 　祝好！ 　　　　　　　　　　　　　　　　　　　　　前厅经理			

（5）客人离开后的信用额度管控

由公司及旅行社结账的账单在客人离开后，酒店并不会马上收到账款。因此，客人离开后，他的账单会转成外客签账，由财务部负责保存，而公司账分成几个个别账。在每月月底，财务部会将账单明细寄给公司请求结账，并且要求公司在30天之内付清账款。

当然，有些公司会延长结账时间，在这种情况下，财务部应采取必要的措施请求公司结账。

3. 防止逃账的管理办法

（1）分析造成客人逃账的原因

造成客人逃账的原因有以下三个方面，具体如图6-13所示。

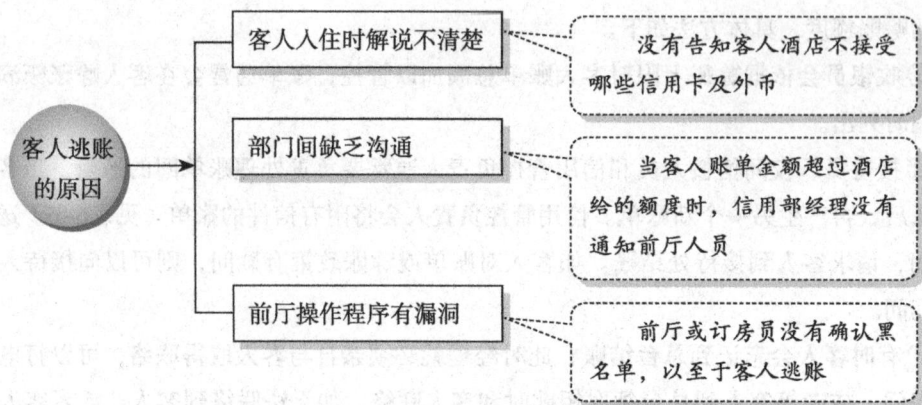

图6-13 客人逃账的原因

（2）逃账的预防

客人逃账不仅会给酒店造成损失，而且会增加餐饮成本，所以酒店应该严防这类情况发生。前厅人员应对新抵达的客人加以注意，并且应该将有跑账先例的客人拉黑处理。

①客人抵达时。当客人抵达酒店时，行李员需确认客人的行李件数，并对行李重量加以评估。当客人想要逃账时，他们的行李一定很少、很轻，甚至将空行李留在房间里。

②住宿期间。奢侈的消费是客人逃账的重要特征之一，因此收银员要密切注意客人的账单。当客人想要逃账时，会点非常昂贵的餐点，并且他的赊账额度已经快满了。

③离开当天。大厅的行李员会在客人离开当天帮客人提行李，此时，行李员应将客人的行李放在存放行李的地方，等到客人结账之后再将行李提送出来。有些酒店有一套行李传送系统，当客人到前厅退房时，前厅会列出一个行李提领单给客人，客人在结账后会被引领到行李暂放处提领行李。

④留置权。当客人无法结账时，酒店会留置客人的行李当作抵押物，直到客人结账后归还。

当客人没有能力结账，而行李还留在酒店时，酒店有权出售该行李来清偿账款，但是必须在下列情况下进行，具体如图6-14所示。

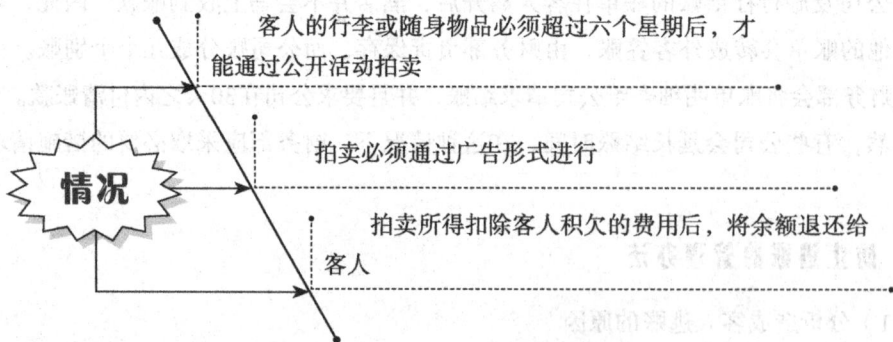

图6-14 酒店有权出售行李来清偿账款的情况

小贴士

将逃账现象降到最低需要各部门的共同努力：

（1）在客人入住时，清楚地说明结账程序及相关问题；

（2）当客人消费金额超出酒店给予的额度时，要通知客人；

（3）相关部门应该拒绝有逃账先例的客人；

（4）在客人相关的消费费用上，各部门间需要建立良好的沟通及合作机制。

6.8 网上订单的结算

1. 网上订单的类型

酒店网上订单类型如图6-15所示。

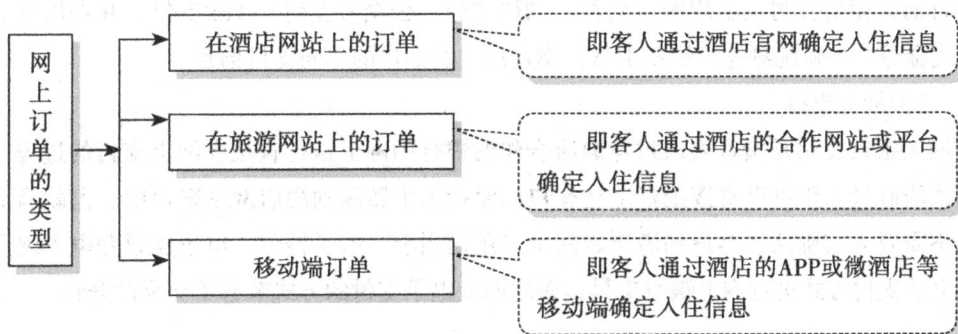

图6-15 网上订单的类型

2. 网上结算

酒店网上结算主要通过以下工具进行。

（1）支付宝

支付宝（中国）网络技术有限公司（简称支付宝）是国内领先的第三方支付平台公司，致力于提供"简单、安全、快速"的支付解决方案。支付宝公司从2004年建立开始，始终以"信任"作为产品和服务的核心。旗下有"支付宝"与"支付宝钱包"两个独立品牌。自2014年第二季度开始成为当前全球最大的移动支付厂商。

支付宝与国内外180多家银行以及VISA、MasterCard国际组织等机构建立战略合作关系，成为金融机构在电子支付领域最为信任的合作伙伴。支付宝标志如图6-16所示。

图6-16　支付宝标志

目前，大多数酒店以及第三方订房平台都可以通过支付宝实现网上订房支付，支付方式主要包括网页支付、手机支付及二维码支付。

（2）微信支付

微信支付是集成在微信客户端的支付功能，用户可以通过手机快速完成支付流程。微信支付以绑定银行卡的快捷支付为基础，向用户提供安全、快捷、高效的支付服务。

用户只需在微信中关联一张银行卡，并完成身份认证，即可将装有微信APP的智能手机变成一个全能钱包，之后即可购买合作商户的商品及服务，用户在支付时只需在自己的智能手机上输入密码，无需任何刷卡步骤即可完成支付，整个过程简便、流畅。

目前，微信支付已实现刷卡支付、扫码支付、公众号支付、APP支付，并提供企业红包、代金券、立减优惠等营销新工具，满足用户及商户的不同支付场景。

（3）网上银行

网上银行支付是指客人通过与酒店合作的银行的网上银行直接在网上支付的过程。这种方式的好处在于可以直接把资金从客户的银行卡中转账到酒店网站账户中，汇款马上到账，不需要人工确认。客户和酒店之间可采用信用卡、电子钱包、电子支票和电子现金等多种电子支付方式进行网上银行支付，采用网上电子支付的方式节省了交易的开销。

3. 网上下单到店结算

相对于网上支付，网上下单到店结算的方式广泛用于网上订单的结算中，采用这种方式时，客人可以在酒店官网或第三方订房平台确定入住信息之后先不支付，等入住当天或离店时到前台结算。

这种方式需要提前确认入住信息。另外，因为是面对面结算，保障了资金安全。但是随着互联网的发展，选择这种结算方式的客人正在逐渐减少。

4. 网上付定金到店结算

一般情况下，在酒店与团购平台或其他第三方平台合作时会采用网上支付定金，到店付尾款的方式结算。

相对于网上下单到店结算，这种方式对入住率有一定保障。

6.9　团体客业务的结算

1. 准备工作

当团体客人离店时，由前台收银提前半个小时按团队接待通知的要求做好账单结算，打印出总账单。

2. 核对账单

（1）当团体客领队或会务组前来结账时，将总账单连同账单凭证交给对方检查。

（2）如客人对账单有疑问，应该耐心地向其做好解释工作。

3. 结账

（1）按客人的要求或预先约定好的付款方式结算账款，使得账户上的借贷双方余额为零。

（2）如客人自理的账目，则请团队组员用现金自付。

下面是某酒店团体会议接待通知单的范本，供读者参考。

范本

<table>
<tr><th colspan="7">团队会议接待通知单</th></tr>
<tr><td colspan="3">会议名称：</td><td colspan="4">公司/单位名称：</td></tr>
<tr><td colspan="3">会议时间：</td><td colspan="4">会议人数：</td></tr>
<tr><td colspan="3">会议负责人姓名：</td><td colspan="4">联系电话：</td></tr>
<tr><td colspan="3">酒店接待人：</td><td colspan="4">电话：</td></tr>
<tr><td colspan="7">会议内容安排</td></tr>
<tr><td rowspan="2">客房部</td><td colspan="6"></td></tr>
<tr><td colspan="6"></td></tr>
<tr><td rowspan="4">餐饮部</td><td>日期</td><td>用餐时间</td><td>用餐形式</td><td>人数/桌数</td><td>餐标</td><td>地点</td></tr>
<tr><td></td><td></td><td></td><td></td><td></td><td></td></tr>
<tr><td></td><td></td><td></td><td></td><td></td><td></td></tr>
<tr><td colspan="6">备注：</td></tr>
</table>

（续）

（续表）

	日期	时间	会议室名称	价位	会场要求：
会议室					
	备注：				
财务部	会议订金：			结算方式：	
	备注：				
工程部			安保部		
制表人			下单日期		

抄送：总经理　餐饮总监　浴场总监财务总监　营销部行政部经理　工程部经理安保部经理（共8份）

批准人：

餐饮总监_____　　财务总监_____　　总经理_____

学习笔记

　　通过学习本章的内容，想必您已经有了不少学习心得，请仔细填写下来，以便继续巩固学习。如果您在学习中遇到了一些难点，也请如实写下来，方便今后重复学习，彻底解决这些难点。

我的学习心得

1. _____
2. _____
3. _____
4. _____
5. _____

我的学习难点

1. _____
2. _____
3. _____
4. _____
5. _____

我的运用计划

1. _____
2. _____
3. _____
4. _____
5. _____

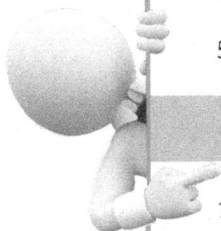

第**7**章

酒店安全检查管理

让客人得到真正的满足感、喜悦感、舒适感已成为酒店业的服务宗旨，而这项服务宗旨的基石就是酒店产品的安全。因此，做好酒店的安全管理是酒店经理工作的重中之重。

学习指引

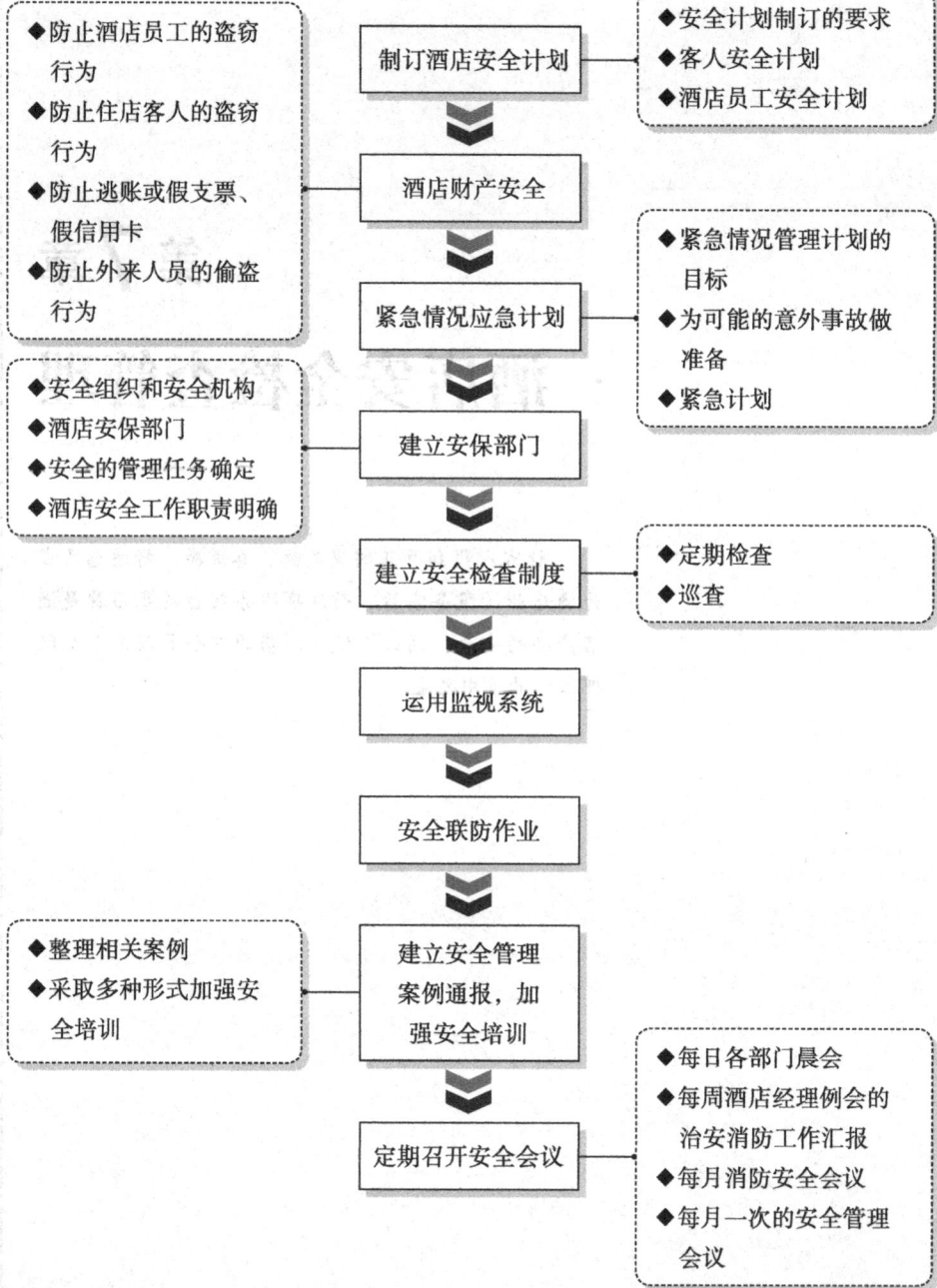

◆防止酒店员工的盗窃行为
◆防止住店客人的盗窃行为
◆防止逃账或假支票、假信用卡
◆防止外来人员的偷盗行为

制订酒店安全计划

◆安全计划制订的要求
◆客人安全计划
◆酒店员工安全计划

酒店财产安全

紧急情况应急计划

◆紧急情况管理计划的目标
◆为可能的意外事故做准备
◆紧急计划

◆安全组织和安全机构
◆酒店安保部门
◆安全的管理任务确定
◆酒店安全工作职责明确

建立安保部门

建立安全检查制度

◆定期检查
◆巡查

运用监视系统

安全联防作业

◆整理相关案例
◆采取多种形式加强安全培训

建立安全管理案例通报，加强安全培训

定期召开安全会议

◆每日各部门晨会
◆每周酒店经理例会的治安消防工作汇报
◆每月消防安全会议
◆每月一次的安全管理会议

7.1　制订酒店安全计划

作为一个完整的酒店安全计划，应以防止犯罪、减少损失和降低犯罪的可能为目的，包括明确的安全政策以及精心设计的程序、过程和活动。酒店经理应考虑酒店各种安全问题发生的可能性，采取的措施绝不能是临时的、局部的、应付式的或事后弥补式的。应审视酒店各部门、各环节的服务工作，明察其中可能出现的安全问题，在此基础上制订出一个完整的安全计划，并使这个安全计划与酒店自身的各项经营管理工作紧密地结合起来。

1. 安全计划制订的要求

（1）考虑各种安全因素

制订酒店安全计划前，应考虑对本酒店安全造成威胁的各种因素，全面调查这些因素是如何产生，如何对客人造成侵扰，如何对客人、对酒店造成损害和损失的。

（2）制定各项安全标准

行政经理在制订安全计划时，应在国际普遍规定的安全要求的基础上，结合酒店自身的实际情况，制定出各个场所、各项服务工作的安全标准，并根据所制定的安全标准，提出实际解决问题和处理事故的办法。

（3）强调法规符合性及可接受性

在制订酒店安全计划时，还应强调与法律法规的符合性以及客人的可接受性。酒店安全计划的内容必须符合国家的有关法律法规，必须符合酒店所在地的地方性有关法规及社会治安条例，同时应考虑到该安全计划的内容与实施能否为酒店客人所接受的问题。

（4）不断更新和发展

安全计划本身还应依据情况的变化及客人安全需求的变化，不断更新和发展。安全计划的内容也应有机地结合在各工作部门及各工作岗位的职责和任务中，以文件形式固定下来，作为定期安全检查的依据。

2. 客人安全计划

酒店对入住客人的安全负有特殊的责任，使其免遭人身伤害，并保护其财物安全。因而在制订客人安全计划时，应特别注意以下几点。

（1）入口安全

酒店是客人频繁出入的地方，酒店的大门是向社会敞开的，要接待客人住宿、就餐等等，因此，酒店大门的控制就显得十分重要。大门入口的安全措施如下。

①酒店不宜多设入口，应把入口设置为有控制的大门，即入口应有安全门卫或闭路电视监视设备。

②夜间应只使用一个入口。

③应对酒店门卫进行安全方面的训练，并配有专职保安人员，如发现有可疑人员或活动，能及时通过现代化的通信设备与安保部联络。

④如果有条件，可以在大门入口处安装闭路电视监视器，对入口处进行无障碍监视，使监视人员与门卫及在入口处监视的保安人员形成一个无形却有效的监视网。

（2）电梯和楼层走道的安全

在大多数酒店，电梯是到达客房的主要通道。为确保客房安全，必须对电梯加以严格控制。具体应制定以下措施。

①该岗位上的服务人员同样应施以安全训练，对进入客房楼层的可疑人员或可疑现象进行监视，并与楼层保安人员保持联络，以进一步监视或采取行动制止犯罪行为。

②应有保安人员在客房走道进行巡视。巡视中，应注意在走道上徘徊的外来陌生人员及不该进入客房楼层或客房的酒店员工。同时，还应注意客房的门是否已关上及锁好，遇到异常现象应密切注意，紧急事件应及时与安保部联络。

③应对电梯定期检查和维修，防患于未然，减少安全隐患。

④确保楼层走道的照明正常，地毯铺设平坦，以保证客人及员工行走时的安全。

（3）客房安全

客房是客人暂住的主要场所及其财物的存放处，因而客房安全是至关重要的，这也是酒店安全计划的主要内容。

①客房门锁的安全。客房门锁是保护酒店客人及财产安全的关键。坚固和安全的门锁以及严格的钥匙控制制度是客人安全的重要保障。为了保证客人人身及财物的安全，应设计出一个严格的、结合了本酒店实际情况的钥匙控制系统，使之切实可行。

②客房内设备的安全。确保客房内设备安全的措施如图7-1所示。

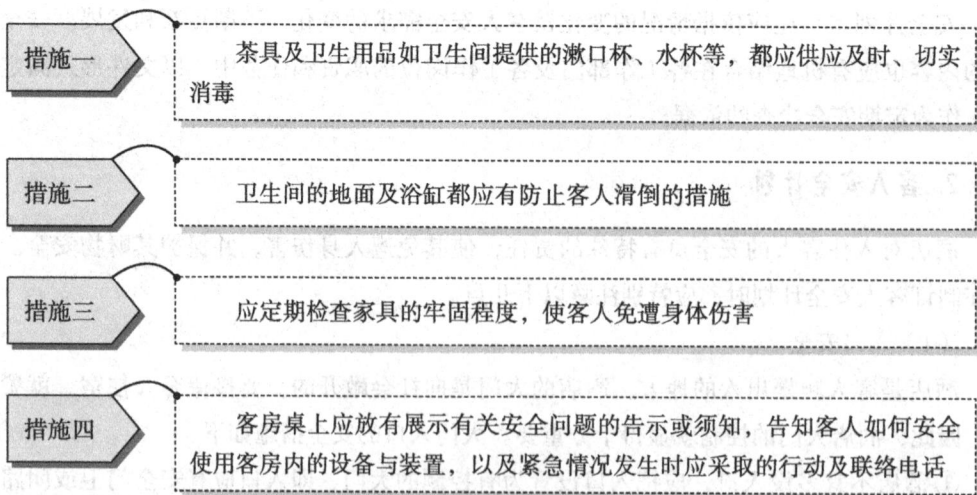

措施一	茶具及卫生用品如卫生间提供的漱口杯、水杯等，都应供应及时、切实消毒
措施二	卫生间的地面及浴缸都应有防止客人滑倒的措施
措施三	应定期检查家具的牢固程度，使客人免遭身体伤害
措施四	客房桌上应放有展示有关安全问题的告示或须知，告知客人如何安全使用客房内的设备与装置，以及紧急情况发生时应采取的行动及联络电话

图7-1　确保客房内设备安全的措施

（4）酒店员工应遵循的客房安全程序

计划中应有如下具体措施。

①前台人员在接待访客时，应遵循为住店客人保密的原则，绝对不能主动将客人的情况告诉不明身份的访客。

②引领客人进房的行李员要向客人介绍安全装置，如门锁、门链、门镜等的使用，并提醒客人阅读桌面上有关的安全告示或须知。

③客房清扫员在清扫客房时必须开着门，清扫时应检查客房里的各种安全装置，如有损坏，应及时报告安保部。

（5）客人行李安全保管

酒店有义务为客人运送行李及保管行李，并确保行李安全无损。因此，在制订行李保管计划时应注意以下两点要求。

| 对尚在大厅办理入住登记手续的客人的行李，尤其是等待送入客房的团队客人的行李，行李员和在大厅巡视的安保部人员须在一旁密切注意，以防不测 | 客人行李安全保管的要求 | 对于寄存的行李也应确保其安全，可在前台后部设一行李房，行李房供保管团队客人行李及寄存行李之用，寄存和发放行李应按照规定的程序进行 |

图7-2　客人行李安全保管的要求

（6）客人财物安全保管箱

客房虽有门锁及其他安保措施，但并不绝对安全。按照国家有关法律规定，酒店必须设置客人财物安全保管箱，并有一套登记、领取和交接制度。在制订该计划时应注意以下三点要求。

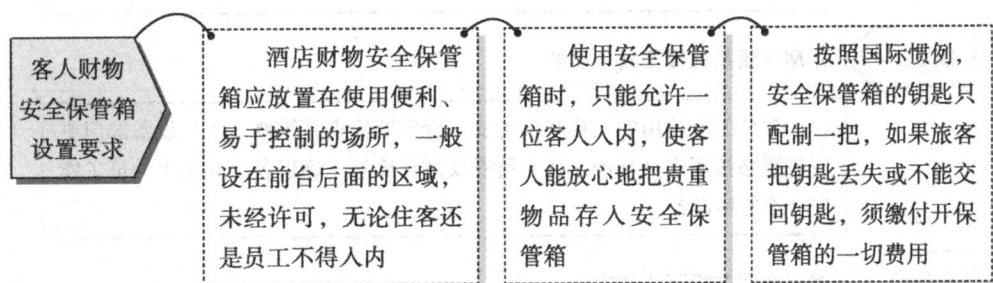

| 客人财物安全保管箱设置要求 | 酒店财物安全保管箱应放置在使用便利、易于控制的场所，一般设在前台后面的区域，未经许可，无论住客还是员工不得入内 | 使用安全保管箱时，只能允许一位客人入内，使客人能放心地把贵重物品存入安全保管箱 | 按照国际惯例，安全保管箱的钥匙只配制一把，如果旅客把钥匙丢失或不能交回钥匙，须缴付开保管箱的一切费用 |

图7-3　客人财物安全保管箱设置要求

（7）伤病客人的安全处理措施

酒店应有各种措施预防客人受伤病之害。如发现伤病客人，应在现场急救，或迅速护送病人去附近的医院。酒店如无专门的医疗室和专业的医护人员，应选择合适的员工接受急救专业训练，并配备各种急救器材及药品。

3. 酒店员工安全计划

酒店员工安全应是安全计划的组成部分。酒店经理在制订员工安全计划时应从员工安全的角度出发，从整个酒店的运作过程出发，结合各个工作岗位的工作特点制定员工安全标准，并配合各种预防措施和保护手段。酒店安全计划中的员工安全包括以下三个方面。

（1）员工人身安全

应保障各营业点的员工免受外来侵扰。遇到行为不轨、蛮不讲理、酒后滋事的客人，如其对男服务员无理殴打，对女服务员不尊重，在场的其他工作人员应及时加以制止，使受侵害的员工迅速撤离现场，避免事态激化，并与安保部联系，派出保安人员调查事实，并根据实情处理事端。

在前台的收银员也可能受到袭击，因为这些地方往往是犯罪分子抢劫的目标。所以在这些地方都应有配套的安全措施，只需保留少量的现金。

（2）员工岗位安全

对员工岗位安全方面，应有如下措施，具体如图7-4所示。

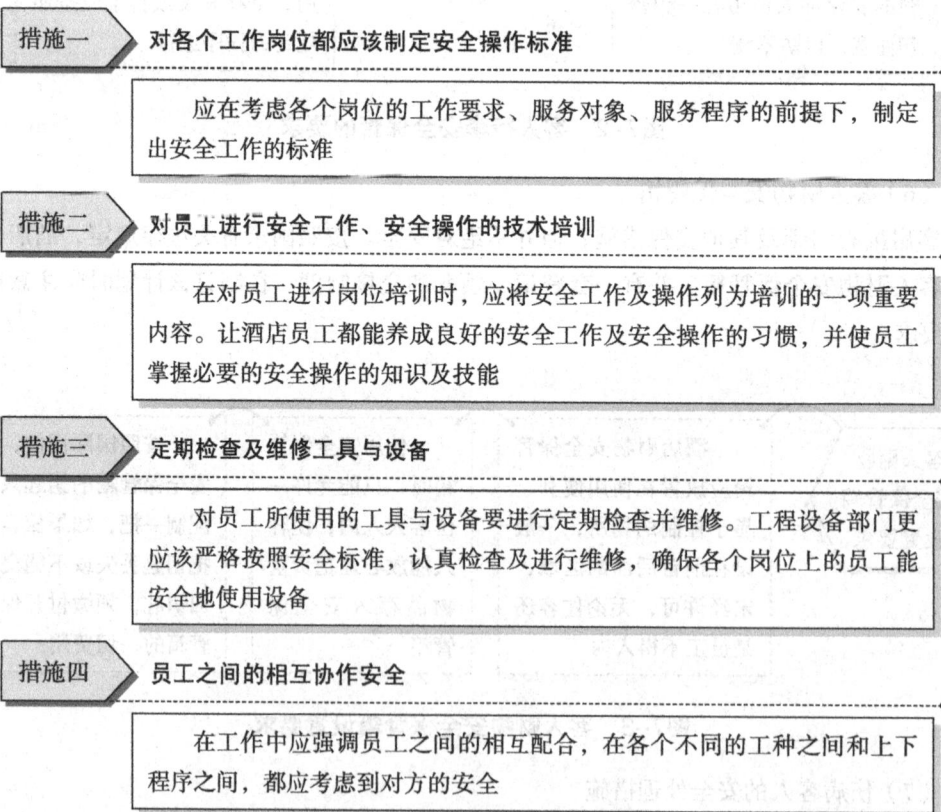

措施一	对各个工作岗位都应该制定安全操作标准
	应在考虑各个岗位的工作要求、服务对象、服务程序的前提下，制定出安全工作的标准

措施二	对员工进行安全工作、安全操作的技术培训
	在对员工进行岗位培训时，应将安全工作及操作列为培训的一项重要内容。让酒店员工都能养成良好的安全工作及安全操作的习惯，并使员工掌握必要的安全操作的知识及技能

措施三	定期检查及维修工具与设备
	对员工所使用的工具与设备要进行定期检查并维修。工程设备部门更应该严格按照安全标准，认真检查及进行维修，确保各个岗位上的员工能安全地使用设备

措施四	员工之间的相互协作安全
	在工作中应强调员工之间的相互配合，在各个不同的工种之间和上下程序之间，都应考虑到对方的安全

图7-4　员工岗位安全措施

（3）员工个人财物安全

对员工个人财物安全方面，应有如下措施，具体如图7-5所示。

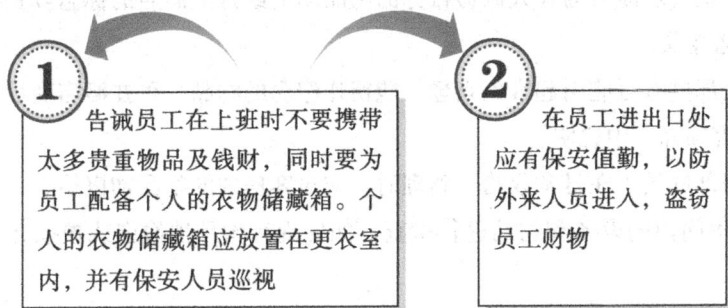

① 告诫员工在上班时不要携带太多贵重物品及钱财，同时要为员工配备个人的衣物储藏箱。个人的衣物储藏箱应放置在更衣室内，并有保安人员巡视

② 在员工进出口处应有保安值勤，以防外来人员进入，盗窃员工财物

图7-5　员工个人财物安全措施

7.2　酒店财产安全

酒店在营业过程中有数量不少的物品采购任务，还有数目可观的现金流通。酒店经理应对这些运作过程严加控制，制订安全管理计划，防止贪污或偷盗事件的发生。同时，酒店还拥有大量的财产及物品，这些财产及物品是酒店得以正常运作，为客人提供更好服务的物质基础。酒店经理应建立起一套管理制度，防止酒店财物的滥用、浪费或偷盗。因此，酒店的安全计划应包括酒店财产安全计划。

1. 防止酒店员工的盗窃行为

酒店员工在日常工作及服务过程中直接接触或使用各种财物，如员工素质不高，无疑有很多机会贪污、偷盗或浪费酒店财物。而且，酒店的许多财产与物品有可供家庭使用或再次出售的价值，这就很容易诱使酒店员工进行偷盗。所以，酒店经理应制定各种措施，尽量限制及减少员工进行偷盗的机会及可能性。这些措施包括以下三个。

（1）物资流通方面，应制定严格的财物制度，定期进行财物检查，防止工作人员的贪污行为；采购物资进店，为杜绝供、购双方串通舞弊，应有财物部门的控制人员参加验收，检验物资的品种、数量及质量；对仓库的储存物资，应定期检查，定期盘点数目。

（2）员工上下班都必须身穿制服，胸藏名牌，便于保安人员识别；在员工上下班进出口，由保安人员值班，对员工携带出去的物品进行监督、检查；员工领用物品的手续应严格照章办事。

（3）对各营业点存放的现金额度应加以严格的控制和限制；制定严格的收银制度；交接现金应有保安人员陪同及参加。

2. 防止住店客人的盗窃行为

对于酒店来说，住店客人中的一些不诚实人员也应加以警惕。客人偷盗的对象往往是客房内的物品，如手巾、浴巾、房间用餐的餐具以及其他有使用价值或有纪念意义的物品。所以，应为防止住店客人的盗窃行为制定相应的措施，具体如下。

（1）将一些有可能成为客人偷盗目标的物品印上或打上酒店的标志或是特殊标记，以消除客人的偷盗念头。

（2）对于那些有可能引起客人兴趣，能留作纪念的物品，可在酒店商场展出、出售。这点应在"旅客须知"中说明。

（3）客房部的员工在日常收拾、整理时，应对客房内的物品加以检查；在客人提出退房时，更应对房间内的设备和物品进行检查，如发现有物品被偷盗或被损坏，应及时报告前台。

3. 防止逃账或假支票、假信用卡

除了在酒店物品和设备上易发生被盗事件外，酒店还应该防止客人的逃账及使用假冒的信用卡或假支票。为防止此类事件的发生，应制定相应的措施。

（1）对既无预订住房又无行李的入住客人，要求其先付房费，如其提出使用信用卡付款，则须当场验证。

（2）在客人登记入住时，要验证客人提交的信用卡，并将其信用卡打印下来，以备在客人逗留期间进一步加以验证。

（3）登记入住的同时，应检查客人的身份证明；对外国客人应检查其护照，核实护照的有效性及持有人的身份；如两人同住一房，还应要求两位客人都要登记，并出示身份证明或护照。

（4）各营业点的收银员应及时将转账账单转至前台，以防止出现漏账，尤其防止即刻结账离店的客人故意的逃账行为。

（5）对于使用支票的客人，应注意支票的有效性；收银员要熟悉各国货币及各种旅行支票，并借助验钞机来识别假币及假支票。

4. 防止外来人员的偷盗行为

酒店进出人员较多，为保证酒店财产安全，酒店经理应对外来人员进行相应的控制，防止偷盗事件的发生。具体措施如下。

（1）加强对外来人员的控制，在楼层走道及其他公共场所，应有保安人员巡视，防止外来不良分子窜入作案。

（2）各门卫对携带出大门的酒店内的物品、设备应加以盘问，酒店的设备、用具、物品等须送出店外修理的，必须具有所属部门的经理签名，并在安全值班人员登记后，才能放行。

（3）外来的办事人员、送货人员、修理人员等只能从员工入口处出入，并须经过安全值班人员弄清楚来意后才能放行；对他们带入酒店的物品应进行登记，还应密切注意和检查他们带出酒店的物品。

7.3　紧急情况应急计划

1. 紧急情况管理计划的目标

酒店紧急情况行动计划的目标如下。

（1）确保酒店内所有人员的安全和利益，确保客人和员工免遭火灾、自然灾害或人为灾害的损害。

（2）确保向酒店的客人、员工、公众及其他相关利益人提供及时准确的信息。

（3）协助他人迅速对损失起因进行分析，对损失的严重程度进行评估。

（4）协助酒店工作人员有条理地分析酒店的所有者、运营者、与酒店有业务往来的第三人的潜在可靠性，及时发布严格按程序办事的命令。

（5）发生重大损失时，协助酒店进行法律诉讼。

（6）作为一种培训工具，帮助员工了解在酒店发生紧急情况时应采取哪些行动。

2. 为可能的意外事故做准备

紧急情况行动计划的主要目的是为可能发生的意外事故做准备。

（1）员工培训

酒店有责任训练员工在紧急情况下使用的程序。每半年须举办一次这样的培训，这样才能保证有的员工不致玩忽职守，使新员工训练有素，而且保证各种设备及时更新。如有要求，安全委员会的工作人员应当协助培训，并制订紧急情况行动计划。为了判断员工的技能水平，可运用"员工技能调查问卷"。将这种表发给每位员工，要求他们填表并上交给指定人员。所收集的信息将有助于确定哪些人是处理紧急情况的合适人选。

（2）紧急援助

酒店发生紧急情况时，可能会要求其他酒店、公司或社会机构（如消防队、医院等）为酒店提供援助。因此酒店必须事先准备好一份援助的完整名单（见表7-1），其中应记录单位名称、电话号码和所能提供的服务。如果某个签约单位不能满足紧急情况的要求，就可能需要后援服务。务必与每一个援助单位保持联系，确保它能随时满足请求，并有能力提供所要求的服务和设备。

表7-1　紧急援助名单

序号	援助单位名称	所能提供的服务	联系人	电话号码

另外，应保留酒店现任管理人员和酒店所有者的名单（见表7-2），以便发生紧急情况时能及时与他们联系。

表7-2　紧急情况发生联系人名单

序号	职位	姓名	联系方式

（3）与政府部门的关系

对于在酒店发生紧急情况时会作出响应的政府机构，酒店管理层应与其保持良好的工作关系。酒店管理者应该知道这些机构中协助酒店实施安全措施的负责人的姓名。

发生重大紧急情况时，当地政府部门可能会在随后一段时间内接管酒店。与政府部门共同做好防范工作，能保证酒店政策和程序的顺利执行。

（4）紧急情况核对表

每位部门经理都有一份说明紧急情况下采取何种措施的核对表（见表7-3）。应将酒店的建筑平面图与核对表配套使用，以辨认设施控制处、集合点及其他重要的地点。

部门经理应当将核对表作为一种资源，通过专门的操作训练，熟悉发生紧急情况时各自应负的职责。部门经理还应将核对表上的具体职责分配给各位员工，并对其进行培训。

表7-3　紧急情况工作核对表

总经理	
	1. 致电紧急情况反应机构（公安消防局、医疗服务机构）
	2. 检查客人、员工的受伤情况
	3. 协助到达的急救人员
事故阶段	4. 撤离酒店，重新安置客人
	5. 关闭设施和HVAC
	6. 隔离事发现场
	7. 清点客人
事故过后	1. 将酒店的情况向公司管理层汇报
	2. 设立指挥中心

总经理		
事故过后	3. 加强酒店保安	
	4. 更换设备设施，使用临时电力	
	5. 重建联络系统（如呼叫器、移动电话）	
	6. 与公共机构和地方政府建立联系	
	7. 召回重要员工	
	8. 保全客人记录	
	9. 保全员工记录	
	10. 向电话总机操作员提供信息，告知其应如何应答客人、员工、亲属和来电的媒体代表	
紧急情况阶段	1. 提醒客人、员工注意紧急情况（如果已证实事故发生而且急救机构要求这样做）	
	2. 提醒管理人员前去有特殊要求的客人或残障客人的集合地点	
	3. 将急救机构提供的指导传达给酒店其他的相关部门	
	4. 清点所有当班的前台工作人员	
	注意：只要安全允许，前台始终至少要有一个人值勤，以确保客人提出的问题能得到及时回答	
紧急情况过后	1. 保全客人记录、保险箱、紧急钥匙和现金	
	2. 向负责处理客人安置情况的酒店人员提供紧急备用工具箱	
	3. 如有必要，记录对客人的处理情况	
工程维修部		
紧急情况阶段	1. 对响起警报或发生突发事件的区域马上采取措施（如有火情，尝试用设备将其扑灭；如果火情无法控制，关上所有通往该区域的门，但不要上锁，一定要给自己留条安全的退路）	
	2. 将情况汇报给总台或电话总机操作员	
	3. 准备关闭设备和HVAC系统（急救机构会决定是否有必要这样做）	
	4. 向急救机构提供备用钥匙	
	5. 清点所有当班的工程人员	
紧急情况过后	1. 收回酒店所有的印刷品和书面计划	
	2. 与当地政府合作	
	3. 协助有关单位对酒店硬件设施和设备进行临时修复	
	4. 如有可能，与维修单位一起恢复现场设备的正常运行	

（续表）

客房部		
紧急情况阶段	客房经理	1. 指示洗衣部门员工关闭洗衣机和熨烫机
		2. 如命令撤离，指示员工从最近的门撤离酒店并关上门
		3. 尽可能协助客人
		4. 统计所有当班的客房部员工
	一线员工	1. 当警报响起时，员工们应按照部门的紧急程序行事
		2. 将布草车放在布草房或最近的客房中
		3. 从楼梯撤离大楼
		4. 尽可能协助客人，向其指明出口位置
紧急情况过后		1. 开列客房部设备清单
		2. 建立中心分发区，向客人提供毛巾、肥皂及其他服务
		3. 如有必要，联系外面的清洁公司来协助清洗尚可使用的布草
餐饮部		
紧急情况阶段		1. 判断事故的性质
		2. 建议当班经理准备从部门撤离
		3. 关闭所有的设备
		4. 如已下达撤离命令，则安静、有序地安排客人、客户和员工撤离
		5. 关闭所有的门
		6. 统计所有当班的餐饮部员工人数
紧急情况过后		1. 如有可能，清点收银台内所有的现金收据，保证它们的安全
		2. 召回重要的员工
		3. 联系废物处理公司，清扫损毁的货物
		4. 联系外面的食品公司，妥善处理冷藏机内未受破坏的食物
		5. 与销售部门协调，对特殊的促销活动重新进行安排
		6. 指示宴会部门收集桌椅，供酒店指挥中心使用
电话总机操作员		
紧急情况阶段		1. 将紧急情况汇报给急救机构（公安消防局、医疗服务机构），向其提供酒店紧急情况的完整信息（如果发生的是火灾，保持与消防部门的联络）
		2. 联系下列人员：总经理、酒店高级行政人员、当班的工作人员、当班的经理和保安人员
		3. 记录所有与紧急情况有关的电话
		4. 由总经理决定如何回答打电话进来的员工、客人、亲属和媒体代表的问题

（续表）

电话总机操作员	
紧急 情况 阶段	5. 如接到撤离命令，则开始向客房拨打电话
	6. 将处于事发地点的酒店员工或客人所提供的信息传达给急救机构、总经理或高级行政 人员；如安全允许，就要尽量坚守岗位
	7. 接到撤离命令时，关闭灯和设备，走时关门，直接撤往最近的出口处
紧急 情况 过后	1. 协调建立指挥中心内的电话系统
	2. 保管好所有的电话记录和转达信息的记录
	3. 准备24小时的工作时间表，召回必要的电话接线员
	4. 就如何回答客人和媒体的询问征求意见
行李领班	
紧急 情况 阶段	1. 将所有电梯降回底层，留驻一个人控制电梯
	2. 保持大门入口没有车辆堵塞
	3. 在事发区域内关上所有的门，但不要上锁
	4. 索要一份在撤离时有特殊需要或残障客人的名单
	5. 如接到撤离命令，则协助客人撤离
	6. 协助控制已撤离酒店的客人
紧急 情况 过后	1. 联系运输公司，以便重新安置客人
	2. 准备好酒店所有的车辆（包括为车加油），为重新安置客人做准备
	3. 协助安置客人
保安人员	
紧急 情况 阶段	1. 赶往警报区域事故区（如有火情，试着用灭火工具灭火；如果火势失去控制，则关上 附近所有的门，但不要上锁，一定要为自己留下安全的退路）
	2. 将客人带离危险区，直到被急救机构解救为止
	3. 如接到命令撤离，则协助酒店的撤离工作
	4. 保护客人和酒店的财产，直至其安全得到保证
紧急 情况 过后	1. 如有必要，请求外面的保安公司提供服务
	2. 为防止财物遭到故意破坏，与地方执法部门协调工作
	3. 负责指挥中心和客人安置地点的保安工作
	4. 保管并开列客人在保险箱内放置的物品的清单，将物品转交给轮班的保安人员（与一 位酒店经理共同完成）
	5. 尽可能提供任何帮助

（5）培训和评估

每月都要轮流进行酒店范围内的火警演习。意外事故计划中其他部分的训练则至少每半年进行一次。酒店经理应当纠正员工的行为，并重新评估意外事故计划。

（6）紧急备用工具箱

总台应当准备一个紧急备用工具箱，里面装有各种设备，便于管理人员在发生紧急情况时追踪员工和客人的位置。具体包括客人身份标签、客人身份名册、几支笔、法律事项笔记本、文件夹和便签。

客人身份标签是用来确证已被送往医院的伤者身份的。要留出足够的位置记载伤者姓名、房间号码及送往的医院。该标签一式两份，一份贴在伤者的衣服上，另一份由总经理保管，以便确认伤者身份和所在地点。

客人身份名册被用来确定发生紧急情况时滞留在酒店内的所有客人所处的地点，其中应记录客人的姓名、登记的房间号和转移的地点名称，并注明转移地点是医疗机构还是临时住所。

（7）紧急救助训练和设备

入选人员应事先针对紧急救助和心肺复苏术进行训练，基本紧急救助箱应装有各种需要的工具。

（8）运输计划

发生紧急情况时，必须负责指挥客人撤离，并负责事先的安置工作。如必须安置客人，就要事先制订保证足够运输能力的计划。资源列表上应包括能够提供运输服务的机构名称。

（9）住宿计划

发生紧急情况时，必须为撤离酒店的客人联系可能的住宿地点。例如，可以和邻近的酒店签订互助协议。紧急援助单位清单上也应记录这些酒店的名称。

3. 紧急计划

（1）第一阶段。

第一阶段中应准备帮助伤者、安置客人，并将意外情况通知酒店管理部门，处理要求如表7-4所示。

表7-4　第一阶段的应对事项及要求

应对事项	处理要求
帮助伤者	（1）通知紧急情况反应机构，如公安消防队、医疗机构，告知他们酒店的情况 （2）安置受伤人员，尽酒店所能进行急救。除非有生命危险或有进一步受到伤害的可能，千万不要移动伤者 （3）急救人员到达后，配合他们的工作。受过心肺复苏术和急救训练的员工应当积极协助。为了帮助伤者，要向急救人员提供基本的急救物资、毛巾和毯子等

（续表）

应对事项	处理要求
安置客人	（1）在专业急救人员的建议下，将客人撤离酒店，并将其安置在远离危险的区域。酒店员工应帮助客人撤离至事先指定的安置中心。为确保工作顺利进行，应事先制订运输计划和住宿计划。如有必要将客人带离酒店，可安排他们与其亲友进行电话联系 （2）指派管理人员监督离店客人的安置工作，包括受伤客人的安置工作。使用紧急备用工具箱中的设备（客人身份标签和名册），追踪每位客人的安置情况。这些记录将上交至总经理处 （3）分配骨干员工在安置中心协助客人和员工 （4）与发生紧急情况时在酒店现场的每位客人和员工进行谈话。相关的员工记录可以从酒店人力资源部主管处获得；客人的资料可从总台工作人员处获取 （5）如有必要，在危险区域周围启用临时保安人员，增加安全度，保护客人财物与酒店的财产。采取有效措施，保证客人的私人物品和人身安全。如果客人已离开酒店，客房房门就应上双重锁。要在酒店大楼内经常进行安全巡视。有时可能会有必要从客房中取走客人的财物，应为客人的财物开列清单（两位员工一起进行），并将其存于安全场所。该客房的钥匙由总经理或总经理指派的人员保管
通知酒店管理部门	通知酒店高层管理人员、协调机构和防损部门，告知酒店的情况

（2）第二阶段

在这一阶段，应建立一个指挥中心，安排信息沟通，建立紧急情况防范制度，为保证一个酒店系统的完整性而关闭某些设施，以及召开新闻发布会或接受媒体采访等。

①酒店指挥中心。如果因为安全原因不能留在酒店的话，要在撤离酒店之后，尽快在事发现场的附近建立酒店指挥中心，这样能在随时控制紧急情况的同时，保证酒店继续运转。这个中心应当24小时全天开放。指挥中心应留有一名职务尽可能高的管理人员，以便协调酒店运作，并与政府机构和酒店高级管理人员保持联络。

②联系。联系主要包括四个方面的内容，具体如图7-6所示。

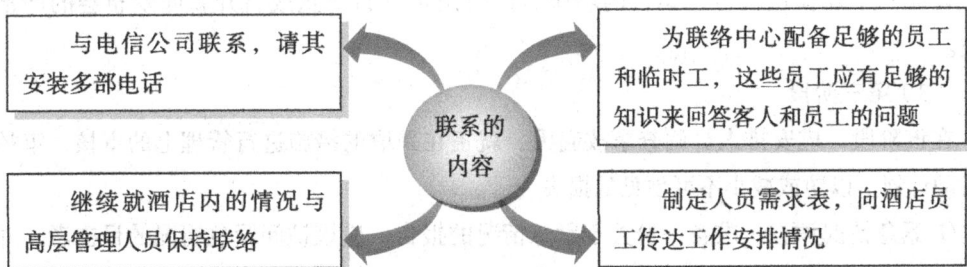

图7-6　联系的内容

③紧急情况保安。在与政府机构密切配合的过程中，要及时审核财产，保证客人、员工和酒店资产的安全，因而应做好紧急情况保安工作。紧急保安措施如图7-7所示。

措施一	召回所有的保安人员并适当增加人数。建立24小时服务的保安工作制。制定巡逻制度，保证酒店大楼和周边地区的安全
措施二	雇用临时保安人员，以提供所需的额外服务
措施三	如有必要，在受损区域周围设立警戒线，以限制无关人员进入
措施四	如已将酒店撤空，则开始对酒店大楼、周边地区和外部设施进行协同保安。如果大楼结构遭到了破坏，或是在相当一段时间内无法使用，就有必要在酒店周围竖起围栏
措施五	为所有可能接近酒店的人员建立一套徽章识别系统。该系统可以帮助你安全地识别出现在紧急区域周围的酒店员工和外来人员。酒店员工应佩戴姓名标签，作为身份证明
措施六	制定制度，确定有权进入受损区域的人员，并将其姓名提供给安保部门，仅有这些人才有权进入受损区域。应由安保部门记录进出人员的姓名、日期和进出时间

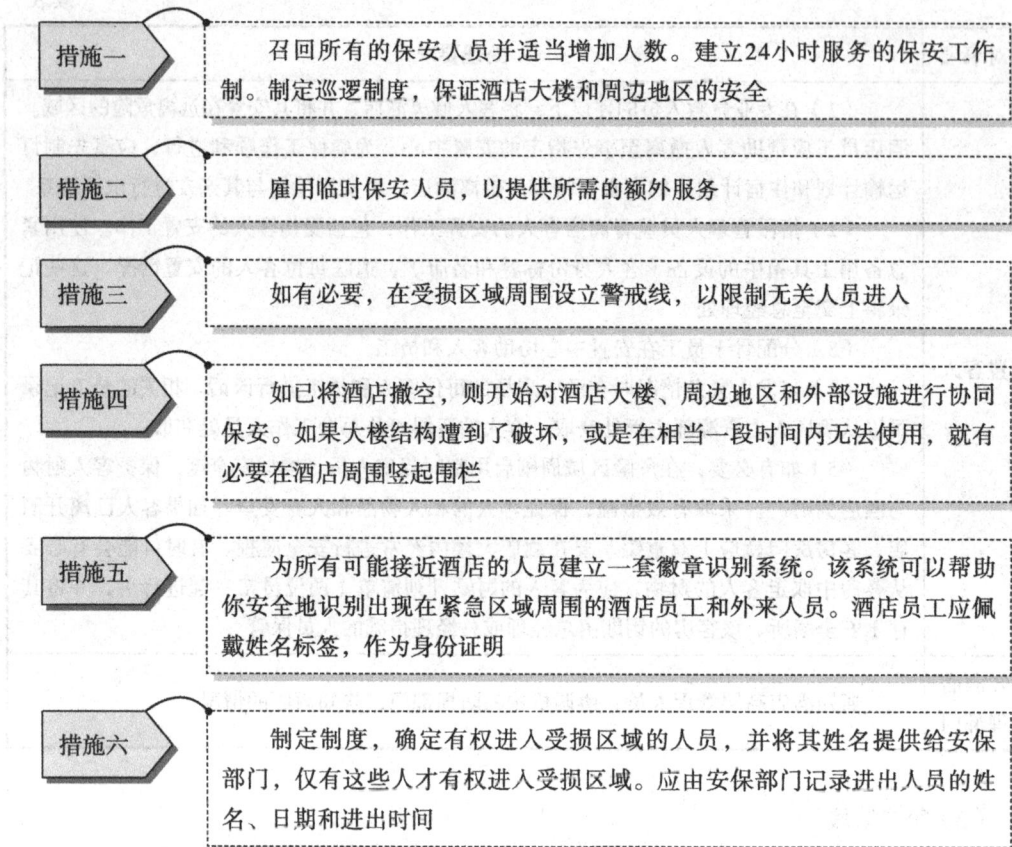

图7-7　紧急保安措施

④设施/结构的完整性。这时须确保设施/结构的完整性，具体措施如下。

其一，让酒店工程人员关闭酒店设施和HVAC系统。

其二，联系电力部门、供水公司，要求他们派人检查酒店系统的完整性。

其三，检查大楼的结构是否受损。随后可能要派结构工程师进行深入检查。

⑤接受媒体采访。如果事件影响大，须接受媒体采访，则应在远离事发现场的某个地点设立一个媒体代表可以集合的场所，同时制定发布信息或召开新闻发布会的严格时间表。

（3）第三阶段

在该阶段，应安排人员调查事故起因，就正在采取的措施进行管理上的审核，审核紧急行动计划，以防或减小不可预见的损失。

①紧急情况调查。准备一份关于紧急情况的报告，应该访问紧急情况的目击者，并将其提供的信息记入报告中。该报告应尽早上报给酒店的高级管理层（酒店总部或特许经营者）。一旦高级管理层接到了报告，你就要判断他们对紧急情况的反应如何，并且协助他们调配相应的资源来帮助酒店控制紧急情况。

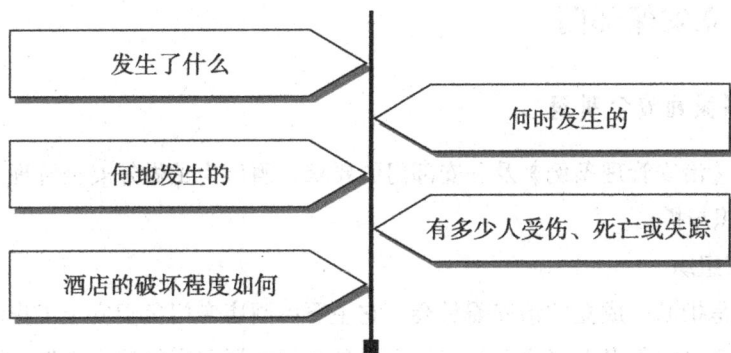

图7-8　调查报告包含的内容

发生了什么

何时发生的

何地发生的

有多少人受伤、死亡或失踪

酒店的破坏程度如何

一旦政府部门将酒店的控制权交回酒店，酒店应采取下列安保措施：关闭设施或隔离受损区域；在整个酒店或受损区域周围设置栅栏。

另外，酒店还应为发生的紧急情况制订短期调查计划和长期调查计划，为每个前来调查酒店损失的单位提供工作场所并作以下安排。

◇会议室。
◇膳食服务。
◇休息室。
◇秘书和后勤人员（人数根据事故的严重性决定）。
◇联络工具（电话和双向无线电对讲机）。
◇独立的会计系统（出于紧急情况和保险的目的）。
◇计算机（管理数据，提供文字处理）。
◇酒店建筑平面图。
◇员工协助（比如可以派他们到哪里工作，需要配备哪些工具）。
◇传真设备，以克服电话联系的不足。

②管理回顾。紧急情况发生处理完毕，应该作一些回顾、总结经验教训。

在发生紧急情况后的72小时内，每天至少要安排三次员工会议，以确保所有的任务都已执行。72小时之后，根据环境要求，每天至少开一次员工会议。

根据当前情况，增加或更改工作任务或职能。只要尚未恢复正常运转，就要继续开会。

③审核计划。第一次灾难发生过后，并不意味着平安无事了，常常会发生第二次灾难，有时甚至比第一次还严重。因此必须提高警惕，继续评估紧急行动计划，以防备这些情况发生。

7.4 建立安保部门

1. 安全组织和安全机构

按照国家《治安管理条例》及公安部门的要求，酒店为了做好安全管理工作，应建立相应的治安组织与机构。

（1）治安组织

治安组织是指酒店成立的治安委员会，它主要由酒店专门负责安全工作的领导、安保部和其他相关部门的负责人组成，其工作主要是全面规划酒店的治安工作，制订与落实酒店治安工作的计划与政策，制定逐级的治安责任制，定期检查各部门的治安工作等。

（2）治安机构

治安机构是指酒店安全工作的执行机构，负责日常安全工作的布置、指导、监督、检查以及对治安事故的处理。

2. 酒店安保部门

（1）配备安全管理人员

酒店的安全工作是关系到酒店能否正常经营的一项长期而重要的工作，它贯穿于酒店的整个生产服务过程之中。因此，专职的安全管理人员及安全执行人员是酒店组织机构中必不可少的，他们应具备如图7-9所示的条件。

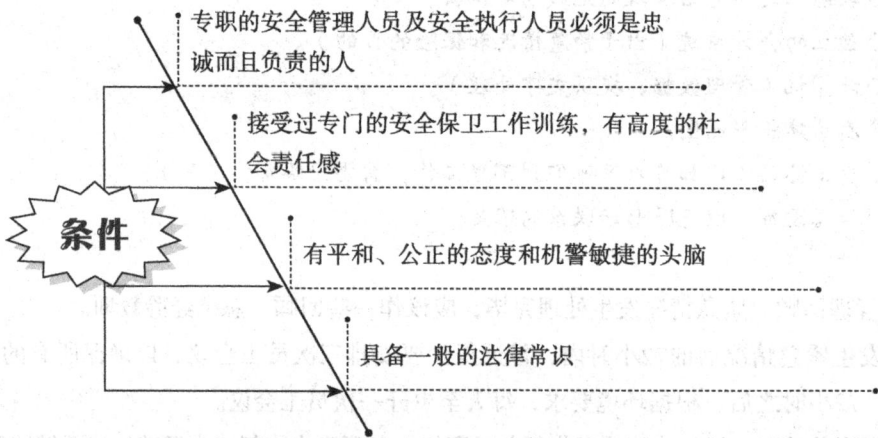

条件

- 专职的安全管理人员及安全执行人员必须是忠诚而且负责的人
- 接受过专门的安全保卫工作训练，有高度的社会责任感
- 有平和、公正的态度和机警敏捷的头脑
- 具备一般的法律常识

图7-9 安全管理人员应具备的条件

（2）其他工作

为保证酒店安全工顺利进行，酒店主管还必须安排安保部做好如图7-10所示的工作。

工作一	合理地组织专职保安人员，明确其职责、任务，建立好上下沟通的渠道，使安保部在整个酒店的安全工作中具有权威性，保证安保工作顺利开展
工作二	为保安人员提供必要的训练，使其掌握酒店安全工作所必须具备的态度、知识和技能
工作三	重视保安人员的工作，为其提供各种必要的、合适的工具、设备以及有效的技术
工作四	配合安保部建立起开展安全工作所必需的各种信息及反馈系统，即各种详细的岗位职责说明、安全检查表及各部门的业务情况，使安保部能更高效地开展工作

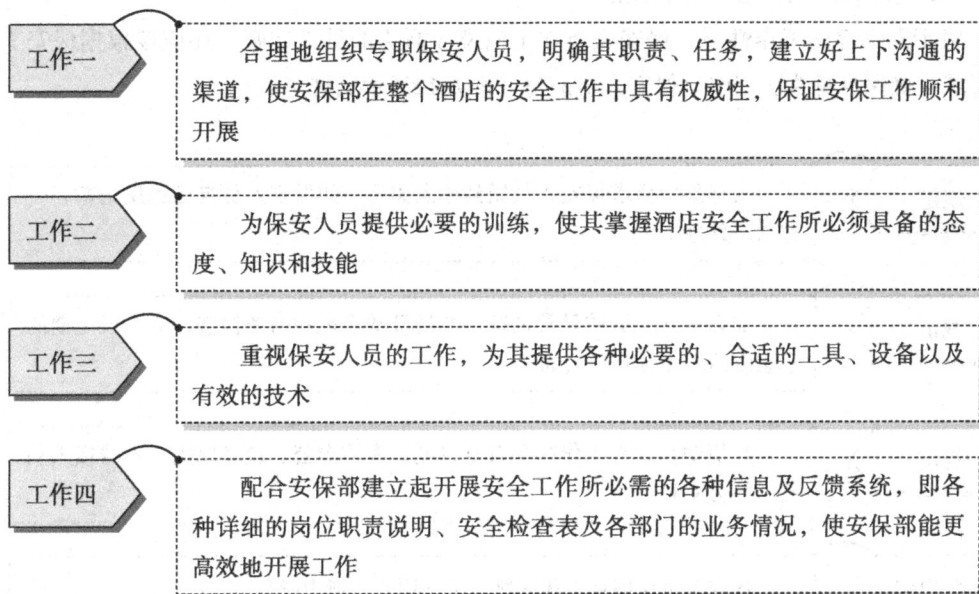

图7-10　其他安全工作

3. 安全的管理任务确定

（1）安保部门对酒店的内部管理

作为酒店内部的执法部门，安保部门有责任和义务保证酒店的安全，还应协助酒店经营者管理内部事务，严格落实各岗位员工安全工作职责，如图7-11所示。

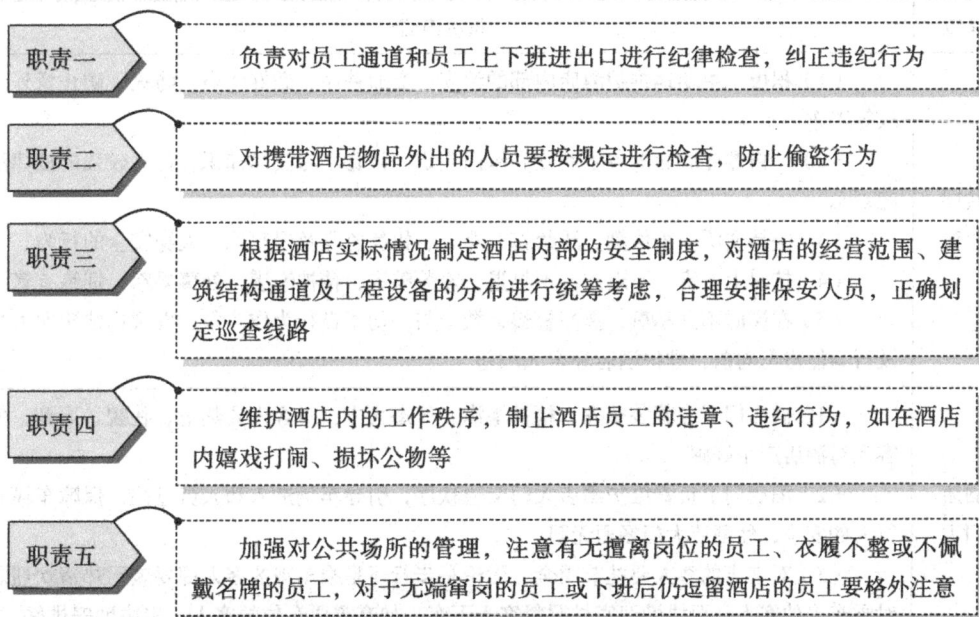

职责一	负责对员工通道和员工上下班进出口进行纪律检查，纠正违纪行为
职责二	对携带酒店物品外出的人员要按规定进行检查，防止偷盗行为
职责三	根据酒店实际情况制定酒店内部的安全制度，对酒店的经营范围、建筑结构通道及工程设备的分布进行统筹考虑，合理安排保安人员，正确划定巡查线路
职责四	维护酒店内的工作秩序，制止酒店员工的违章、违纪行为，如在酒店内嬉戏打闹、损坏公物等
职责五	加强对公共场所的管理，注意有无擅离岗位的员工、衣履不整或不佩戴名牌的员工，对于无端窜岗的员工或下班后仍逗留酒店的员工要格外注意

图7-11　安保部门职责

（2）安保部对保安人员的管理

鉴于安保部的工作性质，保安人员除了应遵守酒店的员工守则，还应该根据保安工作的要求，确保自身执法守纪。保安人员应遵守图7-12所示的规定。

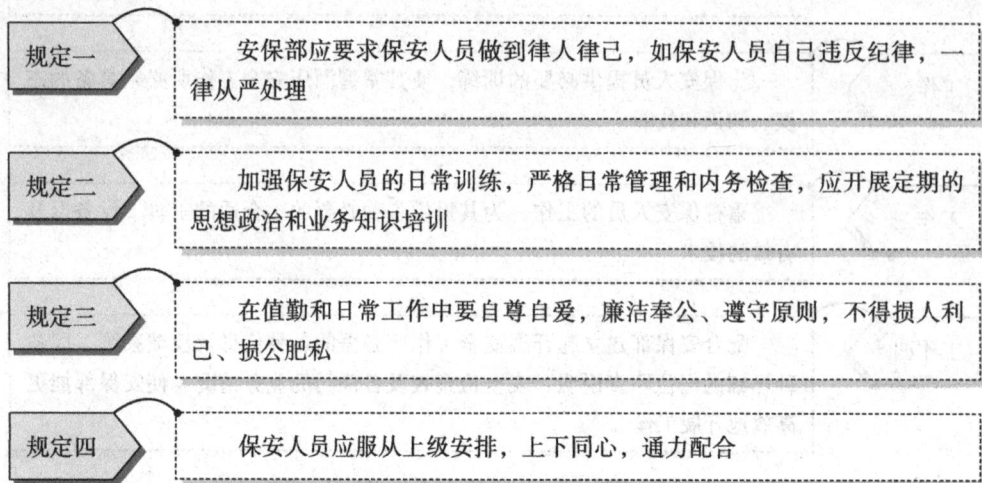

规定一	安保部应要求保安人员做到律人律己，如保安人员自己违反纪律，一律从严处理
规定二	加强保安人员的日常训练，严格日常管理和内务检查，应开展定期的思想政治和业务知识培训
规定三	在值勤和日常工作中要自尊自爱，廉洁奉公、遵守原则，不得损人利己、损公肥私
规定四	保安人员应服从上级安排，上下同心，通力配合

图7-12　保安人员应遵守的规定

4. 酒店安全工作职责明确

酒店主管必须让酒店员工，特别是让保安工作人员明确其职责，具体可参考表7-5。

表7-5　酒店安全工作职责表

岗位	职责内容
共同职责	（1）积极、主动地维护酒店内部的治安、交通秩序，做好防盗、防火、防止意外事故等工作 （2）严格遵守酒店的各项制度和部门规定，认真学习法律知识，树立较强的法律法纪观念 （3）坚持文明礼貌值勤，严禁打人骂人、粗鲁急躁及侵犯他人人身安全的行为 （4）按时上下班，不迟到，不早退，着装整齐，精神饱满，处事果断，训练有素 （5）在岗时不办私事，提高警惕，敢于与一切不良行为作斗争，发现违法犯罪人员及行为能奋勇向前，维护酒店和客人利益
酒店门卫	（1）酒店门卫应着装整齐，精神饱满，仪态大方，对客人要热情、礼貌、周到，使客人对酒店产生好感 （2）酒店门卫负责维护酒店大门交通秩序，引导车辆进入和人员过往，保障车辆和行人的安全，使酒店大门畅通无阻 （3）对来店的客人要礼节周全，无论是步行还是乘车来的客人都要表示热情欢迎。对乘车来的客人，要协助迎宾员照料客人下车；如有需要车位的客人，应协助安排好

（续表）

岗位	职责内容
酒店门卫	（4）切实做好门前的警戒工作，发现形迹可疑者应提高警惕，注意其动向 （5）对带有可疑品、危险品或易燃易爆品进入酒店的客人要及时发现，劝其交安保部门代为保管 （6）遇旅游团队入住酒店的，应有事先的安排，如疏通车道或组织欢迎的队伍 （7）对离店客人要热情地欢送，欢迎他们下次光临酒店；对携带大件物品离店的客人要有礼貌地查询，实属客人的行李要予以放行，并协助客人和行李员将客人的行李搬上车 （8）做好夜间门前的警戒工作，防止在酒店门口发生斗殴闹事等事件，对夜间进出者要加强检查，对于车辆的进出也要严格把关，发现证件或手续可疑者应及时记录并报告安保部
巡逻岗	（1）加强对重要区域的巡逻，发现可疑情况应视情节处理或及时报告安保部 （2）定岗定哨，每一个巡逻保安在自己的区域里都要认真履行自己的职责，及时发现事故苗头，消除隐患 （3）在楼层巡逻时，要检查客房的安全情况，楼层的通道、墙护板、电插座等是否存在不安全因素 （4）楼层如发生意外事故，例如有客人闹事、斗殴、损坏客房设施等，应及时处理或带到安保部酌情处理。如果发生火警、盗警、凶杀、爆炸等等，要迅速组织客人疏散，保护好现场，立即进行处理，防止事态扩大
大堂保安岗	（1）维护大堂秩序，对在大堂无理取闹的客人应予以说服教育，婉言劝说，制止客人在大堂争吵、大声喧哗、追逐打闹 （2）大堂是客人出入之地，人多事杂，大堂的保安员应提高警惕，保证酒店客人和酒店财产安全 （3）大堂保安应坚守岗位，不得擅离职守，更不能找无关人员聊天或打私人电话，影响正常工作 （4）要热情、礼貌地回答客人询问，严禁言语无礼、粗心、冷淡地对待入店的客人 （5）认真履行自己的岗位职责，热情接待入住或离店的客人，协助总台为客人办理入住或离店手续，同时注意保护好客人的财产不被人顺手拿走或误拿 （6）保证大堂内的文明环境，对衣冠不整进入大堂的人员，或在大堂追逐玩耍的小孩要及时制止 （7）注意维护大堂内的公共设施，如发现有人破坏应立即制止，有严重破坏行为或不听劝告者应报告安保部酌情处理 （8）夜深时要加倍警惕，注意出入大堂的人员，发现可疑人员应上前盘询，并密切注意其动向

岗位	职责内容
消费娱乐场所保安岗	（1）针对娱乐场所人多、情况复杂的特点，保安员应保持高度警觉，密切注意场内的动向，维护好场内的治安秩序，防止场内出现起哄争吵、打架斗殴、捣乱骚动等事件，如发生上述事件，要及时制止肇事者，并将其带到场外或安保部妥善处理，注意不使事件扩大化，以致造成坏的影响或妨碍其他客人 （2）注意保护在场客人的财产及人身安全，防止不法分子浑水摸鱼、客人的财物被盗或酒店的财物遭损害 （3）对场内可疑人员要严加监视，发现违法犯罪分子要及时擒拿，使其无作案机会，确保客人生命财产安全 （4）旅游旺季或在客人较多的情况下，更要维护好场内秩序，组织客人有秩序地进场、退场，防止拥挤，避免出现人员伤亡或其他事故 （5）场内如遇紧急事故，如出现火警、爆炸等，要先稳住局势，安抚在场的客人及其他工作人员，及时报告安保部门，做好疏散工作，组织客人有序地离开现场，避免事态的进一步恶化
停车场交通保安岗	（1）积极维护好停车场的交通安全秩序，认真按照酒店的各项制度和部门规定办事，做好本职工作 （2）对进入停车场的车辆要及时引导其停放，要认真查对车证，并进行登记，同时验明车况是否完好，做好详细记录，让车主当场验证，同意属实并签名后方可收下 （3）维护停车场的安全，做好防火、防盗、防破坏等工作，使客人能安心停放车辆 （4）对开出停车场的车辆要仔细查证，核对入场时所填写的表格，在情况属实时才予以放行，如发现手续不齐或其他可疑的情况，要立即进行查询、拦阻 （5）做好对入场停放车辆的收费工作，车走即收费，所收款项应有记录，不得出现损公肥私、牟取私利的情况 （6）坚守岗位，夜班值勤要加强警戒，对于夜晚23：00以后开出的车辆，要认真做好检验工作，把握好验证过关的原则，不得让无关人员在停车场逗留

7.5　建立安全检查制度

酒店要想防止职业灾害，保障员工安全与健康，必须事前发现不安全因素，并立即设法清除或控制。为达到此目的，必须实施安全检查，经常对酒店内的各种机械设备、工作环境及操作人员的行为进行检查，督导改进，降低发生损失的风险。酒店主管每年应制订年度检查计划，指定相关人员实施，年度结束后应对实施成果予以检讨，作为下年度制订检查计划的参考。

1. 定期检查

定期检查是对工作场所的各种设备，按照其性质进行关键性部分的检查、使用前检查、预防保养检查、房务检查及一般安全检查。

（1）检查步骤

一般安全检查可分为五步，具体如图7-13所示。

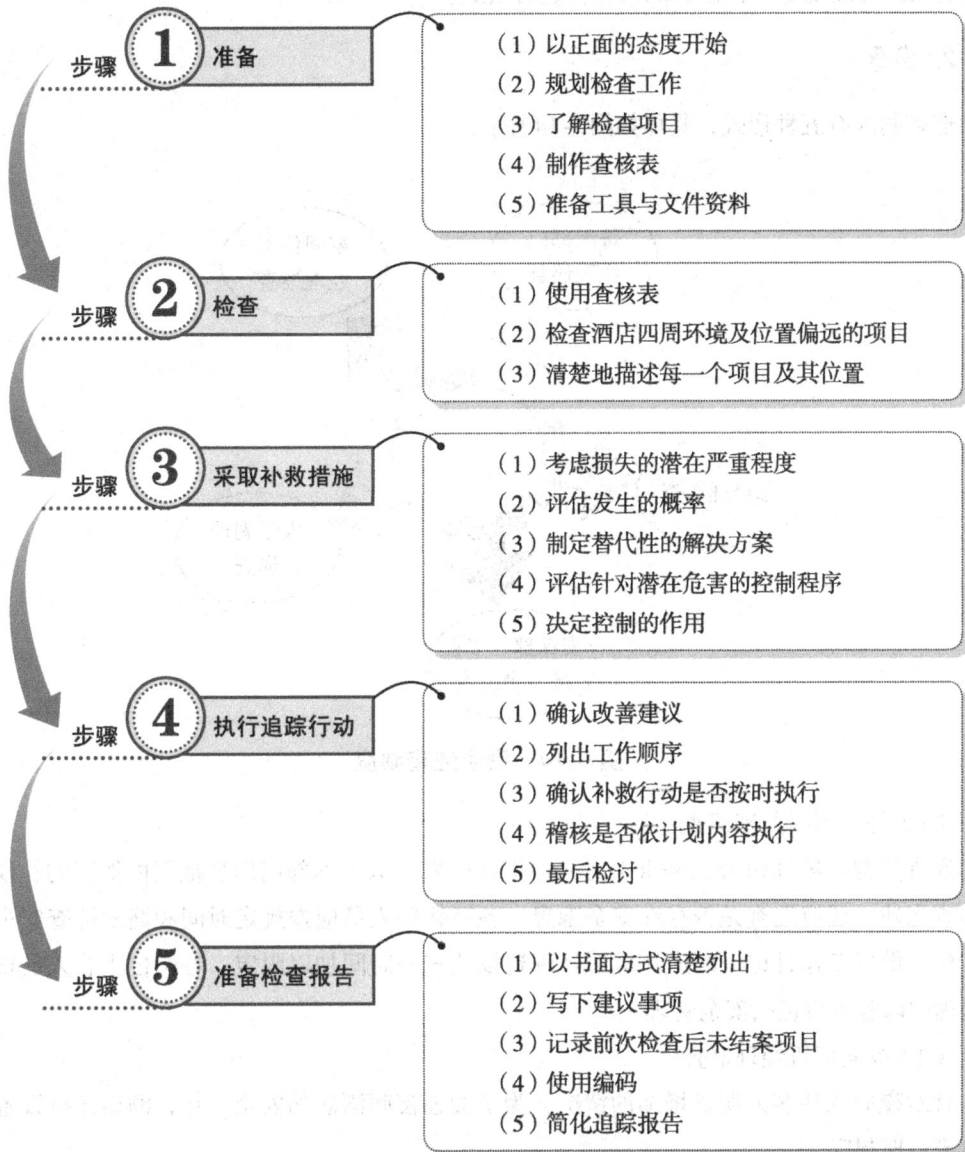

步骤 ① 准备	（1）以正面的态度开始 （2）规划检查工作 （3）了解检查项目 （4）制作查核表 （5）准备工具与文件资料
步骤 ② 检查	（1）使用查核表 （2）检查酒店四周环境及位置偏远的项目 （3）清楚地描述每一个项目及其位置
步骤 ③ 采取补救措施	（1）考虑损失的潜在严重程度 （2）评估发生的概率 （3）制定替代性的解决方案 （4）评估针对潜在危害的控制程序 （5）决定控制的作用
步骤 ④ 执行追踪行动	（1）确认改善建议 （2）列出工作顺序 （3）确认补救行动是否按时执行 （4）稽核是否依计划内容执行 （5）最后检讨
步骤 ⑤ 准备检查报告	（1）以书面方式清楚列出 （2）写下建议事项 （3）记录前次检查后未结案项目 （4）使用编码 （5）简化追踪报告

图7-13　安全检查的步骤

（2）关键性部分检查

检查某些关键性部分，这些部分的失误或失常会给酒店造成损失。在实施检查追踪时，可针对关键性部分可能造成的事故设计重点检查记录表、抽样追踪检查表。

（3）预防保养检查

检查某些部分，这些部分可能损坏，需要检修或调整。

（4）使用前检查

服务人员、技术人员、司机对那些与操作的正确性或安全性有重要关系，以及使用时可能造成损坏或处于不标准状况的系统进行检查。

2. 巡查

巡查制度有五种形式，具体如图7-14所示。

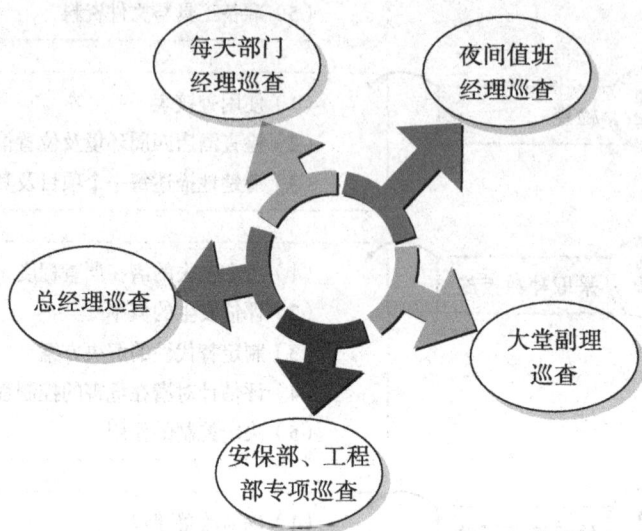

图7-14　酒店巡查制度

（1）每天部门经理巡查

巡查是部门经理每天三件事中另一件重要的事。除了本部门职责范围内例行的礼仪礼貌检查之外，还应巡查是否存在安全隐患。各级管理人员应按规定时间和路线巡查安全管理工作，做好工作日记。酒店还应对经理现场巡查的时间加以限定。各岗位主管人员现场的管理的内容也应包括安全管理。

（2）夜间值班经理巡查

针对夜间入住客人明显增加的情况，为了加强夜间酒店的安全工作，酒店还可设置夜班值班经理制度。

①夜值人员安排。夜班值班经理通宵当值，由酒店的男性经理负责，按照大中型酒店经理配置职数情况，一般每月每人值夜班一次。

②当值时间及要求。当值时间为夜间0时至清晨8时。在8小时中，分五次不定时巡查酒店各区域并做好详尽的记录，发现异常情况要及时解决，排除夜间的安全问题。

（3）大堂副理巡查

酒店大堂副理一般24小时都在酒店值班，除日班巡查之外，夜班巡查是其职责，工作重点是要做好客人的投诉和其他异常情况记录。

（4）安保部、工程部专项巡查

①设施设备的安全运行检查由工程部专人负责。

②消防、治安的巡查由安保部保安员进行。

（5）总经理巡查

总经理每天早上或晚上不定时巡查各区域的安全管理情况。总经理还应阅读夜班值班经理日志和大堂副理日志，了解及发现问题，安排相关部门解决。

7.6　运用监视系统

为了防范可疑的人、事、物，许多酒店在其公共区域、重要通道及楼层走廊等处装设了闭路电视，建立了监视系统，以确保酒店人员、财务与设施的安全。

安全监视作业内容如图7-15所示。

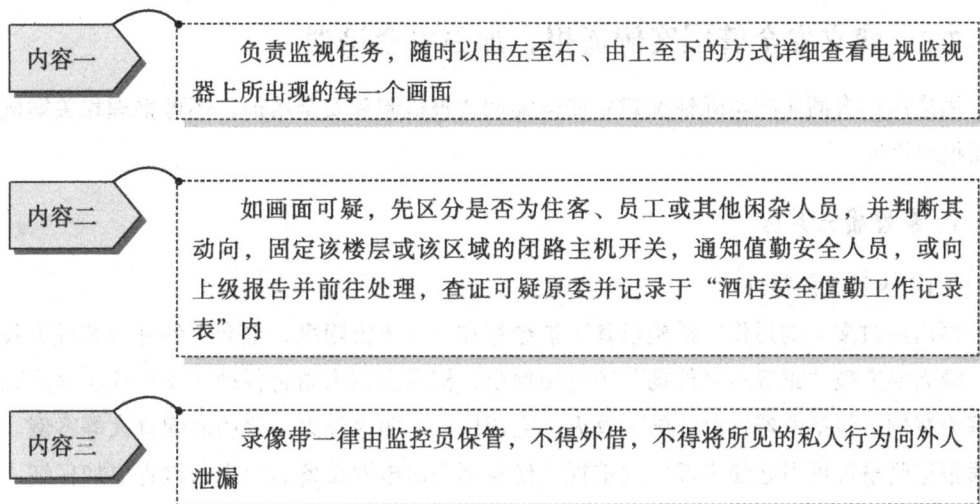

内容一	负责监视任务，随时以由左至右、由上至下的方式详细查看电视监视器上所出现的每一个画面
内容二	如画面可疑，先区分是否为住客、员工或其他闲杂人员，并判断其动向，固定该楼层或该区域的闭路主机开关，通知值勤安全人员，或向上级报告并前往处理，查证可疑原委并记录于"酒店安全值勤工作记录表"内
内容三	录像带一律由监控员保管，不得外借，不得将所见的私人行为向外人泄漏

图7-15　安全监视作业内容

7.7　安全联防作业

为了加强酒店安全业务，互通实时治安信息，发挥统合力量及守望相助精神，许多酒店采取安全联防制度。其注意事项如图7-16所示。

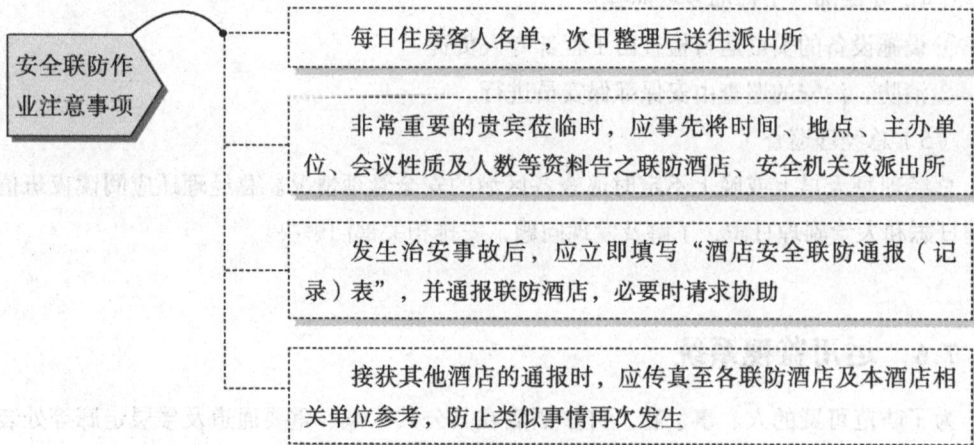

图7-16　安全联防作业注意事项

7.8　建立安全管理案例通报，加强安全培训

酒店应结合酒店的实际情况建立安全案例通报机制和安全培训，还可整理相关案例进行通报和培训。

1. 整理相关案例

（1）火警案例整理

酒店经过多年的运作，设施设备可能会存在一些火灾隐患，也会有各种火警或火险案例。酒店要突破"家丑不可外扬"的思想桎梏，把发生在本酒店各种火灾事故及火险隐患整理为案例，包括电器冒烟、施工冒火、空调风机、明火扑灭、厨房油烟冒火等案例。酒店通报这些事件可引起使用部门的重视，使各部门对电器设备的使用和检查更加仔细。活生生的例子能把防火安全的迫切性和重要性具体而形象地传达给员工，使员工认识到防火不是纸上谈兵，而是"狼真的来了"。在整理案例时应注意分析产生原因、通报责任人和处理情况。

（2）防盗案例整理

把历年客人在客房丢失财物，或在客房区域发生人身伤害的案件罗列成档，分析产生原因，其中可能有客人自己接待外人被窃，也可能有一些盗窃团伙来店作案。我们可对此类案例进行分析比较，归纳失窃或受损事故的规律。酒店的安全防范工作包括对门前客人的年龄、性别、籍贯进行分类，还要结合不同时段作案分子的特征，如年龄、性别、开房时不讨价还价、开房时间较早（一般在上午开房）、一进客房就整天不出房门的客人要予以特别关注，并将疑似名单抄送安保部和客房部重点关注。酒店通过案例通报可以让大家学习到判断异常情况和治安防范的具体方法。

（3）员工内部作案案例整理

酒店就像一个小社会，难免会有个别"害群之马"：有的会把贪婪之手伸向客人；有的会在部门收款较多的繁忙时段伸向酒店的钱箱；有的则会在同事身上打主意。一旦发生内部作案事件，在较长一段时间，一定范围内的员工会互相猜疑，人与人之间的信任被打破，团队的凝聚力受到影响。酒店可对这些案例进行整理，并在店内进行通报，提醒其他员工注意保护自身财产安全。酒店要向员工敲响警钟，第一是告诫员工不要以身试法，第二是提醒员工注意自我保护。

2. 采取多种形式加强安全培训

每年，酒店可派人参加各消防机关的培训，还可特邀消防部门人员来店授课。参加人员除安保部员工外，还应有各部门的消防员和安全管理主任。

纸上谈兵终觉浅，须知此事要躬行。酒店可每年组织保安人员实地操练，提高保安员的警惕性、实战能力和应变能力；或组织消防演练，要求保安员、各部门消防安全员、各夜间轮值员工参加，提高员工的实际操作能力。

7.9　定期召开安全会议

涉及酒店安全管理的会议主要有下面所列的这些。

1. 每日各部门晨会

各部门在晨会上对安全管理进行小结和布置是必不可少的。

2. 每周酒店经理例会的治安消防工作汇报

每周一酒店经理例会上，由保安经理通报上一周本店消防、治安情况，对衔接酒店所在区域的公安部门，以及提供的防盗防抢和其他扫黄打非之类的情况进行报告。

在每周的经理例会上，由总经理或副总亲自传达上级领导或相关部门关于安全管理的指示，评估近期发生的案例，传达上级精神和指导实施安全管理。重大节假日到来之际，酒店经理例会更应强调安全管理的重要性，布置节日期间的安全防范工作。

3. 每月消防安全会议

每月一次的消防会议，由安保部经理召集各部门的消防员，对一个月来各部门的设备特别是用电器部门的消防情况进行汇报，并做好相关的消防工作布置。

4. 每月一次的安全管理会议

由总经理办公室主任召集各部门的安全管理主任进行安全管理布置和汇报，包括厨房和食品生产安全、设备设施运作安全，客务区域安全防范和娱乐场所安全问题以及内部员工的安全管理状况。

下面是某酒店安全管理规定的范本，供读者参考。

范本

××酒店安全管理规定

一、安全保护

酒店有责任保护客人的生命和财产安全，同时员工在工作中应注意个人安全，任何时候都要有安全意识，养成良好的工作习惯。切记，安全是工作的一部分，如不严格执行酒店的安全制度和工作程序，将会受到纪律处分。

（一）安全守则

员工必须遵守酒店所制定的各种安全守则。在工作中遵守安全守则，是每个员工的职责。

1. 员工必须留意工作环境中任何的潜在危险，一旦发现异常情况要立即报告直属上级。

2. 员工不能在酒店奔跑，应保持稳健的步态。

3. 员工应双手推车。

4. 使用凳子或登高工具够取物品或进行高处作业。

5. 禁止使用破损工具及设备，以免造成损伤。

6. 提举重物须用双手。弯曲膝盖，用双腿的力量而非用背部搬取重物。

7. 必须遵守指定区域的"禁止吸烟"规定。

8. 所有工具必须做到安全保管，未经许可，不得擅自修理破损或有故障的机电设备。

9. 员工如发现任何不安全的工作情况及操作程序，应立即向部门主管报告。

10. 因工受伤，不论伤害如何轻微，员工都应立即报告，并以事故报告的形式上报部门经理。

（二）安全措施

酒店设立安全委员会以加强员工安全观念，制定安全措施；酒店内安装和配备了各种安全设备，员工应懂得如何使用；酒店随时接受员工提出的合理的安全建议。为预防意外事故，员工须提高警惕，通力合作，协助安保部保护客人、员工和酒店的财产及人身安全，所有员工必须尊重他们的工作。

（三）酒店安全

酒店安全，人人有责。全体员工必须遵守酒店保安规定。在酒店内发现可疑人员或任何危险及安全隐患，须立即报告部门经理或酒店安保部或值班经理，以便采取措施，妥善处理，切不可独自接近。

（续）

在确认客人身份之前不要为任何人打开客人的房间，可礼貌地引导客人到前台；无论上班或下班，不要与其他客人或员工谈及住店客人的名字和房号；不要将任何员工的名字、地址和联系方式告诉他人，需要时必须与行政人事部联系。

（四）工作安全

员工上岗时要时刻注意携带及佩戴保护工具和设备，一切从安全出发。工作中不要快跑；高空作业须使用梯子，不要探身拿超出梯子范围以外的东西，禁止将水、油状物或其他无关的物品随意放在地板上。

（五）客用设施

1. 电梯：部门经理以下员工一律不得乘坐客用电梯，下列情况除外：

（1）送餐部送餐到客房时。

（2）因清洁或维修电梯。

（3）特殊情况或紧急事故。

2. 任何员工均禁止使用公共或客用电话。

3. 非公事所有员工禁止进入酒店客用区域，包括大堂、各营业点、客房区域等。

4. 禁止使用一切供客人使用的设备设施。

二、酒店开放区的安全管理

（一）前厅

1. 加强车辆管理，部署警卫对停车场和大堂进行巡视，维护正常秩序。

2. 严格客人住宿登记手续，核对有效证件并复印备查；发放房间钥匙时，应保证其住房卡或钥匙凭证准确无误。

3. 严禁非法将枪支、弹药、剧毒、易燃易爆物品及管制刀具带进酒店，未经批准酒店内禁止销售、燃放烟花爆竹。

4. 行李房及贵重物品寄存处应具备防火、防盗条件，行李寄存应有严格的交接手续；发现行李破损、丢失，应及时报告并查明原因；客人行李在大堂暂存，要集中堆放，加盖网罩，设人看守；客人寄存贵重物品应放入客用保险柜，钥匙应由专人保管，设立严格的存取手续。

（二）餐厅及会议场所

1. 在餐厅及会议场所营业期间，服务人员应提醒客人保管好随身携带的物品注意发现可疑人员，防止客人财物被盗，可采取增设椅罩等防范措施。

2. 服务人员在清理卫生时应注意是否有未熄灭的烟头卷入台布中，以免引起火灾；出入通道和楼梯口应保持通畅，以备疏散。

3. 衣帽间应建立严格的存取手续。

4. 下班后应有专人巡视，做好安全检查。

5. 在使用各种炉火时，应严格遵守操作规程，燃气存放室或调压室内应安装防爆照明灯及报警装置，通风良好，使用完毕后由专人关闭阀门并做好记录。

6. 厨房灶台照明应使用防潮灯，油烟管道应定期清洗，灶台附近应配备灭火毯和消防器材。

7. 安装和使用厨房各种电器设备时，必须遵守防火安全规定，认真执行各项操作规程。

8. 每日下班时厨房应有专人负责断水、断电、断气并记录。

（三）娱乐服务场所

1. 酒店娱乐场所应严格遵守国家和本市相关法规、规章和规定，保障客人的人身和财产安全。

2. 娱乐服务场所严禁卖淫嫖娼、赌博、贩毒吸毒、贩卖传播淫秽文化制品、淫秽色情陪侍活动，严禁违背社会公德或封建迷信活动。

3. 娱乐服务场所人员在营业期间应当注意发现可疑人员，并随时提醒客人管好自己的物品，以免丢失。

三、酒店非开放区的安全管理

在非开放区出入口应设置警卫岗或明显标识，防止非住店人员随意进入。警卫人员应加强经常性巡视，确保良好秩序。

（一）客房区

1. 客房内应设置"请勿卧床吸烟"标志，放置《客人安全须知》，张挂消防疏散图。

2. 严禁住宿客人使用自备的电热器。

3. 包租客房、公寓、写字间的长住户，调换住宿人员应事先向酒店声明并履行变更登记手续，不得私自留宿；使用自备的电器设备应得到店方允许，并由酒店指定电工安装。

4. 客人退房后，服务员应及时检查房内有无遗留火种、危险物品及其他物品。

5. 客房服务员应设置明确的责任区，不得擅自离岗，打扫房间时应将清洁车堵住客房门口，禁止无关人员入内，"开一间清扫一间，完一间锁一间"，认真登记进出客房时间。

6. 应经常对电子磁卡锁进行安全检查，确保其安全有效。

7. 电子磁卡锁钥匙的配置与管理应设立严格的制度和措施，万能钥匙应由专人保管、认真履行使用登记手续。

8. 酒店建立完善有效的会客制度，来访客人应在23点前离开客房；服务人员不得把住店客人的情况向外人泄露。

9. 客人退房离店，应及时回收房间钥匙。发现钥匙丢失，应迅速查明原因并通知安保部门，及时采取防范措施。

（续）

10. 接到消防报警后，保卫、客房、工程等部门应在3分钟内到达现场，保卫部负责携带灭火器材、逃生面具、对讲机、消防手电、消防电话等；客房部或前厅部负责开启房门并向客人说明情况；工程部负责对发生火灾时的电、气设备等采取应急措。

11. 客房区应适当配置消防逃生面具。

12. 客房楼层应设安全出口标志，备有应急照明灯，安全疏散通道不得堆放杂物。

13. 通向楼外的安全门既要确保紧急疏散，又要防止无关人员随意进入，可使用单向锁、电磁门等。

14. 楼层管道竖井应按相关规定进行楼层封堵，检修孔严禁放置杂物。

（二）财务部

1. 财务室、零散收款点应有可靠的防护措施和报警装置，存放现金不得超过核定的数额，前台当日营业款应按时存入保险柜。

2. 存放现金、支票、发票、公章应使用保险柜，钥匙由专人保管使用。

3. 收到现金、支票及其他付款凭证应鉴别其真伪，严格履行相关制度。

（三）库房区

1. 库房的房顶、墙壁、地面应坚固，门窗应有防护装置，闷顶及地下管道层不得与其他房间相通，贵重物品库房应安装报警装置。

2. 库房钥匙应由专人保管使用，离人必须落锁，领物人员不得在库房内办理领取手续。

3. 库房内物品应按《仓库防火管理规则》处置，电源线要穿防护套管，白炽灯和日光灯要加防护罩，易燃、易爆物品库房应使用防爆灯，库房区外应设置电源总开关，并由专人管理，离人必须断电。

4. 物品出入库房应有严格手续，发现短缺应立即报告。

5. 库房内应张挂安全制度，严禁无关人员入内，不得寄宿私人物品，库房内严禁吸烟和使用明火，使用电气设备必须符合安全规定。

（四）施工区

1. 酒店改、扩建与内装修工程的设计、用料、安装规格均应遵守相关规定，对防火、治安防范与环境安全等方面进行审查，并与施工单位签订安全协议书。

2. 施工作业区内禁止吸烟、留宿或充做临时仓库。

3. 施工人员进店工作，应凭居民身份证注册登记并办理临时出入证，凭佩戴的出入证在指定的区域内作业和指定线路行走。

4. 施工动用明火须向酒店安全保卫部申请动火证，动火证限一次有效。动火区应设专人值守，配备灭火器。动火后的30分钟内应继续监视，确定无遗留火种后，方可离开。

（续）

5. 酒店安全保卫部应派专人到施工现场进行巡视，监督安全协议书的执行情况，竣工后安全保卫部参与安全质量验收。

三、消防安全

火灾是酒店面临的最大危险之一。它会使酒店遭到毁坏，使客人和员工受到伤害，使工作受到影响。所有员工应熟记酒店紧急情况的处理措施，尤其是对火灾的处理。所有员工都有责任正确掌握使用火警报警器、内部电话报警的方法，学会使用各种消防器材，熟记酒店每个部位的消防疏散通道和消防程序。所有员工要保持高度警惕，防患于未然。

（一）火灾预防

1. 请勿在"禁烟区"吸烟，不要乱扔烟头，看到任何还在冒烟的烟头都应将其熄灭。

2. 不得堆积废纸、脏毯、脏棉织品及其他易燃物品。自燃、电火花、焊接产生的熔珠以及乱扔火柴等，都可能导致火灾发生。

3. 避免在炉头或电灯附近放置易燃物品。

4. 任何时候都要把盛有易燃物的容器盖子拧紧。

5. 如果发现电线松动、磨损、折断、电源插座盒电气破损等情况，应立即向部门主管或工程部主管汇报。

6. 厨师必须注意煤气管道、燃烧器、开关等，发现漏气应熄灭明火，关闭气阀，开窗通风并立即报告工程部。

7. 厨师下班前必须检查所有的煤气设备，关闭所有的气阀。

（二）消防措施

发生火情时，不论大小，均应按下列步骤处理。

1. 保持镇静，不要惊慌失措。

2. 按动最近的火警报警器。

3. 立即通知总机及前台服务经理，并说出本人姓名、部门、火情发生地点和火势。

4. 呼唤附近同事援助。

5. 在确保安全的情况下，正确使用就近的消防器材扑灭火源，切勿试图用水扑灭由电或油引起的火灾。

6. 关闭所有火警现场的门窗，并关掉一切电器的开关。

7. 如火势蔓延，应协助客人撤离现场。

8. 不可使用电梯。

9. 熟记火警信号、防火通道与出口位置及灭火器的使用方法。

（三）疏散程序

1. 接到警报时，所有人员须锁上重要文件、现金等，保持冷静并听取本部门上司的指示。不要打不必要的电话，以免阻塞酒店程控交换机；如果当时处在广播中播报的个别疏散区域，应协助客人并指引他们使用就近的消防疏散楼梯。如果客人已全部离开，保持所有门窗关闭。

2. 在疏散过程中，不要重新进入房间或楼层，不要企图使用电梯。

3. 疏散后，所有人员不许重新进入酒店，直到地面控制人员一致同意；不允许任何人进入建筑物，直到权威人士确认安全或由总经理发出命令。

四、受伤及意外情况的处理

1. 如遇到意外伤病事故，应马上通知酒店部门主管、保安员及值班经理到现场，并协助将伤员护送到附近医院。应记下当时情况、目击者姓名和联系方式并如实报告。应尽可能帮助受伤人员。

2. 打内部紧急电话通知总机及前台服务（值班）经理。

3. 加设标志，警告他人勿靠近危险区。

五、电梯故障

如有人被困在电梯内或电梯发生故障，应立即通知总机或安保部和工程部，以便迅速执行电梯紧急救援/维修程序/解救被困人员。员工不得在现场逗留围观。

六、其他重点部位

1. 消防中控室应设双人值班，值班人员应尽职尽责，严格执行操作规程，做好值班和报警记录，发现可疑情况应立即采取有效应急措施。

2. 消防中控室不得堆放杂物，禁止无关人员进入，严禁烟火。

3. 保安监控中心各种监控设施应完好有效，24小时全景录像，录像带保存期限不少于10天。

4. 烟感报警探测器应定期清洗，自动喷淋系统及消火栓每半年进行一次水压测试，各种消防器材每年进行定期检修。

5. 变配电室、计算机机房、电话总机房按照相关规定设专人值班，工作人员应尽职尽责，严格执行操作规程，认真履行岗位职责，积极做好安全防范工作。

学习笔记

通过学习本章的内容，想必您已经有了不少学习心得，请仔细填写下来，以便继续巩固学习。如果您在学习中遇到了一些难点，也请如实写下来，方便今后重复学习，彻底解决这些难点。

我的学习心得

1. _____
2. _____
3. _____
4. _____
5. _____

我的学习难点

1. _____
2. _____
3. _____
4. _____
5. _____

我的运用计划

1. _____
2. _____
3. _____
4. _____
5. _____

第 **8** 章

酒店网络订单管理

网络已经成为人们生活中必不可少的一部分，酒店应该重视网络订单的管理，通过网络拉近与客人之间的距离，加强与客人的沟通。

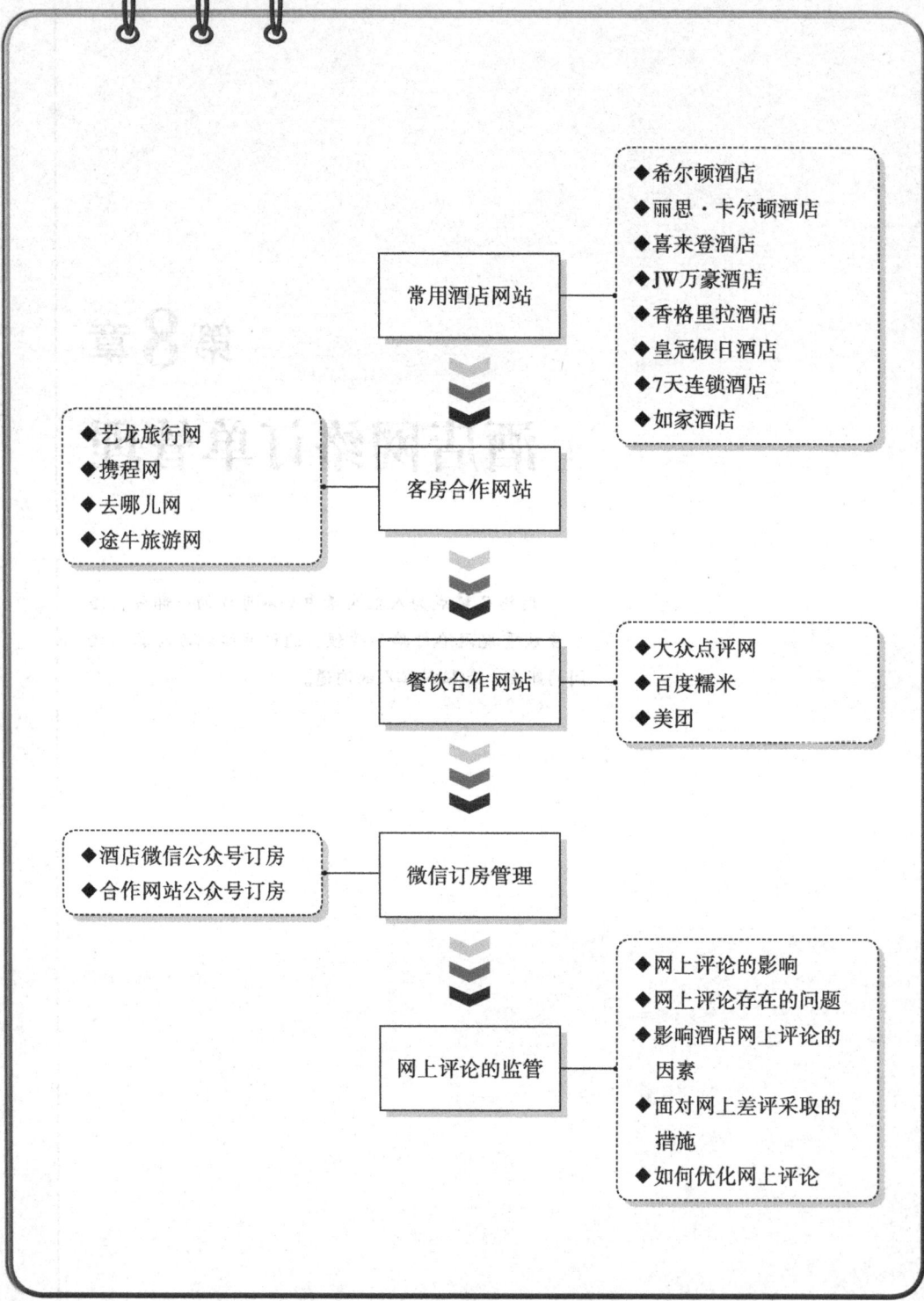

学习指引

常用酒店网站

- ◆希尔顿酒店
- ◆丽思·卡尔顿酒店
- ◆喜来登酒店
- ◆JW万豪酒店
- ◆香格里拉酒店
- ◆皇冠假日酒店
- ◆7天连锁酒店
- ◆如家酒店

- ◆艺龙旅行网
- ◆携程网
- ◆去哪儿网
- ◆途牛旅游网

客房合作网站

餐饮合作网站

- ◆大众点评网
- ◆百度糯米
- ◆美团

- ◆酒店微信公众号订房
- ◆合作网站公众号订房

微信订房管理

网上评论的监管

- ◆网上评论的影响
- ◆网上评论存在的问题
- ◆影响酒店网上评论的因素
- ◆面对网上差评采取的措施
- ◆如何优化网上评论

8.1 常用酒店网站

1. 希尔顿酒店

（1）简介

希尔顿国际酒店集团（以下简称"希尔顿酒店"或"希尔顿"），为总部设于英国的希尔顿集团公司旗下分支，拥有除美国外全球范围内"希尔顿"商标的使用权。希尔顿酒店的标志如图8-1所示。

截至2016年8月底，希尔顿品牌在90个国家和地区拥有逾4 000家酒店，包括希尔顿酒店、华尔道夫酒店、康莱德酒店、希尔顿逸林和希尔顿花园酒店等10大品牌。

希尔顿国际酒店集团(HI)

图8-1　希尔顿酒店Logo

图8-2　希尔顿酒店官网首页

（2）官网订房

希尔顿为了让客户通过官网预订酒店，经常推出很多活动。

①双倍积分以及三倍里程活动。假设住一晚的房间净价是100美元，税后总价大概116美元，注册了双倍积分以及三倍里程两个活动后，住一晚可以获得是4000积分。按照希尔顿官网五折卖分时的价格0.005美元/分，4000积分等于20美元。

②希尔顿的BRG政策。希尔顿的BRG政策是指如果客户在第三方网站上找到更低的价

格，经希尔顿客服确认之后，将会把订单的价格修改为客户找到的最低价，并且再减去50美元。

③希尔顿金卡。希尔顿的金卡是很容易得到的，基本上每年都会有各种Status Match、Visa无限、四住升金等各种活动发放的大量金卡。另一方面，希尔顿金卡会员的早餐能够得到保证。国内大部分希尔顿都会给金卡升级，也会给予行政待遇。

2. 丽思·卡尔顿酒店

丽思·卡尔顿酒店始建于1927年，其标志如图8-3所示。

丽思·卡尔顿作为全球首屈一指的奢华酒店品牌，自创建以来，一直保留着经典的风格，成为名人、政要下榻的必选酒店。因为极度高贵奢华，一向被称为"全世界的屋顶"，其"我们以绅士淑女的态度为绅士淑女们忠诚服务"的宗旨更是在业界被传为经典。

1998年，万豪酒店国际集团收购了丽思·卡尔顿酒店集团公司的全部股份。

图8-3　丽思卡尔顿酒店Logo

图8-4　丽思·卡尔顿酒店官网首页

3. 喜来登酒店

喜来登（Sheraton）是属于世界500强的喜达屋饭店及度假村管理集团旗下的品牌。自1937年创办首家酒店开始，喜来登酒店及度假村一直在旅游业界保持着变革者的形象。创新性计划、全球化目的地及其对客人的承诺使得喜来登在70多年来一直处于行业领先地位。喜来登始终随着时代的演变而不断更新、调整和变革，而唯一不变的就是在多年以前开始发展之旅时所树立的价值观。喜来登酒店的标志如图8-5所示。

图8-5　喜来登酒店Logo

截至2015年年底，喜来登在全球70多个国家和地区拥有超过435家酒店和88家度假酒店。

图8-6　喜来登酒店官网首页

4. JW万豪酒店

JW万豪酒店为万豪集团（Marriott）旗下酒店，遍布北美洲、南美洲、欧洲、亚洲和非洲，每一家酒店都独具特色，简约优雅、宁静奢华。JW万豪豪华酒店及度假酒店温馨典雅，舒适奢华，提供无与伦比的私人服务，真正商务休闲两相宜。JW万豪酒店的标志如图8-7所示。

图8-7　JW万豪酒店的Logo

万豪曾被《财富》杂志评为酒店业最值得敬仰的企业和最理想工作酒店集团之一。

图8-8　JW万豪酒店官网首页

5. 香格里拉酒店

"香格里拉"是香港上市公司香格里拉（亚洲）有限公司的品牌，该酒店集团隶属于马来西亚著名华商——"糖王"郭鹤年的郭氏集团旗下。香格里拉的名称源自詹姆斯·希尔顿的小说《失落的地平线》里中国西藏群山中的世外桃源。香格里拉酒店的标志如图8-9所示。

从1971年新加坡第一家香格里拉酒店成立开始，香格里拉酒店便不断向国际迈进。以香港为大本营，香格里拉已是亚洲最大的豪华酒店集团，并且被视为世界最佳的酒店管理集团之一，在无数公众和业内的投选中，均获得一致的美誉。在亚洲诸多城市或度假胜地，33间香格里拉酒店及5间商贸饭店都会为客人提供无微不至的服务。

图8-9　香格里拉酒店Logo

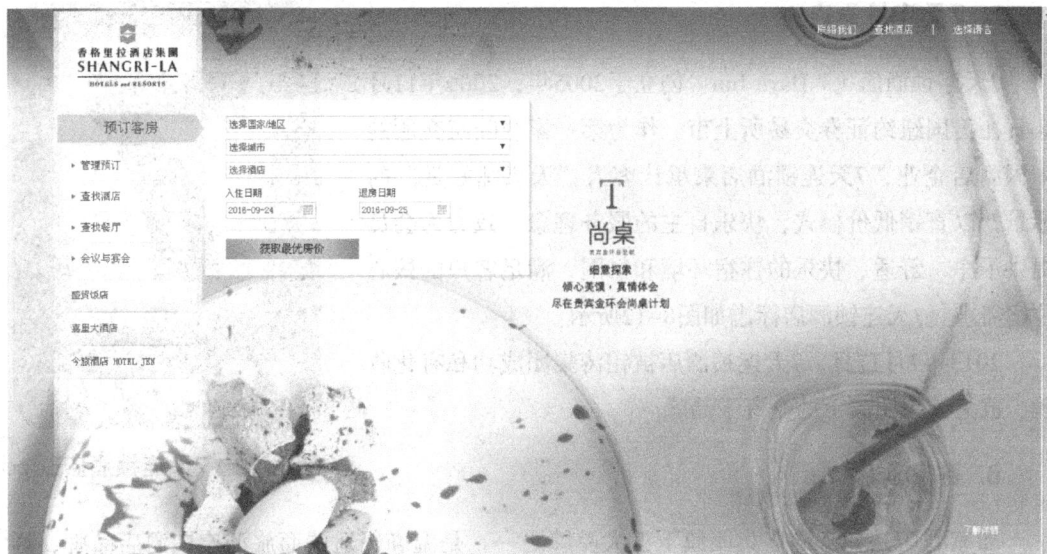

图8-10 香格里拉酒店官网首页

6. 皇冠假日酒店

皇冠假日酒店及度假村隶属于洲际酒店集团。每一家酒店都会为客人提供24小时全方位、高水准的优质服务，确保客人随时处于高效状态，顺畅完成工作，使客人在商务旅行时轻松掌控成功所需的一切。

洲际酒店集团在全世界超过100个国家和地区拥有4 700家酒店，共有9个品牌。其愿景是通过创建"客人挚爱的杰出酒店"，成为全世界最杰出的公司之一。

图8-11 皇冠假日酒店官网首页

7. 7天连锁酒店

7天连锁酒店（7 Days Inn）创立于2005年，2009年11月20日在美国纽约证券交易所上市。作为第一家登陆纽交所的中国酒店企业，7天连锁酒店秉承让客人"天天睡好觉"的愿景，以直销低价模式，快乐自主的服务理念，致力为会员提供干净、舒适、快乐的住宿环境和氛围，满足客户的核心住宿需求。7天连锁酒店标志如图8-12所示。

2013年7月17日，7天连锁酒店被铂涛集团成功私有化收购，成为该集团旗下的全资子品牌。

图8-12　7天连锁酒店Logo

8. 如家酒店

如家酒店是如家酒店集团旗下三大品牌之一，是温馨舒适的商旅型连锁酒店品牌，通过标准化、简洁、舒适、便捷的酒店住宿服务，使大众商务以及休闲旅行客人收获温馨、便捷的住宿体验。如家酒店的标志如图8-13所示。

如家酒店是国内商务酒店品牌中规模最大的品牌。截至2015年12月，如家酒店集团在国内355个城市共有近3000家酒店投入运营，形成了行业领先的国内连锁酒店网络体系。如家酒店多年获得中国金枕头奖"中国最佳经济型连锁酒店品牌"殊荣。2014年，如家酒店以4.2亿美元的品牌价值入选中国品牌100强，居国内酒店行业之首。

图8-13　如家酒店Logo

2016年4月4日，首旅酒店集团对如家酒店的私有化交易已经完成交割。

图8-14　如家酒店官网首页

8.2 客房合作网站

1. 艺龙旅行网

艺龙旅行网是中国领先的在线旅行服务提供商之一，通过网站、24小时预订热线以及手机艺龙网三大平台，为消费者提供酒店、机票和度假等全方位的旅行产品预订服务。艺龙旅行网通过提供强大的地图搜索、酒店360度全景、国内外热点目的地指南和用户真实点评等在线服务，使用户可以在获取广泛信息的基础上作出旅行决定。艺龙旅行网的标志如图8-15所示。

图8-15 艺龙旅行网Logo

图8-16 艺龙旅行网首页

2. 携程网

携程网创立于1999年，总部设在中国上海。携程网拥有国内外60多万家会员酒店可供预订，是国内领先的酒店预订服务中心。2003年12月，携程网在美国纳斯达克成功上市。携程网的标志如图8-17所示。

携程网成功整合了高科技产业与传统旅游行业，向超过9000万会员提供集酒店预订、机票预订、度假预订、商旅管理、特惠商户及旅游信息在内的全方位旅行服务。携程旅行网除了在自身网站上提供丰富的旅游信息外，还委托出版了旅游丛书《携程走

图8-17 携程Logo

《中国》，并委托发行旅游月刊杂志《携程自由行》。

2015年10月26日，携程网和去哪儿宣布合并。2016年4月21日，携程网和东航集团在上海签订战略合作框架协议，宣布双方及其下属各级控股投资公司将在业务、股权、资本市场等领域开展合作。

图8-18 携程旅行网首页

3. 去哪儿网

去哪儿网（Qunar.com）是中国领先的无线和在线旅游平台，其网站于2005年5月上线，公司总部位于北京。去哪儿网致力于建立一个为整个旅游业价值链服务的生态系统，并通过科技来改变人们的旅行方式。去哪儿网通过其自有技术平台有效匹配旅游业的供需，满足旅游服务供应商和中国旅行者的需求。对旅游服务供应商而言，去哪儿网通过移动客户端及在线平台为其提供技术基础设施；对旅行者而言，去哪儿网通过网站及移动客户端的全平台覆盖，随时随地为其提供国内外机票、酒店、度假、旅游团购、及旅行信息的深度搜索，帮助旅行者找到性价比较高的产品、较优质的信息和便捷的预订方式，聪明地安排旅行。去哪儿网的标志如图8-19所示。

图8-19 去哪儿网Logo

图8-20 去哪儿网首页

4. 途牛旅游网

途牛旅游网于2006年10月创立于南京，以"让旅游更简单"为使命，为消费者提供由北京、上海、广州、深圳、南京等64个城市出发的旅游产品预订服务，产品全面，价格透明，全年365天24小时400电话预订，并提供丰富的后续服务和保障。途牛旅游网的标志如图8-21所示。

途牛旅游网提供8万余种旅游产品供消费者选择，涵盖跟团、自助、自驾、邮轮、酒店、签证、景区门票以及公司旅游等，已成功服务累计超过400万人次出游。

2014年12月15日，途牛旅游网宣布与弘毅投资、京东商城、携程旗下子公司携程投资以及途牛CEO与COO签订股权认购协议。根据协议，途牛将向上述投资者出售1.48亿美元的新发行股份。

2015年11月24日，途牛旅游网与海航旅游集团共同宣布战略结盟。海航旅游战略投资途牛5亿美元，双方将利用各自优质资源，在线上旅游、航空、酒店服务等领域开展深度合作。

图8-21 途牛旅游网Logo

图8-22 途牛旅游网首页

下面是某网络订房合作协议的范本，供读者参考。

范本

网络订房合作协议

甲方：＿＿＿＿＿＿＿＿＿＿＿＿＿＿＿＿＿＿＿＿＿＿＿

公司全称：＿＿＿＿＿＿＿＿＿＿＿＿＿＿＿＿＿＿＿＿

地址：＿＿＿＿＿＿＿＿＿＿＿＿＿＿＿＿＿＿＿＿＿＿＿

联系电话：＿＿＿＿＿＿＿＿＿＿＿＿＿＿＿＿＿＿＿＿＿

区域业务经理：＿＿＿＿＿＿＿＿＿＿＿＿＿＿＿＿＿＿

区域运营经理：＿＿＿＿＿＿＿＿＿＿＿＿＿＿＿＿＿＿

E-mail：＿＿＿＿＿＿＿＿＿＿＿＿＿＿＿＿＿＿＿＿＿

协议传真：＿＿＿＿＿＿＿＿＿＿＿＿＿＿＿＿＿＿＿＿＿

酒店房态与价格修改等传真至：＿＿＿＿＿＿＿＿＿＿＿＿

房态维护专线：＿＿＿＿＿＿＿＿＿＿＿＿＿＿＿＿＿＿

乙方：＿＿＿＿＿＿＿＿＿＿＿＿＿＿＿＿＿＿＿＿＿＿＿

网址：＿＿＿＿＿＿＿＿＿＿＿＿＿＿＿＿＿＿＿＿＿＿＿

地址：＿＿＿＿＿＿＿＿＿＿＿＿＿＿＿＿（　　　）

总机（或前台）电话：＿＿＿＿＿＿＿＿＿＿＿＿＿＿

传真：＿＿＿＿＿＿＿＿＿＿＿＿＿＿＿＿＿＿＿＿＿＿＿

（续）

业务联系电话：＿＿＿＿＿＿＿＿＿＿＿＿＿＿＿＿＿

销售业务联系人：＿＿＿＿＿＿＿＿＿＿＿＿＿＿＿

业务联系传真：＿＿＿＿＿＿＿＿＿＿＿　移动电话：＿＿＿＿＿＿＿＿＿

预订联系电话：＿＿＿＿＿＿＿＿＿＿＿　预订业务负责人：＿＿＿＿＿＿＿

预订联系传真：＿＿＿＿＿＿＿＿＿＿＿

房态联系电话：＿＿＿＿＿＿＿＿＿＿＿　房态业务负责人：＿＿＿＿＿＿＿

一、房型和房价（单位：人民币/天）（下表可不填，将房价附在后面，回传亦可）

房间类型	门市价	网络价	协议价	佣金（税后）	早餐（份数）	面积	宽带

　　乙方承诺保持严谨的价格体系，不得有任何形式的"倒挂"行为。倒挂是指在相同时间段，乙方给甲方的同一房型的销售价格（包括服务费和早餐等因素）高于乙方前台执行价格（包括本酒店网站、同行中介销售价和会员卡促销价等非公司协议客户价）。如乙方前台执行价格下调或推出特惠价格时，乙方应至少提前24小时通知甲方，同时保证甲方销售价格根据实际情况作相应下调，以便使甲方销售价格能始终不高于乙方前台执行价格。一旦甲方发现乙方有"倒挂"行为，甲方有权提前终止本协议，并要求乙方赔偿甲方由此受到的损失。

　　如乙方协议价上涨但未及时通知甲方并经甲方认可，则仍需按原来较低的价格确认甲方预订。如合同到期，双方未完成续约，也未书面提出终止合作的，则按最近的合同价格顺延，直至双方签署新的合同为止。

　　对于××网会员入住的具体要求如下表所示。

××网入住××酒店专享服务清单

最早到店时间：＿＿＿＿＿＿＿＿（必填）最晚到店保留时间：＿＿＿＿＿＿＿（必填）

延迟退房时间：＿＿＿＿＿＿＿（必填）

××会员专享（礼包或其他增值服务）：＿＿＿＿＿＿

发票抬头：＿＿＿＿＿＿＿＿＿＿＿＿＿＿＿＿＿（必填）

加床＿＿＿元/间，中早＿＿＿元、西早＿＿＿元、自助早＿＿＿元（以上价格含服务费）

接机服务：□免费　□收费价格：＿＿＿＿＿　□无接机

（续）

（续表）

> 是否可以接待外宾：是□　否□
>
> 乙方酒店星级：挂牌：＿＿＿＿＿＿　星级标准：＿＿＿星级
>
> 其他：＿＿＿＿＿＿＿＿＿＿＿＿
>
> 特殊节日及价格为（变化请注明，否则视为不变）：＿＿＿＿＿＿
>
> 其他备注：＿＿＿＿＿＿＿＿＿＿＿＿＿＿＿＿

二、甲方的义务和职责

1. ××网作为国内最大自助游网站和最大的旅游同业平台，现开通了国内首家酒店即时预订平台，收录乙方的酒店产品信息，并利用其优势资源帮助乙方进行在线客房销售，提高酒店入住率。

2. 甲方在客户预订成功后将通过系统平台直接向乙方指定号码发送传真通知，此为客户预订确认信。

3. 甲方向乙方提供在线预订平台：＿＿＿＿＿＿，乙方可以在线直接维护本型酒店信息，维护房型、房态信息。进行在线确认、返佣管理。乙方可在系统中自行修改房间数，当预留房间数低于协议签订的数量时，甲方会通过短信通知乙方进行房态维护。

4. 甲方将向乙方提供通过甲方入住客人对乙方酒店的评价信息，以利于乙方改善服务。

5. 为加强双方更紧密地合作，使双方获得更充分的利益，乙方为奖励甲方销售，经过协商达成以下共识（必填）：

（1）当甲方月销售间夜量达到＿＿＿间夜时，从第一间夜起，佣金上浮＿＿＿元。

（2）当甲方月销售间夜量达到＿＿＿间夜时，从第一间夜起，佣金上浮＿＿＿元。

（3）当甲方月销售累计＿＿＿间夜时，赠送免费房＿＿＿间夜。

（4）月销售累计＿＿＿间夜时，赠送免费房＿＿＿间夜。

三、乙方的义务和职责

1. 乙方尽可能在＿＿＿＿＿＿系统中维护本酒店房态信息，保证房态准确无误。确认订单后，因为乙方责任而导致甲方客人未能入住的责任，乙方需进行协调保证甲方客人顺利入住。乙方应事先通知甲方其指定＿＿＿＿＿＿作为"e-booking"的维护专员，由专人或部门持甲方事先设置的密码登录操作。

乙方应当保管好账户及密码，任何使用该账户及密码登录甲方"e-booking"系统所做出的操作都视为乙方行为，乙方对此承担一切责任（关于＿＿＿＿＿＿问题可以咨询各自区域业务经理）。

2. 乙方一旦收到甲方预订传真，乙方应在20分钟内给予回复是否有房，在有房的情况下应优先满足甲方的用房，如果恶意不给房，甲方有权取消协议。

（续）

3. 订单确认后，乙方按照惯例将客房保留至入住当天的18：00，节假日或过时保留，乙方可根据甲方提供的客人通讯方式联系客人，以确定是否需要继续保留。因乙方原因造成甲方客人不能顺利入住，乙方应负责给客人免费升级，或在客人同意的前提下，将客人安排同星级、同标准预订类型的经济型酒店，且只能收取客人原类型房价，佣金应照常返还。

4. 乙方提供给甲方的客房售价均必须包括所有附加费用如服务费、税等。如有其他情况应额外说明。乙方核房与佣金结算以客人实际入住天数、房型房价来确认订单入住情况。

5. 如会员订单出现"撞单"，乙方必须在会员结账离店前通知甲方，否则原订单一经核房确认，佣金返还则按正常订单执行。经过乙方确认的客人到店后，乙方不得以其他方式办理入住（如其他公司协议、会员卡等）。如果乙方将甲方客人以其他名义办理入住，乙方必须按客人实际入住天数照常返佣。

四、变更预定

当甲方会员直接向乙方要求续住时，乙方应要求客人及时通知甲方且通过甲方重新预订，因特殊情况乙方可按原先的传真预订价格先给客人办理续住，然后通知甲方预订部补发续住单，甲方仍可享受间夜佣金提成。

五、结算方式

乙方按协议建议价向甲方客人收取所有费用，次月5日甲乙双方根据传真确认佣金，经双方核对后，乙方于次月25日前将佣金汇入甲方指定的银行账户。如乙方违约，甲方将用法律手段维护自己的合法权益，如在国内最大的旅游B2B网站发布贵酒店不诚信信息等方式。

六、保留房

1. 乙方每天保证提供给甲方_____（房型及数量），在此销售库存内进行自由预订，需签约附属预留房协议。

_____（房型1）____间

_____（房型2）____间

2. 在保留房约定房型和约定数量内，甲方可在乙方确认前先给予客人确认。在保留房数量以外的房间预订按双方正常预订方式操作。

3. 乙方提供给甲方的保留房最晚预订时间为当天____，超过此时间乙方有权将剩余房间自由销售，甲方将视保留时间长短确定推荐等级。

七、关于反商业贿赂

为了更好地保持甲乙双方的合作关系，降低双方成本，达到共赢，特约定双方达成以下条款。

1. 乙方不得向甲方与之对接的个人或其亲友支付回扣现金。

（续）

2. 乙方不得向甲方与之对接的个人或其亲友赠送或者低价售予购物券、门票等有价票券，不得赠送旅游、培训机会、股份等财物。

3. 乙方不得单独宴请甲方与之对接的个人或其亲友（工作餐除外），并不得接待其参加任何形式的娱乐活动。

如乙方发现甲方与之对接的个人有索取回扣或礼物等违规行为，乙方应当立即通知甲方。如果调查属实，甲方将给予举报人员适当的奖励，同时授予乙方长期合作伙伴资格。

在本次合作交易过程中，乙方在处理与甲方公司人员的关系时，应当以简单、透明为原则，不可夹杂有任何形式的腐败行为，并向甲方反映甲方员工的主动违规行为；否则，乙方同意承担以下不利后果。

1. 甲方永久取消与乙方的合作。

2. 甲方有权不向乙方支付剩余款项。

3. 甲方将向乙方追究经济损失，并保留向公安机关举报乙方公司及其行贿人员以追究刑事责任的权利。

本条款自双方本次合作之日起生效。

八、其他

1. 本协议经双方签字盖章后生效，一式两份，双方各执一份，具有同等法律效力。本协议未尽事宜，双方应友好协商解决。

2. 本协议执行有效期：自____年____月____日至____年____月____日。

3. 本协议期限届满前30天内，如双方对本协议内容无任何变更或修改，则本协议将自动延期限一年，并按约定期限继续履行本协议内容。

4. 甲乙双方应对签约价格保密，甲方一切公开宣传均不涉及此价格，乙方亦不可将此价格泄露给第三者。

5. 本协议所有事宜以及操作程序，双方均需专人负责，合约双方不得单方面擅自变更或终止本协议。

甲方：＿＿＿＿＿＿＿＿＿　　　乙方：＿＿＿＿＿＿＿＿＿

业务联系人：＿＿＿＿＿＿＿　　业务联系人：＿＿＿＿＿＿＿

联系电话：＿＿＿＿＿＿＿＿　　联系电话：＿＿＿＿＿＿＿＿

联系传真：＿＿＿＿＿＿＿＿　　联系传真：＿＿＿＿＿＿＿＿

财务结算联系人：＿＿＿＿＿　　对账结算联系人：＿＿＿＿＿

财务结算电话：＿＿＿＿＿＿　　电话：＿＿＿＿＿＿＿＿＿

传真：＿＿＿＿＿＿＿＿＿　　　传真：＿＿＿＿＿＿＿＿＿

甲方账户：＿＿＿＿＿＿＿＿　　乙方账户：＿＿＿＿＿＿＿＿

（续）

账户名：_____   账户名：_____

开户行：_____   开户行：_____

账号：_____   账号：_____

8.3　餐饮合作网站

1. 大众点评网

（1）网站简介

大众点评是中国领先的城市生活消费平台，也是全球最早建立的独立第三方消费点评网站之一。借助移动互联网、信息技术和线下服务能力，大众点评为消费者提供值得信赖的本地商家、消费评价和优惠信息，以及团购、预约预订、外送、电子会员卡等O2O闭环交易服务，覆盖了餐饮、电影、酒店、休闲娱乐、丽人、结婚、亲子、家装等几乎所有本地生活服务行业。大众点评标志如图8-23所示。

图8-23　大众点评Logo

（2）发展历程

大众点评的发展历程如图8-24所示。

2003年4月由张涛创立于上海

2014年2月，腾讯宣布与大众点评战略合作，持后者20%股份

2014年12月27日，大众点评完成新一轮融资，融资规模逾8亿美元

2015年3月17日，大众点评对外宣布将全资收购亲子教育O2O平台"孩子学"

2015年10月8日，大众点评与美团网宣布合并

2016年1月，大众点评APP荣登"2015腾讯应用宝星APP榜"，喜获"年度10大最受欢迎APP"。同时，大众点评APP也是唯一一款获评该奖的美食健康类APP

图8-24　大众点评的发展历程

（3）餐厅信息

整个网站的基础信息主要由如图8-25所示的两部分组成。

1 餐厅基本信息

包括餐厅的名字、地址、电话、简介、推荐菜式和适合氛围等

2 会员点评信息

包括口味、环境、服务（这3项为打分项）、人均消费额、喜欢的菜名、适合的氛围判断、喜欢程度、停车信息和600字以内的简短评论

图8-25 大众点评的餐厅信息

图8-26 大众点评首页

2. 百度糯米

（1）网站简介

百度糯米是百度公司旗下连接本地生活服务的平台，前身是人人网旗下的糯米网。百度糯米汇集美食、电影、酒店、休闲娱乐、旅游、到家服务等众多生活服务的相关产品，并先后接入百度外卖、去哪儿网资源，一站式解决吃喝玩乐相关的所有问题，逐渐完善了百度糯米O2O的生态布局。百度糯米的标志如图8-27所示。

（2）发展历程

百度糯米的发展历程如图8-28所示。

图8-27 百度糯米Logo

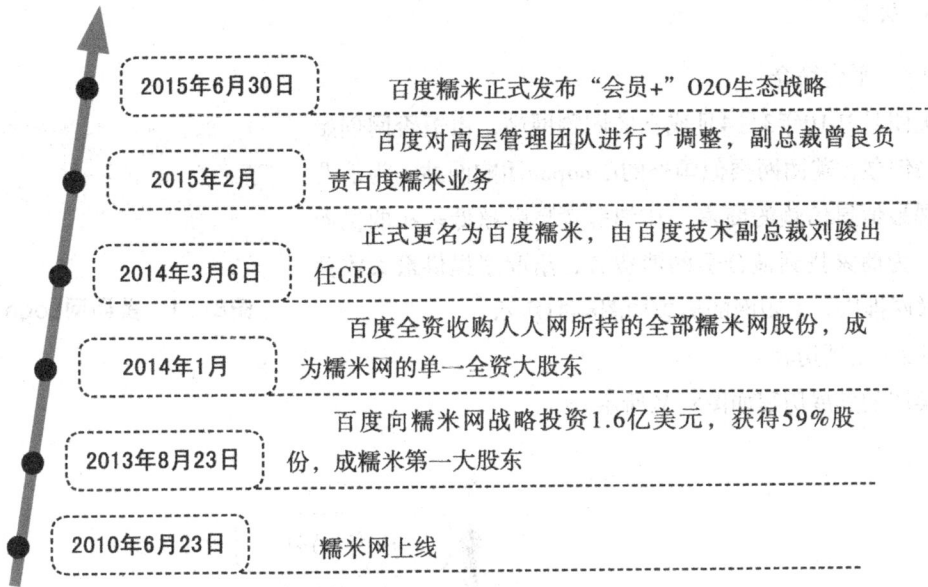

时间	事件
2015年6月30日	百度糯米正式发布"会员+"O2O生态战略
2015年2月	百度对高层管理团队进行了调整，副总裁曾良负责百度糯米业务
2014年3月6日	正式更名为百度糯米，由百度技术副总裁刘骏出任CEO
2014年1月	百度全资收购人人网所持的全部糯米网股份，成为糯米网的单一全资大股东
2013年8月23日	百度向糯米网战略投资1.6亿美元，获得59%股份，成糯米第一大股东
2010年6月23日	糯米网上线

图8-28　发展历程

（3）产品介绍

百度糯米的产品分为三大类，如图8-29所示。

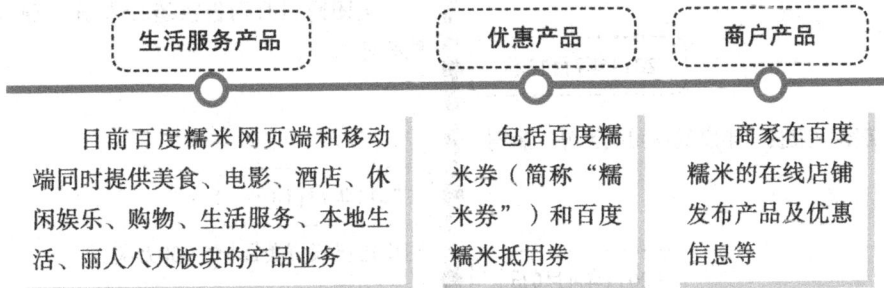

生活服务产品	优惠产品	商户产品
目前百度糯米网页端和移动端同时提供美食、电影、酒店、休闲娱乐、购物、生活服务、本地生活、丽人八大版块的产品业务	包括百度糯米券（简称"糯米券"）和百度糯米抵用券	商家在百度糯米的在线店铺发布产品及优惠信息等

图8-29　产品介绍

图8-30　百度糯米官网首页

3. 美团

（1）平台简介

美团是2010年3月4日成立的团购网站，由饭否网创始人王兴创办，美团网类似国外的Groupon团购网站，为消费者发现最值得信赖的商家，让消费者享受超低折扣的优质服务；为商家找到最合适的消费者，给商家提供最大收益的互联网推广。美团网的标志如图8-31所示。

图8-31　美团网Logo

（2）发展历程

美团的发展历程如图8-32所示。

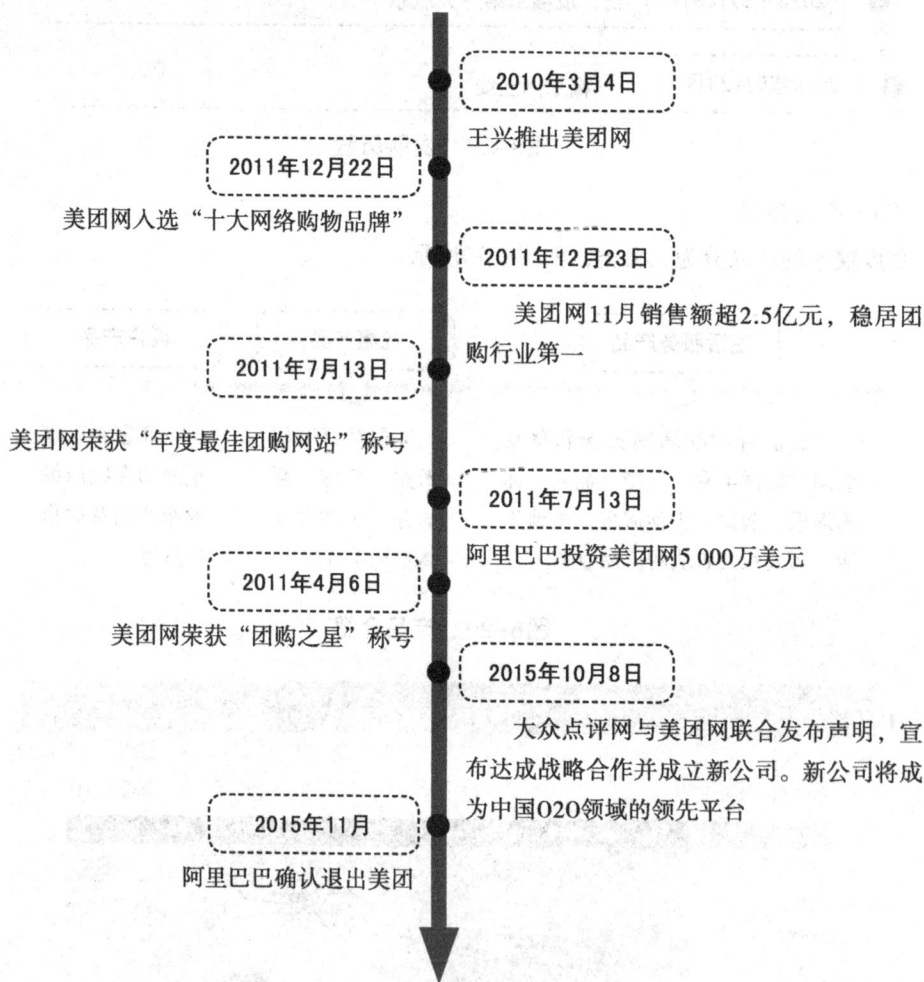

- 2010年3月4日
  王兴推出美团网
- 2011年12月22日
  美团网入选"十大网络购物品牌"
- 2011年12月23日
  美团网11月销售额超2.5亿元，稳居团购行业第一
- 2011年7月13日
  美团网荣获"年度最佳团购网站"称号
- 2011年7月13日
  阿里巴巴投资美团网5 000万美元
- 2011年4月6日
  美团网荣获"团购之星"称号
- 2015年10月8日
  大众点评网与美团网联合发布声明，宣布达成战略合作并成立新公司。新公司将成为中国O2O领域的领先平台
- 2015年11月
  阿里巴巴确认退出美团

图8-32　美团的发展历程

图8-33　美团网首页

下面是某酒店餐饮团购商家合作协议的范本，供读者参考。

范本

酒店餐饮团购商家合作协议

甲方：＿＿＿＿＿＿＿＿＿＿＿＿＿＿＿＿＿＿。

乙方：＿＿＿＿＿＿＿＿＿＿＿＿＿＿＿＿＿＿。

鉴于：

1. 乙方在团购网站＿＿＿＿＿＿＿＿上长期发布团购信息，组织会员团购活动。

2. 甲方有意通过乙方团购网站进行宣传推广其商品（服务）。

现经甲、乙双方友好协商一致，就合作开展团购促销活动事宜（以下简称团购）达成如下协议。

一、价格及其他

1. 本次团购商品（服务）名称：＿＿＿＿＿＿＿＿＿＿。

团购商品（服务）原价：＿＿＿元。

团购折扣价（甲方收款价格）：＿＿＿元。

2. 网站公布价格（提供给网站会员的价格）：＿＿＿元

乙方有权自行确定团购商品（服务）在甲方网上提供给客户的价格，并保证该价格在团购商品（服务）原价与团购折扣价之间。

3. 本次团购发布日期：＿＿＿年＿＿＿月＿＿＿日。

（续）

本次团购有效期：自＿＿＿年＿＿＿月＿＿＿日至＿＿＿年＿＿＿月＿＿＿日。

4. "72小时无条件退款"服务

为了保障参团客户的权益，如出现本协议附件一规定的情形，乙方承诺提供"72小时内，未消费可无条件退款"服务。

5. "先行赔付"服务

为保障参团客户的权益，如出现本协议附件一规定的情形且经参团客户申请，乙方承诺提供"先行赔付"服务。对于执行"先行赔付"的客户，甲方同意乙方有权从应向其支付的未结算金额中直接扣除赔付款。

6. 商家召回制度

如发生附件一所规定的"商家召回"情形，且乙方采取商家召回程序并向客户先行赔付的，乙方有权直接从未结算金额中扣除赔付款。未结算金额仍不足以弥补赔付款的，乙方有权向甲方追偿；因此给乙方造成损失的，甲方应承担相应的赔偿责任。

上述第4、第5及第6款服务的具体规则详见本协议附件一。

二、团购合作的执行与流程

1. 非实物发货类商品（服务）

乙方按照约定的时间发布团购信息，达到团购数量下限后向已购买的客户提供唯一的团购券。客户可直接下载打印团购券，或通过发送手机短信形式得到团购券的券号及密码。此团购券或手机短信的券号及密码作为客户到甲方营业场所消费的凭证。为了保护双方的利益，甲方必须验证每个券号的真实性和有效性。

2. 实物发货类商品

乙方需按照约定的时间发布团购信息，乙方应于团购结束后1天内将客户信息名单（收货人姓名、收货地址、电话、数量等）提供给甲方，甲方不得因任何原因延误发货。发货结束后，甲方需向乙方提供发货证明作为结算凭证。

3. 团购后事项

团购结束后，甲方按照乙方通知的时间开始兑换订单或发货，且不得无故拖延或提前。

4. 结算

乙方需向甲方支付按照以下公式计算的结算金额：

结算金额＝甲方提供的团购折扣价格×实际消费数量（以甲方发货证明或甲方提供的客户实际消费信息名单为准）。

说明：实际消费数量＝团购总人数－执行"72小时无条件退款"人数。

5. 结算方式

团购活动结束后5天内，乙方向甲方支付结算金额的50%；本次团购承诺的消费时间结束后5个工作日内，乙方向甲方支付剩余未结算的金额（扣除执行"先行赔付"的款项）。

（续）

三、权利与义务

1. 甲方为在中国境内依法设立且存继的企业法人，甲方于本合同签字生效当天向乙方提供营业执照复印件（加盖公章）。

[备注：根据商家具体类型要求提供相应的证件，例如甲方是经营餐饮类的，还需提供卫生许可证，从业人员健康证（最好有）；甲方是经营零食或其他快餐包装类产品的，还需提供食品安全许可证，如是厂家，还需要提供生产许可证；如甲方是经营化妆品类产品的，还需提供生产许可证、卫生许可证及产质量检报告等相关经营许可证件。]

2. 甲方协助乙方策划本次团购的宣传内容，甲方按照页面格式提供相关文字内容及图片，乙方有权根据网页情况处理图片，无需甲方确认。

3. 由于技术原因，购买数量有可能少量超过所规定的团购数量上限（如有），出现此种情况时，甲方同意按照实际购买数量提供商品（服务）。

4. 甲方承诺其按团购价格提供的商品均为该品牌的正品，完全符合商品展示及说明书中该商品品牌的正品的标准。甲方承诺提供的商品（服务）均享受与平时零售商品（服务）同样的质量保证和售后服务。

5. 甲方承诺不会强迫参团客户进行本次团购项目外的消费。

6. 甲方如在本合同确定的团购有效期内下调该商品（服务）价格，则以下调后的价格为基准再给甲方以约定的折扣；如上调该商品（服务）零售价格，则仍按照本合同签订时约定的价格执行。

7. 为了保证活动的执行效果，甲方同意自团购信息发布之日起＿＿＿天内不会与同类其他团购网站或相似业务进行合作。在本次团购有效期内，如甲方与其他团购网站就与本次团购相同或相似的商品（服务）进行团购合作的，其给予其他团购网站的价格不得低于本次团购折扣价。

8. 甲方承诺依照协议内容提供团购商品（服务），如在协议有效期内发生停业、转让等导致不能继续提供商品（服务）的情况，应及时通知乙方协助处理，由此产生的费用及给乙方造成的损失均由甲方承担。

9. 甲方保证本次团购价格低于同期提供给其他普通客户的价格（含促销价）。如乙方发现甲方提供给其他普通客户的价格（以下称为"价格一"）低于本次团购价，差价（差价＝本次团购价减去价格一）部分甲方应双倍返还给各参加团购的客户。

四、违约责任

1. 任何一方违反本协议约定义务的，对方有权通知违约方在1天内改正；逾期没有改正的，对方有权以书面通知形式立即解除本合同。由此给对方造成损失的，违约方应承担相应的赔偿责任。

（续）

2. 在乙方发布团购信息后，甲方因故意或过失不能提供相关商品或服务的、甲方提供的商品有质量问题的，甲方应按照参团客户的要求给予退货或换货，并赔偿由此给参团客户或乙方造成的损失；如乙方先行向客户赔付的，乙方有权就此赔付或因此给乙方造成的损失向甲方追偿。

五、不可抗力

1. 本合同有效期内，因自然灾害、战争及国家法律法规和政策变化等人力不可抗拒的因素，造成本协议内容部分或全部不能履行，双方互不承担违约责任。

2. 遇有上述情况的一方，应在48小时内，将相关事件、可能引发后果等情况以书面形式通知另一方，并且在事件发生后的10天内，向另一方提交有关权威部门的证明。

3. 在发生不可抗力时，双方均应在条件允许的情况下采取一切必要的补救措施，以减少由此可能带来的经济损失，同时双方应就本协议终止或延期履行等有关问题进行协商，并努力达成一致意见。

六、其他约定

1. 对于在本协议签订及执行过程中获知的交易对方的有关文件、信息（包括但不限于商业秘密、数据、图纸、数据、财务信息以及与业务有关的其他信息等），双方均负有保密义务，未经对方同意不得向任何第三方透露上述文件、信息，但法律法规另有规定的除外。本保密条款具有独立性，不受本协议的终止或解除的影响。

2. 本协议未尽事宜，甲乙双方可另行签订补充协议。补充协议及附件均为本协议不可分割的一部分，与本协议具有同等法律效力。

3. 本协议适用于中国法律；本协议在履行过程中发生争议的，双方应协商解决，协商不成的，双方均可向有管辖权的人民法院提起诉讼。

4. 本协议经双方盖章签字后生效；本协议一式两份，甲乙双方各执一份，具有同等法律效力。

甲方：_____　　乙方：_____

（盖章）　　　　　　　　　　　　　（盖章）

授权代表（签字）：_____　　授权代表（签字）：_____

签订日期：_____　　签订日期：_____

附件一（略）

8.4　微信订房管理

随着微信的普及，酒店行业也可以通过微信开展营销，与客户沟通，提供在线订房、订餐等服务。多数酒店已开通了微官网，如图8-34所示。微信订房主要包括两种方式——酒店的微信公众号订房和合作网站的微信公众号订房。

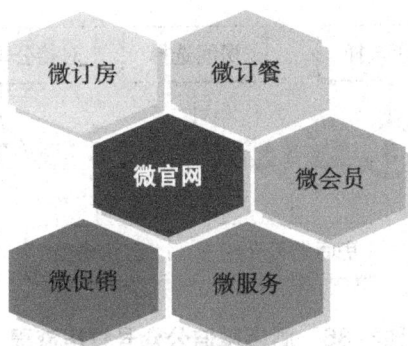

图8-34　酒店微官网一般结构

1. 酒店微信公众号订房

（1）酒店微信公众号的意义

酒店的微信公众平台为酒店提供了强大的营销和用户管理能力，可以帮助酒店快速生成更强大的酒店预定系统，建立全新的酒店微信公众号服务平台。

（2）不同账号的区别

微信公众号有三种不同账号，其区别如表8-2所示。

表8-2　微信公众号不同账号的区别

账号名称	账号功能
服务号	公众平台服务号主要供企业为用户提供服务。其特点如下： （1）1个月（自然月）内仅可以发送4条群发消息 （2）发给订阅用户（粉丝）的消息会显示在对方的聊天列表中相应微信的首页 （3）服务号会显示在订阅用户（粉丝）的通讯录中。通讯录中有一个公众号的文件夹，点开可以查看所有服务号 （4）服务号可申请自定义菜单
订阅号	公众平台订阅号主要用于为用户提供信息。其特点如下： （1）每天（24小时内）可以发送1条群发消息 （2）发给订阅用户（粉丝）的消息会显示在对方的"订阅号"文件夹中，点击两次才可以打开 （3）在订阅用户（粉丝）的通讯录中，订阅号被放在订阅号文件夹中个人只能申请订阅号
企业号	企业号主要为了帮助企业、政府机关、学校、医院等事业单位和非政府组织建立与员工、上下游合作伙伴及内部IT系统之间的连接，并能有效地简化管理流程、提高信息的沟通和协同效率、提升对一线员工的服务及管理能力

（3）订房流程

酒店微信公众号订房的流程如图8-35所示。

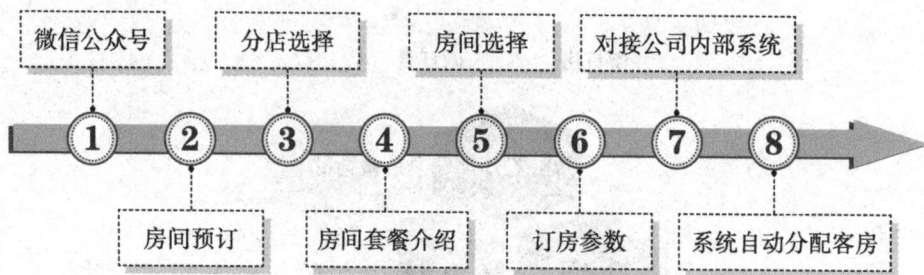

图8-35　酒店微信公众号订房流程

（3）酒店如何经营公众号

酒店经营公众号主要有以下四个步骤。

步骤一：在公众平台扩展功能中找到"微酒店"模块，按照如图8-36所示进行配置。

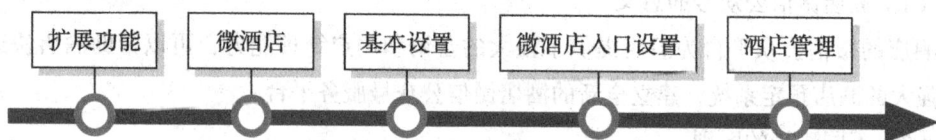

图8-36　微酒店设置顺序

步骤二：基本设置操作，如图8-37所示。

图8-37　微酒店基本设置

步骤三：添加酒店。

这一步骤主要对酒店图片、星级、基本设施、品牌、坐标、地址等进行设置。其中，图片尺寸建议选择720像素×400像素。

小贴士

在状态显示中，会有手机前台是否显示的选择，不要忘记勾选"显示"。

步骤四：添加房型。

在"酒店管理"中选择"房型管理"，再选择"添加房型"，然后选择酒店并对房型、价格、图片、房间参数、促销信息等进行设置，如图8-38所示。

图8-38　添加房型

2. 合作网站公众号订房

酒店的客人同样可以通过酒店合作网站的公众号订房，订房步骤如图8-39所示。

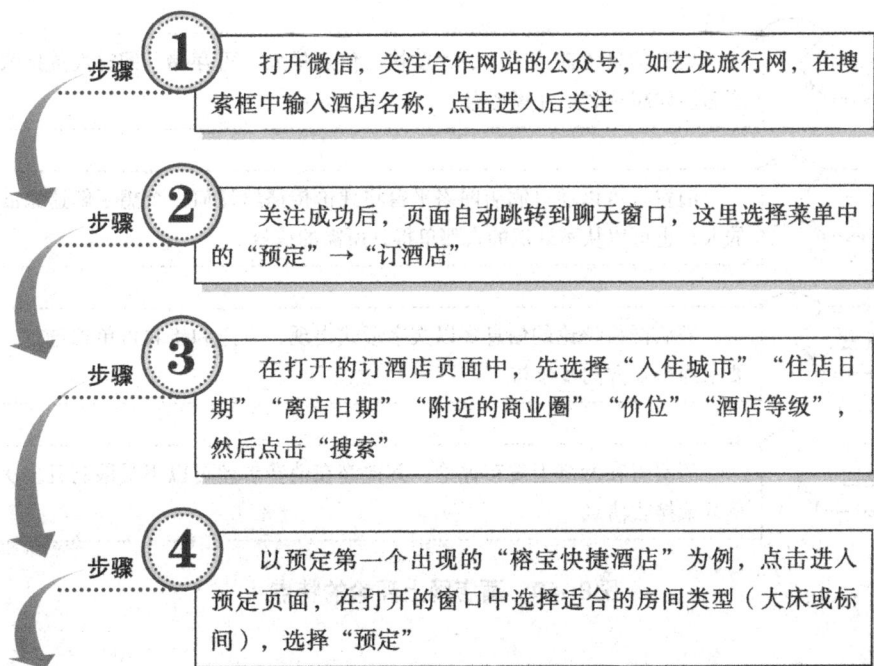

步骤 ① 打开微信，关注合作网站的公众号，如艺龙旅行网，在搜索框中输入酒店名称，点击进入后关注

步骤 ② 关注成功后，页面自动跳转到聊天窗口，这里选择菜单中的"预定"→"订酒店"

步骤 ③ 在打开的订酒店页面中，先选择"入住城市""住店日期""离店日期""附近的商业圈""价位""酒店等级"，然后点击"搜索"

步骤 ④ 以预定第一个出现的"榕宝快捷酒店"为例，点击进入预定页面，在打开的窗口中选择适合的房间类型（大床或标间），选择"预定"

步骤 **5** 下一步，确认酒店到店时间、离店时间、入住人及联系方式，点击"确认预定"

步骤 **6** 订单提交成功，等待酒店前台预约成功，可以返回自己的个人中心中查看"酒店订单"

步骤 **7** 如需取消该预约，只需点击进入酒店详情，选择"取消"→"确认取消"即可

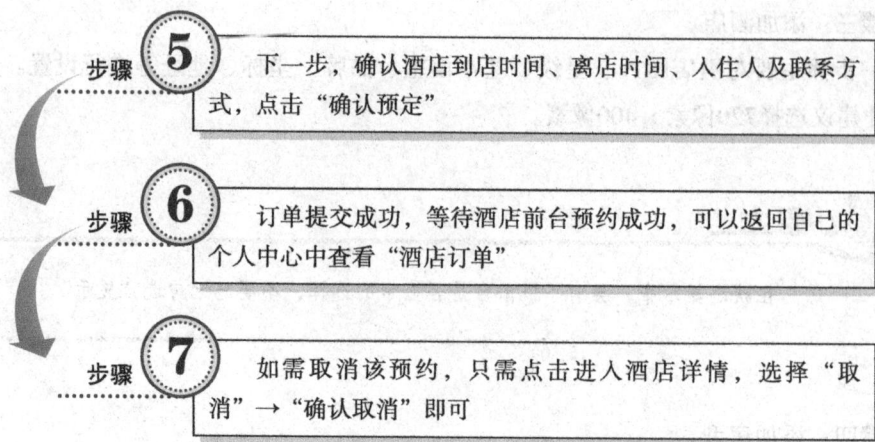

图8-39 合作网站微信公众号订房步骤

8.5 网上评论的监管

1. 网上评论的影响

网络预订、团购已经成为酒店预订的重要途径之一，因为网络评论成为了消费者是否选择某家酒店的重要指标。酒店网上评论是指享受过此酒店产品或服务的消费者对酒店所提供的设施、产品及服务等在网络上所做出的评价。

酒店网络评论的特点如图8-40所示。

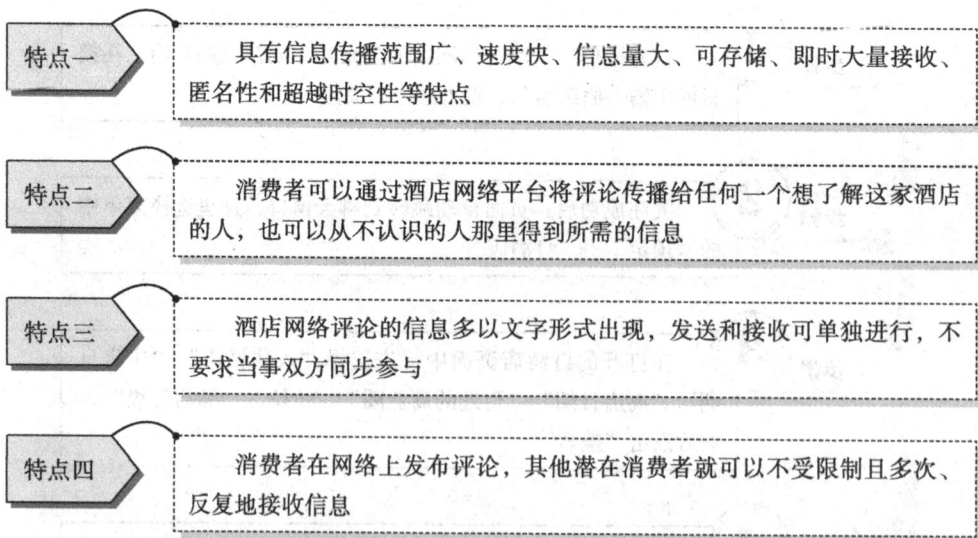

特点一 具有信息传播范围广、速度快、信息量大、可存储、即时大量接收、匿名性和超越时空性等特点

特点二 消费者可以通过酒店网络平台将评论传播给任何一个想了解这家酒店的人，也可以从不认识的人那里得到所需的信息

特点三 酒店网络评论的信息多以文字形式出现，发送和接收可单独进行，不要求当事双方同步参与

特点四 消费者在网络上发布评论，其他潜在消费者就可以不受限制且多次、反复地接收信息

图8-40 酒店网上评论的特点

酒店网上评论的特点决定了评论能对消费者的选择产生极大影响。

相关统计显示，在某旅游网站上，80%的用户在选择酒店之前至少要阅读6~12条酒店评论，回复评论的酒店能抓住三分之二的预订机会。因此，酒店应该重视网上评论，并充分利用网上评论。

2. 网上评论存在的问题

网上评论是一把双刃剑，可以给酒店带来客源，也可以给酒店带来很多问题。网上评论主要存在图8-41所示的几个方面的问题。

问题一 ▷ **管理体制不健全**

> 酒店网络评论不仅仅出现在酒店官网中，还会出现在合作的预定平台中。预订平台允许消费者发表针对入住酒店的评价，但是因为管理体制不健全、监管不力，可能导致网站可以随意删除高佣金酒店的差评，也可能会利用差评向酒店进行二次收费

问题二 ▷ **网络评论缺乏真实性与公正性**

> 在网络评论处于不成熟阶段时，一方面审核用户的真实身份困难，另一方面，为了增加酒店网络评论的流量与人气，有些酒店也会用一些匿名的用户进行点评，以扩大酒店的知名度与影响力，这使网络评论的真实性与公正性很难得到保证

问题三 ▷ **网站宣传不力**

> 网站宣传主要是在网站上推广酒店产品或服务，帮助酒店吸引客人，让客人直接下订单。这要求网站提供多种选择，同时应有大量的潜在消费者访问网站和评论。但是，实际上很多酒店在这方面做得不到位

图8-41　网上评论存在的问题

3. 影响酒店网上评论的因素

酒店应该反思差评是怎么出现的。客户在这家酒店住的不满意时才会给酒店差评，那么，客户为什么不满意呢？主要有图8-42所示的几种原因。

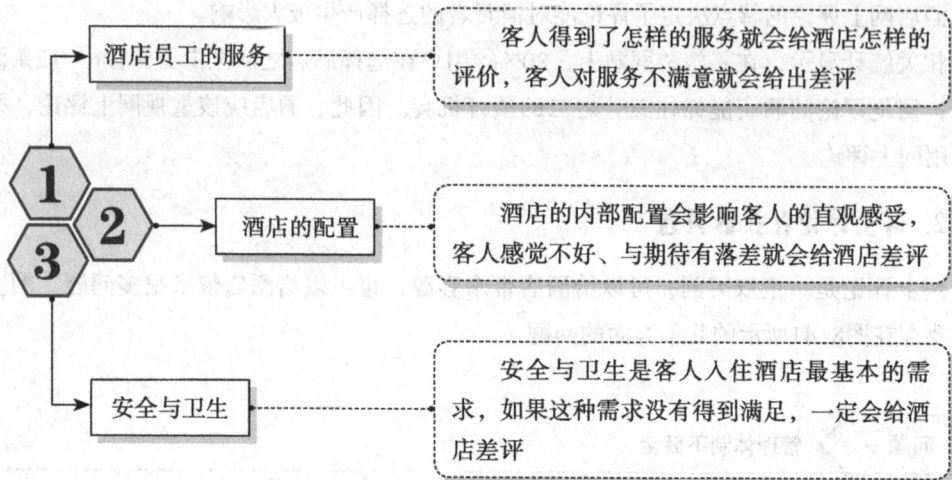

图8-42　影响酒店网上评论的因素

4. 面对网上差评采取的措施

俗话说："众口难调。"网络评价也总是有好评有差评，好评可以给一家酒店带来客源，而差评总是让酒店头痛万分：可能刚刚消费者还觉得这家酒店不错，可是看了差评则果断不选择这家酒店了。可以说，差评让酒店损失了一部分客源，那么针对网上的差评，酒店应该采取什么应对措施呢？酒店可以采用下列两种措施。

（1）请客人修改差评

通过旅游网站与客人沟通，请客人修改差评。几乎所有旅游网站的评论，都是可以修改的。

（2）及时回复差评

回复客人的差评，并不只是给那位客人看，而是给那些准备要预订本酒店的客户看。在回复时，无论客人是否恶言相向，都要始终保持平和心态，要体现素质。另外一定要表明，对客人提出的意见会及时改进，并且欢迎客人再次光临。

5. 如何优化网上评论

既然酒店网上评论如此重要，那么该如何优化呢？酒店应该从五个方面优化网上评论，如图8-43所示。

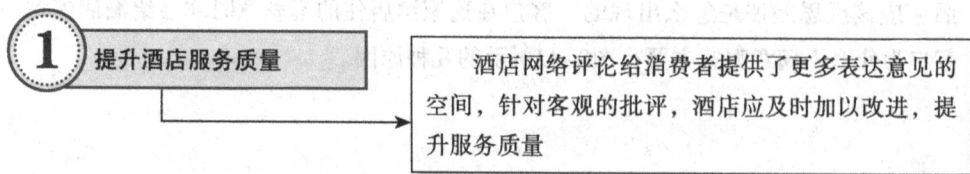

②　主动邀请消费者撰写评论

　　如果想获得更多的评论，酒店可以主动邀请消费者撰写评论。酒店还应针对用户群的特点，让移动设备用户更轻松地撰写评论

③　避免过于频繁地回复评论

　　回复是应对差评的一种措施，但是酒店最好不要逐条回复差评，应以适当的间隔选择具有代表性并且客观的好评、中评、差评来恢复

④　发布来自第三方的评论

　　酒店可以选择部分第三方网站的评论发布在官网上，第三方评论在消费者看来更加客观

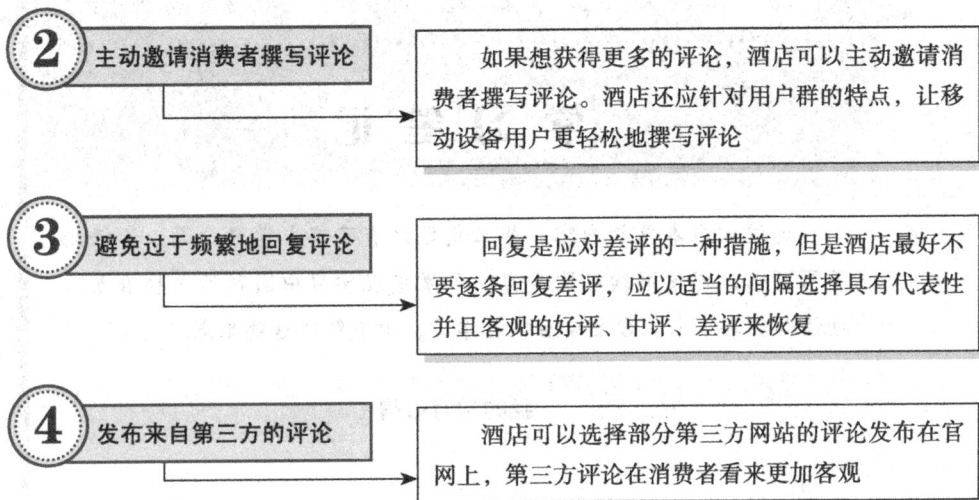

图8-43　网上评论的优化

学习笔记

通过学习本章的内容，想必您已经有了不少学习心得，请仔细填写下来，以便继续巩固学习。如果您在学习中遇到了一些难点，也请如实写下来，方便今后重复学习，彻底解决这些难点。

我的学习心得

1. _____
2. _____
3. _____
4. _____
5. _____

我的学习难点

1. _____
2. _____
3. _____
4. _____
5. _____

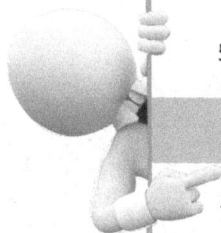

我的运用计划

1. _____
2. _____
3. _____
4. _____
5. _____

××酒店管理制度范本

第一部分：行政管理制度

一、例会管理制度

为了做好每日工作布置和总结，及时纠正工作中发生的错误，促进各部配合，加强检查，提高服务质量，特建立例会制度如下。

每周经理例会管理办法

目的：加强每周经理例会，提高会议效率。

第一条　部门领导干部例会定于每周五举行一次，由总经理主持，总经理助理、各部门主管级人员参加。

第二条　会议主要内容如下。

1. 总经理传达集团公司相关文件以及酒店总经理办公室会议的精神。

2. 各部门主管汇报一周工作情况，以及需提请总经理或其他部门协调解决的问题。

3. 由总经理对本周各部门的工作进行讲评，提出下周工作要点，并进行布置和安排。

4. 其他需要解决的问题。

第三条　例会参加者在会上要畅所欲言，允许持有不同观点和保留意见，但会上一旦形成决议，无论个人同意与否，都应认真贯彻执行。

第四条　严守会议纪律，保守会议秘密，在会议决策未正式公布以前，不得私自泄漏会议内容，影响决议实施。

部门例会管理办法

第一条　部门例会每日上午8：00准时召开。

第二条　例会每日1～2次。

第三条　部门领班及组长有权根据工作需要加开临时性例会布置重点会员接待工作。

第四条　部门例会内容及程序如下。

1. 检查考勤及在岗情况。

2. 检查仪容仪表及工作精神状态。

3. 检查服务及生产、销售应具备的技能知识情况，如对菜单、酒单、主食单的熟悉情况以及岗位责任制、服务程序、注意事项等。

4. 总结前一日工作，提出问题并纠正，提出表扬和批评。

5. 布置当日工作。

（1）客情报告及分析。

（2）人员分工和应急调整。

（3）注意事项及工作重点。

6. 朗诵企业理念。

二、考勤管理制度

第一条　考勤记录

1. 各部门实行点名考勤，月底由部门主管将考勤表交到财务部，负责记录考勤的人不得徇私舞弊。

2. 考勤表是财务部确定员工工资的重要依据。

第二条　考勤类别

1. 迟到：凡超过上班时间5至30分钟未到工作岗位者，视为迟到，将被扣罚5～30元。

2. 早退：凡未向主管领导请假，提前5至30分钟离开工作岗位者，视为早退，将被扣罚5至30元。

3. 旷工：凡属下列情形之一者均按旷工处理。

（1）迟到、早退、一次时间超过30分钟，或当日迟到、早退时间累计超过30分钟者，按累计缺勤时间的2倍处理。超过2小时按旷工1天处理。

（2）未出具休假、事假证明者，按实际天数计算旷工。

休假未经批准，逾期不返回工作单位者，按实际天数计算旷工。

（3）轮班、调班不服从安排，强行自由休假者，按实际天数计算旷工。

（4）请假未经批准，擅自离岗者，按实际天数计算旷工。

（5）不服从工作安排，调动未到岗者，按实际天数计算旷工。

（6）不请假离岗者，按实际天数计算旷工。

4. 事假

员工因事请假，应提前填写请假条。事假实行无薪制度。

（1）员工在8：00～17：00之间请假以小时为单位计算工资（如外出办事、回家等）。

（2）请假2天以内由部门主管批准。

（3）请假3天（含3天）以上由部门主管签字报总经理审批。

（4）管理人员请假需报请总经理批准。

三、办公用品管理办法

为了保障公司工作的正常进行，规范管理和控制办公用品的采购和使用，特制定办公用品管理办法如下。

第一条　办公用品的范围

1. 按期发放类：稿纸本、笔类、记事本、胶水、曲别针、大头针、订书钉等。

2. 按须计划类：打印机碳粉、墨盒、文件夹、档案袋、印台、印台油、订书器、电池、计算器、复写纸、软盘、支票夹等。

3. 集中管理使用类：办公设备耗材。

第二条　办公用品的采购

根据各部门的申请，库房结合办公用品的使用情况，由保管员提出申购单，交主管会计审核，交总经理批准。

第三条　办公用品的发放

1. 员工入职时每人发放圆珠笔1支，笔芯以旧换新。

2. 每个部门每月发放1本原稿纸。

3. 部门负责人每人半年发放1本记事本，员工3个月发放1本记事本。

4. 胶水和订书钉、曲别针、大头针等按需领用，不得浪费。

5. 办公用打印纸、墨盒、碳粉等需节约使用，按需领用。

四、员工配发个人物品管理规定

第一条　公司根据不同岗位，发给不同岗位的员工制服。

第二条　公司为员工提供岗位所需行李、餐具等生活用品。

第三条　凡在公司工作的员工均发给员工号牌和《员工手册》。

第四条　员工每人须交纳服装、行李保证金500元，在工资中扣除。

第五条　员工离职时须填写离职单，将所有个人领用物品交齐后方可离职。

第六条　员工离职时必须将服装、床上用品等清洗干净交回库房。

五、员工食堂就餐管理制度

第一条　员工必须在员工食堂就餐，严禁在宿舍、走廊，办公室等地就餐，违反1次罚款20元。

第二条　食堂操作间，除食堂工作人员外，其他闲散人员不得随意进入，违反1次罚款20元。

第三条　就餐要排队打饭，不得拥挤、打闹和大声喧哗，做到吃多少打多少，严防浪费。

第四条　员工就餐时，要注意保持室内卫生，不随地吐痰，不准乱扔脏物，严禁在食堂内吸烟。

第五条　就餐员工要养成爱护公物的习惯，不准损坏餐具、餐桌和餐椅，损坏要按原价赔偿。

第六条　如有倒饭现象，一经发现罚款50元。

六、员工宿舍管理制度

第一条　员工宿舍为员工休息场所，必须保持环境清洁。

第二条　员工实行轮流值日，对员工宿舍进行日常清理。

第三条　不得在员工宿舍内大声喧哗，违者罚款20元。

第四条　不得在员工宿舍内使用大功率电器和电炉子。

第五条　严禁在宿舍内乱写乱画，乱钉钉子，违者罚款20元。

第六条　严禁在宿舍内赌博、酗酒，一经发现视情节轻重罚款50～200元。

第七条　宿舍内不得私藏管制刀具，一经发现将予以罚款或开除。

第八条　男女员工不得混居，一经发现将开除处理。

第九条　未经他人同意不得翻动他人物品，违者罚款20～50元。

第十条　不得损坏宿舍内备品，违者按价赔偿。

第十一条　值日卫生清理不干净，罚款20元。

七、员工洗浴管理规定

第一条　员工淋浴时间为每周三，在康乐部淋浴室进行。

第二条　洗澡的具体时间根据营业的时间具体通知。

第三条　员工洗澡时自带浴品。

第四条　员工洗浴结束后共同将浴室卫生清理干净。

八、关于对讲机的使用规定

第一条　对讲机作为酒店办公用通信工具，只限在工作场所使用。

第二条　对讲机只允许在接待服务过程中使用，不能用于个人联络。

第三条　使用对讲机时必须用耳机，且音量要降到最低。

第四条　对讲机必须妥善保管，保证使用通畅。

第五条　在工作交接时，必须将对讲机、耳机上交库房。

第六条　因个人原因造成对讲机破损或丢失，由使用人按价赔偿。

第二部分：财务管理制度

为了加强财务管理，有效控制资金的使用，降低公司支出，节约成本，特制定财务管理制度如下。

一、财务借款及核销管理办法

第一条　借款人首先要填制借款凭证写明借款用途，由部门主管签字，主管会计审核，交总经理批准签字后，到财务部领款。

第二条　费用发生后，持报销票据到财务报账。

第三条　报销票据要提供合法报销单据（特殊情况除外）。

第四条　提供零星多张小单据，需将多张单据以阶梯方式贴在一张空白纸上，并结出金额合计，需要入库的要附上入库单。

第五条　报销一律用碳素笔，写明报销日期并附审批人的签名。

第六条　财务部要对报销单重新审核，确认金额与审批人签字无误后方可付款，并加盖付讫章。

第七条　借款人因公借款办事，要本着"当日借，当日报"的原则，特殊情况必须在借款三日内进行核销。

二、会计核算管理办法

第一条　会计核算以权责发生制为基础，采用借贷记账法。

第二条　会计年度采用历年制，自公历每年1月1日起至12月31日止为一个会计年度。

第三条　记账的货币单位为人民币。凭证、账簿、报表均用中文。

第四条　会计科目执行国家制定的行业会计制度，结合我公司的具体情况制定。

第五条　会计凭证。使用自制原始凭证和外来原始凭证两种凭证。

（1）自制原始凭证指入库单、出库单、旅费报销单、费用支出证明单、请购单、收款收据、借款单等。

（2）外来原始凭证指我单位与其他单位或个人发生业务、劳务关系时由对方开给本单位的凭证、发票、收据等。

（3）会计凭证保管期限为15年。

第六条　会计报表，依财政、税务部门和集团总公司财务部的要求及时填制申报。

三、成本核算管理办法

第一条　营业成本的计算应根据每项业务活动所发生的直接费用，如材料、物料、购进时的包装费、运杂费、税金等，应在该原料、物料的进价中加计成本。

第二条　餐厅的食品原料中，还应把加工和制造的各种食品产品时预计出现的损耗量的价值加入产品成本中。

第三条　对运动场所购进准备出售的商品所支付的运杂费和包装费均应在费用项目列支，不得摊入成本。

第四条　客房部设备的损耗、客用零备品消耗等应计作直接成本。

第五条　车辆折旧、燃油耗用、养路费、过桥费可作为成本核算。

第六条　各业务部门在经营活动中所耗用的水电气、热能以及员工的工资、福利费应作为营业费用处理。

四、现金及流动资金管理办法

第一条　库存现金额在集团财务及银行同意下按一定额度留取。超过现额部分当天存入银行，除规定范围的特殊情况下支出以外，不得在业务收入的现金中坐支。

第二条　现金支付范围包括工资、补贴、福利、差旅费、备用金、转账起点下的现金支出。

第三条　现金收付的手续和规定：在现金收付时必须认真，详细审查现金收付凭证是否符合手续规定，审查开支是否合理，领导是否批准，经办人和证明人是否签章，是否有齐全合法的原始凭证。

第四条　在收付现金后，必须在发票、收付款单据或原始凭证上加盖"现金收讫"或"现金付讫"。

第五条　主管会计每天必须核对现金数额，检查出纳库存现金情况。

第六条　流动资金既要保证需要又要节约使用，在保证营业活动正常需要的前提下，以较少地占有资金，取得较大的经济效果。

第七条　各业务部门在编制计划时要严格控制库存商品，物料原材料的占用资金不得超过规定比例，即经营总额与同期库存的比例按2∶1的规定。

第八条　超储物资、商品除经批准作为特殊储备的外，原则上不得使用流动资金，只能压缩超储的商品、物料，以减少占用资金。

第九条　在符合国家政策和集团财务和公司总经理的要求前提下，加速资金周转，扩大经营，减少流动资金的占用。

五、收取支票管理办法

第一条　检查转账支票上是否有法人名章及财务章，是否有开户银行名称、签发单位及磁码，不得有折痕。

第二条　背面写有持票人的姓名、工作单位、身份证号码、联系电话。

第三条　支票有效期为10天。

第四条　最低起点为100元。

六、盘点管理制度

第一条　目的

为了保证存货及财产盘点的正确性，使盘点工作处理有章遵循，并加强管理人员的责任，以达到财产管理的目的，特制定本办法。

第二条　盘点范围

（一）存货盘点指原料、物料、商品、餐辅料、工程材料、零件保养材料等的盘点。

（二）财务盘点指现金、票据、有价证券的盘点。

（三）财产盘点指固定资产、代保管资产、低值易耗品等的盘点。

1. 固定资产包括土地、建筑物、机器设备、运输设备、生产器具等。

2. 代保管资产指由供货商提供，使用后结账的物品。

3. 低值易耗品购入的价值达不到固定资产标准的工具、器具等。

第三条　盘点方式、时间

（一）年中、年终盘点

1. 存货：由各管理部门、采购员会同财务部门于年（中）终时，实行全面总清点一次，时间为：年中盘点时间是6月30日、31日；年终盘点时间是12月30日、31日。

2. 财务：由财务部主管会计盘点。

3. 财产：由各部门会同财务部门于年（中）终时，实施全面清点。

（二）月末盘点

每月末所有存货，由各部门及财务部实施全面清点一次，时间为每月30日。

第四条　人员的指派与职责

（一）总盘人：由总经理任命或担任盘点工作的总指挥，督导盘点工作以及将异常事项上报总经理裁决。

（二）主盘人：由各部门负责人担任，负责实际盘点工作的推动和实施。

（三）盘点人：由各部门指派，负责点计数量。

（四）监盘人：由总经理派人担任。

（五）会点人：由财务部指派，负责会点并记录，与盘点人分段核对，确实数据工作。

（六）协盘人：由各部门指派，负责盘点时料品搬运及整理工作。

（七）特定项目按月盘点及不定期抽点的盘点工作，亦应设置盘点人、会点人、抽点人，其职责相同。

第五条　盘点前的准备事项

（一）盘点编组：由财务部于每次盘点前，事先依盘点种类、项目编排"盘点人员编组表"、盘点时间等，交总经理审批后公布实施。

（二）各部门将应用于盘点的工具预先准备妥当，所需盘点表格由财务部准备。

1. 存货的堆置应力求整齐、集中、分类。

2. 现金、有价证券等应按类别整理并列清单。

3. 各项财产卡依编号顺序事先准备妥当，以备盘点。

4. 各项财产账册应于盘点前登记完毕，并将有关单据，如入库单、领料单等装订成册（一月一本）。

第六条　盘点实施要求

1. 要求主盘人、盘点人、协点人等严格按照盘点程序进行，不得徇私舞弊。

2. 盘点时要力求物品的安全。

3. 盘点结束时，要求盘点小组各成员均按职责划分签名确认。

4. 盘点结束后，由财务部将盘点情况进行总结，上报总经理，特殊情况要着重指出，盘点结果予以存档。

5. 根据盘点情况，对盘亏盘盈等情况作出处理决定，并存档。

七、出入库管理办法

第一条　出库时间定为每星期一、三、五、日的15：00至17：00点（特殊情况除外）。

第二条　办理出库时，必须由总经理在内部直拨单或出库单上签字方可出库。

第三条　内部直拨单用于营业、生产用周转物品、消耗品；而出库单用于后勤部门（工程、保安、办公室、配送）领用物品。

第四条　原材料、物料用品、低值易耗品需要办理入库手续，并且要有入库经手人的签名。原材料中的菜品、纯净水生产原料要直拨入厨房和生产部，只需办理验收手续即可。

第五条　固定资产购入验收后直拨入使用部门，直接填制固定资产管理卡片，无需填写入库单。

第六条　保管员要对入库物品保质期、外观质量进行监督，如发现问题，不予办理入库手续。

八、固定资产管理办法

第一条　公司全部固定资产，包括主楼、办公楼、厂房、职工宿舍、其他园林建筑、机械设备、大小汽车的账务管理和计提折旧等，由财务部负责。实物管理按"哪个部门使用，就由哪个部门管理"的原则进行分工。

第二条　建立固定资产卡片，详细记录固定资产名称、规格、数量、单价、总值金额、购建日期、使用年限、产地及存放地点。

第三条　折旧年限：房屋15年、汽车××年、机械设备、电话系统折旧期为8年、空调、音响折旧年限为6年、计算机及其他为5年。

第四条　折旧计提方法采用使用年限法。

九、原材料及其他物品采购管理办法

第一条　由厨师长、生产班度根据宴会预定单参照厨房库存及生产计划，提出采买计划。

第二条　将采购计划送交财务部审核。

第三条　由财务部填制请购单送总经理批准后交给采购员。

第四条　采购员负责将价格真实、准确、清楚地记录于请购单上。

第五条　采购员购买后，将原材料直接拨入厨房和生产车间，由保管员协同厨师长或生产班长共同验收并签字。

第六条　验收后采购员将签字的请购单连同内部直拨单、采购发票送交总经理审批。

第七条　采购员持内部直拨单、采购发票到财务报账。

第八条　其他物品由各部门提出申请采购计划，交财务部保管员审核，主管会计签字，交总经理批准后，交给采购员采购。

十、保管员工作规范

第一条　负责记好公司所有物资、商品的收发存保管账目，将仓库前一天的物资入库单和出库单整理归类后入账。

第二条　定期做好物资、商品的盘点工作，做到账、货、卡三相符。

第三条　货物入库时，一定要真实、准确地按照入库单上所列项目认真填写，确保准确无误。

第四条　物品出库，必须要由总经理签字方可出库。

第五条　每个工作日结束后，应及时将出入库单记账联交财务部。

第六条　入库物资必须按照类别，按固定位置整齐摆放。

第七条　及时报告物资存储情况，严禁先出库后补手续。

十一、报损、报废管理规定

第一条　商品及原材料发生霉坏、变质，失去使用价值，需要做报损、报废处理时，由保管员填报"商品、原材料霉坏、变质报告表"送交财务部。

第二条　经主管会计审查提出处理意见后，报总经理审批。

第三条　各业务部门的固定资产、低值易耗品的报废、毁损要由主管会计提出处理意见，然后送交总经理批示并由财务部备案。

第五条　报损、报废的金额计入营业外支出科目。

十二、内部审计管理规定

第一条　认真复核总台收银员的营业日报、账单，及时发现差错并纠正，以保证收入准确无误。对已复核过的报表，必须签名以示负责。

第二条 审核记账的完整和合法依据，包括科目、对应关系、借贷是否平衡。

同时审核记账凭证所附原始单据是否齐全和符合规定，审批手续是否完备，原始单据是否与记账内容一致。

第三条 严格执行财务制度和开支标准，拒绝办理一切不符合规定的开支和违反收支原则的结算。

第四条 审核原料的购入凭证及采购员的报销单据在直拨单上的签名。

第五条 每日及时核算成本，要求成本核算必须合理、准确，并计算出每月成本利润率。

第六条 要监管仓库的月末盘点，并按盘点表与保管账核对，出现差异要及时查明原因，按规定报批。

十三、厨房成本的控制和管理

第一条 厨房成本的核算程序：厨房期初剩余物品的金额+本期购进菜品总价+厨房本期领用的调料总价–期末盘点菜品总价=本期厨房的直接菜品成本。

第二条 厨房成本的控制应做好以下几个方面。

（1）严格控制菜品出品率，确保投料准确，厨房要有专人负责。投料后的边脚废料验明斤两后，投到员工餐，以改善员工伙食。

（2）采购员采购的直拨到厨房的菜品要由厨师长、保管员验明斤两签字后方可办理入库。入库的菜品厨房要有专人负责管理，并且要对菜品进行分级管理。价值高、保存期限要求严格的物品要单独保管。

（3）对厨房的水、电、燃油的使用要本着"节约光荣、浪费可耻"的原则。

（4）对调料的使用也要严格按照投料标准，在确保菜品风味的同时，节约一分就为酒店多创造一分效益。

（5）对厨房月末盘点时要做到斤两准确、价格合理，以确保本期营业成本的准确。

（6）厨师长要对厨房每日剩余的菜品做到心中有数，又要确保营业需要，还要使厨房库存成本压缩到最低限度，减少流动资金占有量，达到降低本酒店经营总成本的目的。

（7）财务人员每天要对厨房出品率进行抽查，以监督厨师长的各项工作。

（8）每个营业期终了，要对菜品收入和菜品成本的比率与同行业的利润水平进行比较和分析，找出差距和不足，以便进一步提高酒店自身的利润水平。

（9）酒店的菜品成本和菜品收入的比率为35%（水+电+燃油+购入菜品成本+调料成本=菜品成本；其中，水电、燃油占成本的12%，购入菜品成本占80%，调料占8%）。

第三部分：商务酒店部管理制度

一、餐饮客房部管理制度

值班管理规定

为了保证为客人提供周到细致的服务，餐饮客房部实行值班制度。

第一条　餐厅早餐值班7：00到岗，负责早餐的服务工作。

第二条　餐厅员工8：00上班后替换早餐值班员工吃早饭。

第三条　餐厅员工在午间员工餐时实行值班。

第四条　客房员工晚间在203房间值班，随时为客人提供服务。

第五条　客房员工早餐、午餐、晚餐实行倒班，做到不空岗。

第六条　具体值班时间表由领班负责安排。

关于私藏客人酒水、烟的处罚办法

为了避免员工私留客人酒水、烟等而导致客人不满、投诉，使剩余酒水物有所用、去向明确，特制定本处罚办法如下。

第一条　营业中、营业后所有未开启酒水（包括白酒、果酒、饮料、啤酒等）必须主动为客人退掉，并报告领班。

第二条　已开启的剩余白酒按照酒水档次进行归类，由吧台统一登记，保存使用。

第三条　违反上述规定者，按以下条款执行。

①私留酒水按售价进行处罚。

②私留客人招待用烟按照售价的2倍进行罚款。

关于剩菜的处理办法

为了合理利用每餐的剩余菜品，规范处理方法，特别制定以下办法。

第一条　清台时必须将台面餐巾纸、牙签、烟头等倒入垃圾桶内，不得与菜品混装。

第二条　在清台时客人没有动的海鲜、菜肴可以转入员工餐厅，供员工食用。

第三条　对台面上的其他剩菜、如肉类、鱼类、骨头类可单独装入方便袋内，转做狗食等。

第四条　菜品内如果有辣椒必须将其挑拣出来。

第五条　任何人不得将剩菜等直接作为垃圾直接倒掉，违者罚款20元。

客人入住登记制度

第一条　客人住宿时需到总台办理入住手续。

第二条　客人办理手续时需在入住登记表上填写本人姓名、工作单位、身份证号码、住宿时间等。

第三条　客人在总台交完押金后，在总台领取客房钥匙。

第四条　标准客房押金500元/间，豪华房押金1000元/间。

布草管理规定

为了加强布草的使用与管理，使布草及时送洗，特别制定本制度。

第一条　客房布草、餐饮布草统一由客房部李曦管理。

第二条　餐饮部每餐用过的布草及时到××室更换，并由专人负责记录。

第三条　客房更换下的布草及时送到××室更换，并由专人负责记录。

第四条　布草房每天负责将更换下的布草进行登记，并由司机送去清洗。

第五条　对当日不能及时送洗的情况下，必须将其晾干，再进行装袋。

第六条　布草在送洗时须将客房布草与餐厅布草分装，避免染色。

低值易耗品管理办法

餐饮客房部在营业中涉及的易耗品品种较多，为了达到节约降耗的目的，将从以下几个方面进行控制。

第一条　餐厅清理卫生和刷杯使用的洗涤剂用矿泉水瓶到库房进行出库，每次使用时控制用量。

第二条　公用卫生间使用的卷纸和擦手纸根据使用情况进行更换，无客人时应将卫生间门锁上。

第三条　客房部在客人退房后将客人未用的浴液、发液、一次性牙刷、牙膏等收回重新摆放。

第四条　员工禁止使用客用的纸巾、发液、浴液等。

第五条　严格限制使用一次性台布、筷子等用品。

第六条　对经常无人住宿的房间，备品可以减量或不放。

客房工作标准

第一条　凡是上岗的服务员，要求仪表整洁，仪容端庄，合乎要求。

第二条　文明礼貌，语言规范，亲切热情，主动迎宾。

第三条　上班时禁止闲聊、大声喧哗、打瞌睡、吃零食、接打私人电话或办其他私事。

第四条　做好个人卫生，制服干净整齐，保持饱满的精神面貌。

第五条　要有良好的服务意识，按客房服务规程和质量要求做好宾客迎送和客房的整理工作。

第六条　服务员要掌握住客情况，确保住宿客人的人身和财产安全。

第七条　按客房清洁规程和质量要求做好客房责任区的日常清洁工作　责任区内的卫生应随时清理，做到清洁卫生无死角。

第八条　按照家具摆放要求做好摆放，对损坏或需维修项目，要及时报告和维修，保证各种灯具完好。

第九条　客人退房时，要认真清点客房内各种物品，发现不足应及时补齐。

第十条　进入有客人入住的房间，首先要轻敲门三次，在得到允许后方可进入。

第十一条　为客人服务要机敏勤快，及时提供各种服务，满足客人的合理要求。

第十二条　服务员在客人入住后，要随时与各部门尤其是总台取得联系，掌握客人的活动情况，避免"跑单"。

第十三条　客人退房时要及时查房，发现遗留或遗弃物品要及时上交。

第十四条　保持客房门把手、门锁、门牌号完好、整洁、无污迹。

第十五条　严格控制客用供应品，定期定额管理。

第十六条　服务员不得在客房内使用各种客用品或私自留宿他人。

第十七条　未经总台允许，服务员不得私串客房。

房间管理办法

第一条　营业性房间

1. 除定时通风外，平时必须锁好门。

2. 招待用房的服务员必须按程序办理，严禁无手续用房。

3. 值班钥匙由服务员处保管，不得丢失。

第二条　有关管理规定

1. 认真执行卫生清扫标准。

2. 对房间的设备、设施及各种物品必须认真保管，妥善使用。

3. 服务人员不得在房间内有下列行为：

（1）闲谈；

（2）看电视；

（3）睡觉，躺卧休息（经理批准除外）；

（4）其他与工作无关的活动。

违反上述规定按员工手册规定处理。

第三条　客房钥匙的控制与管理

1. 电子钥匙必须随身携带。

2. 电子钥匙除为客人开门和清理卫生时使用，不得私自开门。

3. 钥匙不得转借他人，违者罚款50元。

4. 倒班时，应先将钥匙交给领班，安排专人接管。

5. 不能遗失钥匙，开门给无关人员进入房间，违者罚款50元。

房间小酒吧管理办法

房间小酒吧是一种方便客人的服务设施，它包括酒水、软饮料及果冻等小食品。软饮料置放于冰箱内，酒水、小食品等摆放在酒柜或展示架上，并且要配备酒杯、纸巾、开瓶器等。

服务员每天根据客人的耗用量填写酒水单，通知总服务台收款入账。每日客人退房后及时凭酒水单底联到库房补充。因工作过失造成"走单"的，由当班服务员负责赔偿。

客房内的酒水、饮料、小食品等每日检查，如果出现缺、损坏、过期等现象，由服务员负责赔偿。

客人遗留物品处理规定

第一条　在酒店范围内，员工无论在任何地方拾获任何遗留物品都必须尽快交到总服务台。

第二条　总台在接到遗失物品后，需将其记录在遗留物品登记簿上，并填写日期、拾获地点、物品名称、拾获人姓名及部门等。

第三条　所有遗留物品必须锁在储存柜内。存放时要将贵重物品与一般物品分开，贵重物品交由财务部储存，一般物品由总台员工分类锁进储存柜内。

第四条　遗留物品由部门主管通过查会员档案等方式通知客人来酒店认领。

第五条　员工拾到物品应马上填写遗留物品登记表，一式两份，一份交拾获者，一份连同遗留物品一起存入柜内，并将详细情况记录在遗留物品登记簿上。总台须将每日拾到的物品情况汇报总经理。

第六条　客人回来认领时，需复述报失物品内容，遗失地点由销售部核准后如数交给客人，并请客人在登记簿上签名。如果是贵重物品还必须留下客人的身份证号和联系地址。

二、康乐部管理制度

值班制度

为了保证为客人提供周到细致的服务，特实行值班制度。

第一条　在员工午餐、晚餐时一楼大厅必须有人值班。

第二条　值班时必须接听电话，有客人消费时及时通知各岗位人员。

第三条　晚上值班人员下班时必须检查水电器开关，确保关闭。

第四条　值班人员必须做好安全防火工作。

第五条　具体值班时间表，由领班负责安排。

设备设施管理规定

第一条　责任区服务员必须了解各项设备设施的工作原理，以及简单故障的排除方法。

第二条　员工操作电器设备时，必须按照操作规程进行，注意安全。

第三条　客人在使用过程中，提醒客人注意操作规程，以保护设备。

第四条　对设备设施经常进行维护保养，发现问题及时报告。

第五条　管辖区内的设备必须按责任人签订保管责任书。

洗涤客衣的管理规定

第一条　公司为会员提供有偿清洗运动服、运动袜服务。

第二条　员工负责清洗工作。

第三条　清洗前仔细检查运动服等是否有损坏，如有损坏，及时通过销售内勤与会员沟通。

第四条　清洗的运动服等必须在会员下次消费前熨烫平整，挂在更衣柜内。

第五条　会员存放的其他物品如手巾、浴巾、澡巾等必须及时清洗，不得有异味。

低值易耗品管理办法

为了加强低值易耗品的使用和管理，将从以下几个方面进行控制。

第一条　各分部门使用的卷纸和面巾纸，员工禁止使用。

第二条　各分部门使用的洗涤剂等用矿泉水瓶到库房出库，并要节约使用。

第三条　清理卫生用的钢丝球、胶皮手套实行以旧换新（必须达到不能使用状态）。

第四条　乒乓球室服务员服务时，要适时帮助客人捡拾，避免客人踩坏乒乓球，减少损坏。

茶艺室茶叶管理办法

第一条　所有出售的茶叶必须在保鲜柜中储存。

第二条　茶叶的购入和销售必须及时登记保管账。

第三条　保鲜柜中禁止存放其他物品，以保证茶叶味道纯正。

第四条　茶叶采取"少进勤进"的原则，防止茶叶变质。

第五条　对客人寄存的茶叶要贴上标签妥善保管。

桑拿房使用注意事项

第一条　使用桑拿房要提前20分钟预热。

第二条　桑拿房在加热前必须将水均匀洒在石头上，不能干烧。

第三条　在使用前将木桶内装满水，备用。

第四条　随时注意桑拿房内的温度。

第五条　使用结束后，注意关闭电源开关。

第六条　因服务员使用不当造成损坏，由责任人负责赔偿。

三、厨房部管理制度

厨房部规章制度

第一条　厨部员工应关心本酒店荣誉，树立主人翁意识，爱护公司财产，遵守公司各项管理条例，具有敬业精神和职业道德。

第二条　员工按照厨房部制定的作息时间按时上下班，不迟到早退、不擅离职守、不串岗离岗。值班时间视为上班时间，应严格按值班制度执行。

第三条　上班时间穿工衣、戴工帽、配带工号牌，按正常操作程序进行操作，爱护厨房设备和工具，节约用水、电、油、气，做到无长明灯，无长流水。

第四条　上班时间一律不允许做与本职工作无关的私事（如抽烟、吃零食、接、打电话及会客）。严禁在厨房内打架、嬉闹、偷吃、偷拿，浪费原材料。不在厨房部非工作区域内逗留。

第五条　注意个人卫生、不允许留长发、长指甲，工衣整洁、勤换。不允许穿拖鞋、凉鞋上岗，不许穿工作服在大厅内逗留。

第六条　严格执行国家规定卫生标准。对不合格材料严禁加工和销售，因工作疏忽造成食物中毒的，追究当事人责任。

第七条　厨房部员工应服从管理人员安排和调动，按时完成上级交代各项任务，不得无故拖延和终止工作。

第八条　公司规定的其他管理条例应严格遵守。

厨房卫生规章制度

第一条　个人卫生

1. 厨师必须每年参加体检和食品卫生知识培训。

2. 必须每天做好个人卫生包干区域的清洁工作。

3. 进入厨房必须保证工装鞋帽整洁。

4. 严禁上岗时戴首饰、涂指甲油，工作场所严禁吸烟。

5. 女职工不准长发披肩，男职工不准留长发和胡须。

第二条　环境卫生

1. 保持地面无油腻、无水迹、无卫生死角、无杂物。

2. 保持瓷砖清洁光亮，勤擦门窗。

3. 下班前应将冰箱、炉灶、配菜台、保洁橱等清理干净。

4. 冰箱、保洁橱、门等必须在下班时上锁。

5. 厨房、冰箱等设备损坏应及时报修。

6. 发现"四害"须马上灭虫。

7. 厨房必须做到每周大扫除一次。

第三条　冰箱卫生

1. 冰箱应定人定岗，实行专人保管。

2. 保持冰箱内外清洁，每日擦洗一次。

3. 每日检查冰箱内食品质量，杜绝生熟混放，严禁叠盘、鱼类、肉类、蔬类，相对分开，减少串味，必要时应使用保鲜膜。

第四条　食品卫生

1. 上班后由厨房切配清理隔日蔬菜，蔬菜不得有枯叶、霉斑、虫蛀、腐烂。如卫生不合格，要退回粗加工清洗。

2. 干货、炒货、海货、粉丝、调味品、罐头等要妥善储藏，不得散放、落地。

3. 保持食品新鲜、无异味，烹调时烧熟煮熟，现卖现烧。隔餐、隔夜和外来熟食品要回锅加热后再出售。

4. 按政府有关规定，禁用不得销售的食品。

第五条　餐具卫生

1. 切配器具要生熟分开，加工机械必须保持清洁。

2. 熟食、熟菜装盆、餐具不得缺口、破边，必须清洁，经消毒后，无水迹、油迹、灰迹，方能装盆出菜。

3. 不锈钢器具必须保持本色，不洁餐具必须重洗。

第六条　切配卫生

1. 切配上下必须保持清洁、卫生、整洁。

2. 砧板清洁卫生，用后竖放固定位置，每周清洗，定期消毒。

3. 不锈钢水斗内外必须保持清洁、光亮。

4. 下水道不通或溢水要及时报修。

第七条　炉灶卫生

1. 灶台保持不锈钢本色，不得有油垢，工作结束后清洗干净。

2. 锅具必须清洁，排放整齐。

3. 炉灶瓷砖清洁、无油腻，炉灶排风要定期清洗，不得有油垢。

4. 各种调料罐、缸必须清洁卫生并加盖。

厨房日常安全工作制度

第一条　用火用电不离人，先检查后使用。不按要求用火用电的，每次罚款50元，造成事故和损失的责任自负。

第二条　换气罐时做到无火源，不按要求操作的每次罚款50元。

第三条　刀具、刃具放置好，做到无事故隐患。

第四条　各种原料要放置稳固，不按要求堆放造成损失的，损失由当事人承担。

第五条　热汤、热油盛装不得超过八分满，并放置稳，端取时必须加垫隔热。

第六条　通道、过道必须随时保持畅通无阻。

第七条　清洁设备时必须关机操作，违者每次罚款50元。

第八条　厨房禁止吸烟，地面发现烟头一次罚款50元。

四、工程部管理制度

工用具管理制度

第一条　工程部所有的维修用工具、用具必须登记，实行统一管理。

第二条　工程部水暖工、电工所配备的工具为专用工具，严禁外借。

第三条　工具保管和使用不当造成损坏或丢失，由使用者负责赔偿。

报修管理规定

第一条　各部门报修项目必须填写请修单，一式两份。

第二条　一份交给工程部，另一份由工程部签字后留存。

第三条　工程部接到维修单后立即安排维修，对不能维修的项目要写明原因并上报。

第四条　维修完的项目要由请修人验收后，方可视为完成。

第五条　对各部门的报修项目不得耽搁，必须在4小时内有结果。

配电箱的管理要求

第一条　按时检查监视仪表是否正常。

第二条　检查空气开关是否有异常现象和响声。

第三条　检查各开关、旋钮是否处于正确位置。

第四条　做好防风、防水、防火等工作。

第五条　做好临时停电的各项准备工作，停电后马上断开电闸，来电后再合上。

第六条　定期对配电箱进行维护保养。

第七条　配电箱指定专人负责。

日常检查制度

第一条　工程部每日必须对营业区的水暖、电器设备等进行检查。

第二条　每天必须对锅炉房、泵房等重要场所进行检查。

第三条　每天对大功率电器设备进行检查。

第四条　遇大风天、雨天，要重点对配电箱、电源空气开关等进行检查。

第五条　对日常检查发现的安全隐患及时汇报并妥善处理。

第六条　工程部应对公司内所有设备设施进行登记，建立定期检查、保养、维修计划。

五、销售部管理制度

第一条　对会员登记表、会员入会合同等进行存档，实行编号管理。

第二条　对会员资料要做到绝对保密，确保会员消费的安全。

第三条　对集团下发的各类文件进行登记管理。

第四条　酒店管理人员在查询文件时要进行登记。

第五条　对酒店内部的所有文件、规章制度进行登记管理。

第六条　酒店办公需要发传真实行登记制度，要填写登记表。

第七条　对收到办公传真根据接收部门要及时进行传达。

第八条　对需要存档的传真件，要进行登记。

第九条　发传真时记清对方传真号码，防止拨错而浪费电话费用。

第十条　每天填写日报表，早8：00～8：10例会报总经理。

第十一条　每周填写周报表，周一早8：00～8：30例会报总经理。

第十二条　每月填写月报表，每月30日晚17：00～18：00例会报总经理。

第十三条　重点目标开发战略表资料由销售部统一保管，建立档案。

六、商务酒店部关于质量检查的规定

为了保证公司高品质的服务，为会员提供一个良好的环境，在商务酒店部在内部管理上采取质量检查的办法，具体办法如下。

1. 由康乐部、餐饮部、客房部领班组成检查小组。

2. 每日在10：00和16：00对营业区内的环境卫生进行检查。

3. 其他时间为抽查时间。

4. 在客人到来前对客人预定场所进行重点检查（卫生、准备工作、员工仪容）。

5. 在客人到来后对场所和员工服务进行跟踪检查。

检查中发现问题的处理办法：

1. 以个人为单位对卫生、仪表、准备工作进行记录，按日累计。

2. 卫生三处不合格扣1分，连续扣分依次累加

3. 准备工作不充分一次扣1分，连续扣分依次累加

4. 仪表检查处罚办法同员工手册。

5. 每周部门领班要上报一份本周检查记录汇总表。

6. 每周副总经理向总经理上报一份检查记录。